# 创新创业加油干

## ——哈尔滨工程大学创新创业实践训练体系建设

**主　编**　史　波　于云亮　朱黎黎

**副主编**　尹三井　贾　刚　田文佳　朱小亮　常　昊

哈尔滨工程大学出版社
Harbin Engineering University Press

## 内容简介

本书主要阐述了三大部分内容:第一部分为哈尔滨工程大学创新创业实践的特色理念和实践方法,重点介绍了一种方法——TRIZ 创新方法、一支队伍——双创导航员、一个组织——大学生创业联盟;第二部分为哈尔滨工程大学创新创业实践的开展过程,从落实项目、组织竞赛、建设基地和成功活动四个方面分述了学校的实践举措和经验;第三部分为哈尔滨工程大学创新创业优秀团队和个人的先进事迹。

本书可作为高校深入创新创业研究、开展创新创业教学、实施创新创业工作的参考书,对于有志参加创新创业项目、竞赛和活动并愿意投身于创新创业实践的青年学生具有重要的参考价值。

**图书在版编目(CIP)数据**

创新创业加油干 : 哈尔滨工程大学创新创业实践训练体系建设 / 史波, 于云亮, 朱黎黎主编. ——哈尔滨 : 哈尔滨工程大学出版社, 2019. 12

ISBN 978 -7 -5661 -2548 -4

Ⅰ. ①创… Ⅱ. ①史… ②于… ③朱… Ⅲ. ①大学生 -创造教育 -教育体系 -体系建设 -研究 -哈尔滨 Ⅳ. ①G640

中国版本图书馆 CIP 数据核字(2019)第 278139 号

**选题策划** 石 岭

**责任编辑** 王俊一 杨思雨

**封面设计** 刘乙睿

---

**出版发行** 哈尔滨工程大学出版社

**社　　址** 哈尔滨市南岗区南通大街 145 号

**邮政编码** 150001

**发行电话** 0451 -82519328

**传　　真** 0451 -82519699

**经　　销** 新华书店

**印　　刷** 北京中石油彩色印刷有限责任公司

**开　　本** 787 mm×1 092 mm 1/16

**印　　张** 14.75

**字　　数** 301 千字

**版　　次** 2019 年 12 月第 1 版

**印　　次** 2019 年 12 月第 1 次印刷

**定　　价** 48.00 元

http://www.hrbeupress.com

E-mail:heupress@hrbeu.edu.cn

# 目录
# CONTENTS

# 第一章　理论·特色篇

## 第一节　创新创业工作特色

### 一、特色双创理念为指导

哈尔滨工程大学历来重视大学生创新创业工作:1990 年,举办第一届“五四杯”课外学术科技作品竞赛;2000 年,举办第一届“五四杯”创业计划竞赛;2009 年,成立学生创业服务中心和大学生创业联盟;2011 年,成立创业教育学院;2015 年,成立哈船众创生态园;2016 年,建立创立方·大学生创客工场。学校获得首批全国深化创新创业教育改革示范高校、全国创新创业典型经验高校、全国高校实践育人创新创业基地、中国青年科技创新行动示范基地、全国科普教育基地等荣誉称号。

经过多年实践探索,学校形成了“三三制”创新创业教育工作模式,以学生发展为中心,贯彻全过程“专、创”融合、全体教师参与、全体学生受益的“三全教育理念”,构建创新创业课程教学、创新创业实践训练、创新创业企业孵化的链条化、递进性的“三段式工作体系”,把创新创业教育改革作为学校教育综合改革的突破口和重中之重。

### 二、全面普及双创为目标

1. 以兴趣引导为切入点,拓展学生创新创业“高原”广度

学校创新创业工作从“竞赛牵引型”向“兴趣引导型”升级,着力提高学生创新创业普及率,从大一新生开始,引导全体学生参与创新创业活动,创新创业实践普及率超过 90%。学校拥有校学生科技协会、校大学生创业联盟 2 个校级学生组织和 37 个创新创业类学生社团,每年举办科创沙龙、创业大讲堂、创业沙龙等创新创业论坛讲座 200 余场。坚持每年举办普及型的“启航杯”创新竞赛、提高型的“五四杯”大学生创新创业竞赛和各个学院“一院一品”竞赛,其中“五四杯”大学生创

新创业竞赛已连续举办 19 届,每届有 1 000 余名学生参与比赛。学校深入实施国家级、省级、校级三级大学生创新创业训练计划,形成分层分类的项目资助体系,年均立项近 2 000 项。

工业和信息化部苗圩部长参观学生创新创业项目

2. 以特色竞赛为着力点,夯实学生创新创业"高原"厚度

学校积极选拔优秀作品参加国内外各类竞赛,已经形成以校内"五四杯"大学生创新创业竞赛为基础,以中国"互联网 +"大学生创新创业大赛、"挑战杯"全国大学生课外学术科技作品竞赛为主要牵引的创新创业竞赛体系,年均参与国内外各类创新创业竞赛近 100 项,年均获得国际、国家和省级奖项超 1 000 项,年均承办省级及以上创新创业竞赛 10 项。学校在四届中国"互联网 +"大学生创新创业大赛中共获得 2 金 5 银 8 铜,总成绩位居黑龙江省高校首位。

3. 学校培育出大批学生创新创业典型"高峰"

"E 唯"机器人创新团队和"创翼"创新团队连续获得 2014 年(第一届)、2016 年(第二届)全国大学生"小平科技创新团队"称号。《点触云安全系统》在首届中国"互联网 +"大学生创新创业大赛中获得金奖。学校培育出杭州微触科技有限公司、哈尔滨奥松机器人科技股份有限公司、哈尔滨程天科技发展有限公司等千万元融资级别的大学生创业公司;1 人获"中国青年创业奖"创业先锋奖、2 人获全国大学生创业英雄十强等。大学生创业联盟连续五年荣获"全国十佳 KAB 俱乐部"称号,哈船众创生态园成为国家级众创空间。

“创翼”创新团队获“小平科技创新团队”称号并在人民大会堂领奖

## 三、科技创新创业为根本

学校依托启航大学生活动中心，建设了总面积达 5 000 平方米、跨越 5 个楼层的创立方·大学生创客工场，构建“五区一厅”格局（即意识普及区、创客培养区、产品研发区、创业苗圃区、创业街区和创业咖啡厅）的递进式大学生创新创业实践训练平台。“创立方”集创新创业知识学习、创新创业信息交流、创新创业技能训练、创新创业成果展示、创新创业培育服务等功能于一体，服务于跨学科、跨年级的综合性创新创业项目，引导学生从面向“竞赛型的创新”升级为面向“市场型的创新”，进而通过创业实践实现市场价值，打造学生创新创业“高峰”的“产业链”。每年举办 2 次入驻招标活动，先后入驻学生创新创业团队 300 余个，黑龙江省时任省长陆昊先后 4 次来创立方·大学生创客工场调研。2018 年 5 月 3 日，黑龙江省省长王文涛来创立方·大学生创客工场调研，并强调大学生是国家的未来和希望，无奋斗不青春，希望同学们通过自身努力，投身创业不断创新，实现无悔的青春。

同时，学校建立了 31 个校外实践教育基地，包括 9 个国家级校外实践教育基地、7 个国家级工程实践教育中心、中国船舶重工集团公司第七〇三研究所“全国示范性工程专业学位研究生联合培养基地”、八九八（北京）网络科技投资有限公司“大学创客工场”等，联合培养拔尖创新创业人才。依托学校实验实践教学平台

（包括 7 个国家级、8 个省部级实验教学示范中心，3 个国家级虚拟仿真实验教学中心）建设 14 个大学生科技创新中心，面向全校学生全天开放。

黑龙江省省长王文涛参观创立方 · 大学生创客工场

## 四、学生激励政策为保障

学校自 2005 年起设置了个性化人才推免政策，强化对学生创新创业成果的考核，每年约 100 名本科生由此获得免试攻读研究生资格，同时，在学优推免中明确规定创新创业成果加分政策。学校设立了“陈赓奖学金”“创新标兵”等创新创业奖学金，每年评选毕业金榜“创新先锋寝室、创新之星、创业之星、学术之星”等。在三好学生、优秀学生干部等评选及奖学金评定等评优项目中，给予一定名额专门用于表彰创新创业优秀学生。2016 年起，设立工信创新创业奖学金，每年 200 万元，专门奖励在学术创新、学科竞赛、科技发明以及自主创业、创业实践等方面表现优秀的学生。学校允许创业本科生学籍最长可保留 8 年，对于因创业超出学籍管理规定最长学习年限的博士研究生，经批准可适当延长申请学位年限，创新创业实践、学术创新、自主创业等均给予学分认定。

学校依托启航网、学生创新创业在线微信公众平台等建立创新创业信息集散地。自 2010 年启动全国首创的“科创导航员”模式，每年聘任 150 名左右研究生和高年级本科生进行创新创业自我教育和管理，每个团支部都设有科创委员。组建

“哈船创业服务联盟”,引入战略投资机构,建立与校友资源的有效联系,对自主创业学生实行持续帮扶、全程指导和服务。

## 第二节 TRIZ创新方法

### 一、学生创新方法大赛

#### (一)2009年开展校内创新方法竞赛

哈尔滨工程大学十分重视对学生的动手能力的培养,每年开展50项左右的校内科技创新竞赛。学校为培养学生的创新思维,提高学生的创新能力,在解决创新性问题、创新性矛盾上能够提出更好的创意和更合理的方案,在校内推广创新方法。

1. 邀请创新方法方面专家进校讲座,激发学生对创新方法的热情

学校为在学生中推广创新方法,积极寻找社会资源,2009年与黑龙江省科技厅负责创新方法推广的部门建立联系,多次邀请创新方法方面专家进校讲座,激发学生对创新方法的热情。

2009年11月,首次邀请黑龙江省科技厅发展计划处时任调研员李建峰博士为学生进行了一次创新方法TRIZ的科普课程,学生对这套理论很感兴趣,课后很多学生围住李老师,提出了各种关于创新方法的问题。学校认为学生有需要,做创新有必要,校领导决定在校内开展创新方法的推广普及工作。

2. 检验学生对创新方法的掌握水平,组织开展校内的创新方法竞赛

在经过多次培训后,为了检验学生对创新方法的掌握水平,学校组织开展了校内创新方法竞赛。学生参与率比较高,并且在竞赛过程中涌现出了一批高质量的科技创新作品。

#### (二)2010年承办黑龙江省首届“TRIZ”杯大学生创新设计大赛

1. 学校举办省级创新方法大赛的想法与黑龙江省科技厅不谋而合

学校看到创新方法在推动学生科技创新工作的重要性之后,产生了举办更高级别的创新方法竞赛的想法。于是学校找到黑龙江省科技厅进行汇报,与科技厅领导的想法不谋而合,科技厅为了在省内高校推广创新方法,也有举办省级创新方法大赛的意向。

2. 黑龙江省首届"TRIZ"杯大学生创新设计大赛在校拉开帷幕

学校经与黑龙江省科技厅进一步沟通,科技厅决定将黑龙江省首届"TRIZ"杯大学生创新设计大赛交由哈尔滨工程大学承办。2010 年 12 月 4 日上午 9 点,由黑龙江省科学技术厅、黑龙江省教育厅、共青团黑龙江省委员会主办,黑龙江省技术创新方法研究会、黑龙江省生产力促进中心、哈尔滨工程大学承办的黑龙江省首届"TRIZ"杯大学生创新设计大赛在哈尔滨工程大学启航活动中心一楼大厅正式开幕,比赛共吸引了来自黑龙江省 9 所高校共 500 余名师生参加,本次大赛受到了黑龙江省各界人士的关心和支持,多家新闻媒体进行了采访报道。开幕式上,"哈尔滨工程大学 TRIZ 理论研习会"揭牌,至此,学生拥有了属于自己的创新方法研习社团。

(三)2012 年开始承办全国大学生创新方法大赛

2012 年 12 月 15 日,由科学技术部科研条件与财务司、中国 21 世纪议程管理中心为指导单位举办的 2012 全国"TRIZ"杯大学生创新设计大赛决赛在哈尔滨工程大学举行,比赛为期两天,吸引了来自北京航空航天大学、大连理工大学、哈尔滨工程大学等 34 所高校 600 余名优秀学子携 311 件作品参赛。

2013 年 12 月 1 日,学校承办了第二届全国"TRIZ"杯大学生创新方法大赛,共有 14 个省市自治区 47 所高校 500 多支代表队参赛,提交作品 434 件。作品的实用性强,9 件参赛作品和企业对接成功;2014 年 12 月 6 日,全国第三届"TRIZ"杯共有 15 个省市自治区 41 所高校的 700 余支代表队报名参赛,300 余件作品入围决赛;2016 年 3 月 10 日,全国第四届"TRIZ"杯共收到 16 个省市自治区 58 所高校,840 件作品报名参赛,其中发明制作类 386 项,创意设计类 300 项,工艺改进类 107 项,创业类 47 项;2017 年 5 月 13 日,全国第五届"TRIZ"杯共有来自全国 21 个省市自治区的 81 所高校的大学生携 1 168 项创新创业作品参与比赛角逐,参赛作品共申请专利 350 项;2018 年 5 月 12 日,全国第六届"TRIZ"杯共收到来自全国 23 个省市自治区 95 所高校,1 400 件作品,申请专利 430 项。

学校创新方法社团成立后,学生有了自己学习交流创新方法的组织,积极组织开展社团内部的培训及与其他高校创新方法爱好者的交流,通过竞赛提高学生对创新方法的理解。2011 年 11 月 5 日,哈尔滨工程大学 TRIZ 理论研习会举办了 TRIZ 理论培训活动,由研习会时任主席赵小林主持,活动邀请了黑龙江省生产力促进中心创新方法吴永志老师出席,他为参加黑龙江省第二届"TRIZ"杯大学生创新设计大赛赛前培训班考试合格的同学颁发了结业证书,此次培训全部由 TRIZ 理论研习会学生主讲,得到了吴永志老师的高度认可,此次培训标志着学校学生社团能够独立进行创新方法授课。2012 年 10 月 14 日，哈尔滨工程大学第十八届“五四杯”大学生科技创新竞赛开幕式在启航阳光大厅隆重举行。由船舶工程学院承办的 TRIZ 专项赛展厅成为本届“五四杯”赛事中的一大特色，同时也是学校第一次开展 TRIZ 理论的校内竞赛，为当年的国赛做了充分准备。为了配合大赛，学校每年组织数次赛前培训，并在每届大一新生中开展创新方法普及讲座，新生覆盖率达到了 90% 以上。在校内竞赛和全国竞赛的积极推动下，哈尔滨工程大学创新方法的普及工作已经取得了初步的成效。

## 二、哈尔滨工程大学 TRIZ 与发明创新协会

哈尔滨工程大学 TRIZ 与发明创新协会的前身是哈尔滨工程大学 TRIZ 理论研习会，从成立伊始就受到哈尔滨工程大学 TRIZ 研究所、黑龙江省生产力促进中心、黑龙江省技术创新方法研究会等单位及专家们支持，师资力量雄厚，TRIZ 理论涉及方面广泛，形成了自己的特色。

1. 开设特色公开课，传授创新方法

自 2012 年哈尔滨工程大学举办第一期大学生特色公开课起，协会就一直参与 TRIZ 公开课的授课，已经连续进行八期，授课人先后为赵小林、曹林冲、刁飞翔、郭旭、徐剑鹏、陈自旺、郝留磊、高志超、李宝明等，累计授课 120 余学时，听课人数 1 500余人。加上协会自身对协会成员的理论培训，累计有超过 5 000 人接受了系统全面的 TRIZ 理论培训并对该创新方法有了深刻的理解，在全校起到了很好的推广效果。

2. 承办沙龙，迸发创意

自 2014 年秋季学期起，协会举办 TRIZ 沙龙，面向对象为全省各高校所有对 TRIZ 感兴趣的同学。沙龙先后邀请了国际 TRIZ 协会三级会员、黑龙江省技术创新方法研究会秘书长吴永志老师，国际 TRIZ 协会三级会员、黑龙江省技术创新方法研究会常务副会长李建峰老师，六西格玛黑带大师（MBB）、中国航空学会管理分会理事、中国发明协会发明方法研究分会理事、国际 TRIZ 协会二级会员李凤霄老师，哈尔滨特利智技术咨询有限公司总经理、电力 TRIZ 研究中心副主任孙国强老师，哈尔滨理工大学技术创新方法研究所所长、黑龙江省技术创新方法研究会常务理事张简一副教授，黑龙江省技术创新方法研究会理事姜金刚副教授，黑龙江省技术创新方法研究会副秘书长崔文韬老师等各界专家学者为协会成员进行沙龙活动，每次活动学生都深入交流、开阔思维，并产生了一个又一个创意。

3. 成立联盟,助力创新

为了更好地学习和掌握 TRIZ 理论,促进学校之间的 TRIZ 理论的学习和交流,2015 年 5 月 23 日,由哈尔滨工程大学 TRIZ 与发明创新协会发起,黑龙江省各大高校相关社团共同成立了“黑龙江省大学生 TRIZ 理论爱好者联盟”(以下简称联盟)。联盟是由大庆师范学院、东北林业大学、东北农业大学、东北石油大学、哈尔滨工程大学、哈尔滨剑桥学院、哈尔滨金融学院、哈尔滨理工大学、哈尔滨商业大学、哈尔滨师范大学、黑龙江大学、黑龙江科技大学等高校 TRIZ 社团成员及 TRIZ 理论爱好者发起的学术性联盟。联盟的宗旨:在遵守国家法律法规、遵守社会道德风尚的前提下,利用黑龙江省各高校 TRIZ 社团及 TRIZ 爱好者的一切资源,进一步加强各高校 TRIZ 社团及 TRIZ 爱好者之间的联系与合作,促进联盟成员对 TRIZ 理论的学习,增强联盟成员的创新意识和创新能力。

黑龙江省大学生 TRIZ 理论爱好者联盟成立以来,黑龙江省高校对 TRIZ 理论的学习有了较为长足的进步,黑龙江省创新方法研究会希望能够以此为基础,将 TRIZ 理论推广到全国高校,组建“中国大学生 TRIZ 爱好者联盟”。2017 年 5 月 13 日,第五届全国“TRIZ”杯大学生创新方法大赛于哈尔滨工程大学开幕。哈尔滨工程大学 TRIZ 与发明创新协会于 2017 年 5 月 13 日晚 18:00 于启航活动中心召开了中国大学生 TRIZ 爱好者联盟成立暨黑龙江省大学生 TRIZ 爱好者联盟年度工作会议,至此,中国大学生 TRIZ 理论爱好者联盟正式成立。

## 三、哈尔滨工程大学 TRIZ 研究所

2012 年 12 月 15 日,在全国“TRIZ”杯大学生创新设计大赛决赛开幕式上,与会领导为哈尔滨工程大学 TRIZ 研究所揭牌,我校 TRIZ 研究所正式挂牌成立。

哈尔滨工程大学 TRIZ 研究所自成立以来,一直致力于为学生提供创新方法普及,主要负责在本科生、研究生中开设创新方法课程;组织开展校内创新方法类学生竞赛;承办全国及区域 TRIZ 创新方法学生竞赛;承办组织全国及区域 TRIZ 创新方法论坛、研讨、培训会;承担科技部有关创新方法试点项目的研究、联合申报各类科技项目;组织学校参加国际创新方法大会;面向黑龙江省内中小学开展科技创新方法普及活动等与创新方法推广相关的工作。同时,学校 TRIZ 研究所及校团委开展了“创新理论与创新方法”的新生普及课程,研究所聘请校 TRIZ 研究所副所长、国际 TRIZ 协会三级会员吴永志老师及学校教师担任课程的主讲人。

研究所积极开展创新方法课程建设。《通用设计方法与创新设计方法》获中国高等教育学会创新创业教育分会 2016 年工作年会暨第七届全国高校创新创业教育高峰论坛“精彩一课展示”一等奖。同时研究所积极开展国际交流,曾邀请

Pascal JM SIRE 来校交流，他是欧洲 TRIZ 协会主席、法国 TRIZ 协会副主席，长期担任法国 Innoppie 公司、IBM 公司资深创新顾问，多年来从事创新方法在专利布局和专利规避中的应用，在为企业解决创新工程实际问题方面有着十分丰富的经验。来访期间，Pascal 与校 TRIZ 研究所、机电学院 CIMS 实验室相关领导和老师进行了沟通和交流，并就 TRIZ 理论发展、推广与应用交换了意见，在学生创新培训方面达成了初步合作意向。

## 第三节　双创导航员

### 一、双创导航员的前身——科创导航员

科创导航员是学校于 2010 年在全国高校首创的创新型人才培养模式，以“精英引领，科创先导，自我提升，服务他人”为目标，已成为学校普及大学生创新教育教学的重要组成部分。自 2010 年 10 月启动该项工作以来，导航员队伍不断发展壮大，现在每年人数稳定在 150 人左右。科创导航员作为校团委及各院系在科创指导工作上的纽带，他们走进各院系实验室、走进各个班级，积极配合校团委开展面向全校学生的“大学生特色双创公开课”，向广大学生开展各类科创培训，向他们传授科技创新经验及理论知识，并辅导大学生参与科技创新竞赛和各类科技创新活动。为了进一步展示科创导航员的工作成果，第三、四届科创导航员分别结合本职工作，深入开展调查研究，实事求是地分析实际问题，并思考研究应对之策，撰写了多篇有分析、有思考的文章，对学校科创工作的进一步发展发挥了重要的指导和推动作用。这些文章中，既有目前各院系科技创新活动的总结，又有活动开展的思路和方法，既有目前科技创新活动存在的问题，又有解决这些问题的方法和建议。现从征集的文章中精选出 4 篇供读者参考，分为科创调研报告类、科创竞赛指导类、科创课程教学类、科创工作心得类四大类，供读者交流借鉴。

# 科创导航员之歌

作词:汪永峰
作曲:郭　宇

## 二、科创导航员工作心得

### （一）科创调研报告类

### 特色科创

石振强（学号：S313017038）　船舶工程学院

笔者于2011年10月加入我校的科创导航员队伍，负责本系三个班级的科技创新引导工作。我校近年来对学生科技创新的投入巨大，并取得了诸多成绩，在全国高校中独树一帜。经过两年多的科技创新经历以及三个月的工作实践，现将笔者从学生角度对于我校科技创新活动的调研和体会总结如下。

一、我校学生参与科技创新程度

毋庸置疑，科技创新对于我们自身能力的提升有着无可比拟的作用，参与科技创新活动，不仅可以锻炼同学们的动手实践能力，还可以养成良好的科研素养和提高工作能力。参与科技创新活动的同学可以分为两类。一类属于浅尝辄止的类型。在学校大力推广科创文化，塑造科创氛围的努力下，多数学生也受到感染，愿意尝试着进行科创活动，从参加一次校级普及类比赛，到进入科研立项团队，同学们都能从中得到自己的收获。校领导曾说过：希望每个同学在大学里都能至少参与一次科技创新活动。这个梦想现在已经实现了。另一类参与科技创新的同学则属于长期型，这些同学将参与科创常态化，并且大多都有自己主攻的钻研方向。以船舶工程学院为例，有的同学主攻新能源利用方向，有的主要研究新船型，还有的专门参与水下机器人的制作等。不仅如此，虽然本院为船舶工程学院，但是有的同学在科技创新中更愿意钻研其他专业的领域，如航天、电子等，并且也都取得了不错的成绩。长期参与科创活动的同学大多都有自己的科研立项支持，而且也都是本校参加各类大型比赛的主力队员，他们在学生当中起到了榜样作用，也正是有了他们获得的成绩做激励，我校的科创氛围才得以如此浓厚，同样他们也在失败与成功中有了更多的收获。

二、学校的科技创新激励制度存在的问题

科技创新一方面作为校园文化得以推广，另一方面作为学校实践教学的一部分，在学校各级学生工作中都占了较大比例。学校在这方面都有完善的奖惩制度，在评比优秀学生奖学金时，以船舶工程学院为例：科技创新的比重占到了50%，平时参与科创较多的同学在非智力因素的测评中都会得到很高的分数；免试推荐研究生中，科技创新类比赛和科研立项的加分逐年增高，这样极大地提高了学生们参与科创的热情；学校推行个性化保研，在科创方面成绩突出的同学得到保研的机会很大，同学们也常常直接称个性化保研为“科创保研”。

但是积极的背后也存在一定的问题，从2013级新生对我们咨询的问题中就可见一斑，一些同学只关注参加什么比赛或者如何从事科创才能获得更多的奖项和成绩，表现出一定的功利性。同样，其他年级的同学也是在保研的前一两个学期集中进行比赛，以求在保研中可以获得更多的加分。面对同学们尤其是大一同学的急于求成，我们在进行各种科创比赛或者科研立项的宣传中经常会强调，参与科创锻炼的是能力，良好的创新思维和在进行科创作品制作时培养的刻苦精神及优秀习惯会伴随一生，而获得的奖项只是对于努力的认可。

由于我校对科技创新教育的大力投入，哈尔滨工程大学在全国高校中的创新环境是独树一帜的。从笔者自身的经历来看，笔者在参加一些省级或者国家级竞赛时，在与其他院校的参赛队员进行交流中发现，这些队伍在制作作品时得到的支持相比我校要少得多。例如我校众多的科技创新开放实验室、大规模的科研立项和普及型的科技创新竞赛，都是我们的独特优势。所以，在进行科技创新时，我们的同学往往会更容易上手，也有更多的机会去学习和展现自我。

三、船舶工程学院科技创新特色

我校突出三海一核的特色办学理念，在科技创新中我校的船舶特色也常常得到体现，历年“五四杯”“启航杯”等校内比赛和我校参加的一些省级、国家级比赛中，海洋类科技作品占了很大的比重。目前，船舶工程学院的同学们参加的船舶海洋类比赛主要有全国水利创新设计大赛（由教育部水利学科委员会主办）、中国学生航母设计大赛（中国科协国防科普委员会、哈尔滨工程大学主办）、东北三省（五校）船舶海洋科技文化节（大连理工大学主办），另外还有游艇设计大赛等一些相关比赛。在这些比赛中我们都获得了不错的成绩。

船舶专业是我校的特色，由于船舶工业是一种重工业，是技术和资源密集型的产业，所以船舶专业领域的科技创新都是建立在扎实的经验和长久积累的资料上的。对于学生而言，船舶专业科技创新基本上都是概念性的，所能做出的互动展示较少，这就限制了在各类比赛中尤其是非船舶学科比赛中的展示效果，所以在评比环节这类作品常常会吃亏。所以我们要加强的是在注重作品本身科技含量的同时增加展示效果，解决的手段以制作高仿真度的模型和添加自动化元素为主，前者可以让人眼前一亮，后者更可以锦上添花。目前我院在模型制作方面进行了较多的尝试，在船舶设计科技创新中心的实验室中，已经有越来越多的队伍利用完善的设备和材料，制作以精美的模型为载体的作品。通过自学和与其他相关院系合作的方式,我们也在不少作品中添加自动化的元素,这样的作品更具演示性。实践证明,在与其他院系同学合作的团队中更能碰撞出科创的火花。

石振强为同学答疑解惑

四、科创导航员工作的体会

笔者认为,科创导航员的首要职责就是服务。科创导航员是我校科技创新活动的一大特色,通过有经验的高年级同学的引领,许多刚刚迈进大学校门的同学都在榜样的作用下进入了科创的行列。在工作的过程中,我们感受到的更多的是责任,作为低年级同学进入大学科技创新领域的引路人,科创导航员并不是一项轻松的工作。从各类比赛的赛前组织和指导,到科研立项的宣传和引导,从一件作品的构思到一个比赛的策划评比,科创导航员的工作涵盖了本科生科技创新的方方面面。奋斗在科创指导第一线的科创导航员团队,是一个充满热情的集体,在工作中的收获就是服务。我想只有抱着一颗服务的心,我们才能真正做好科创导航员工作,真正成为初入大学的同学们的导航之灯。

(二)科创课程教学类

## 科创活动中的课程与讲座

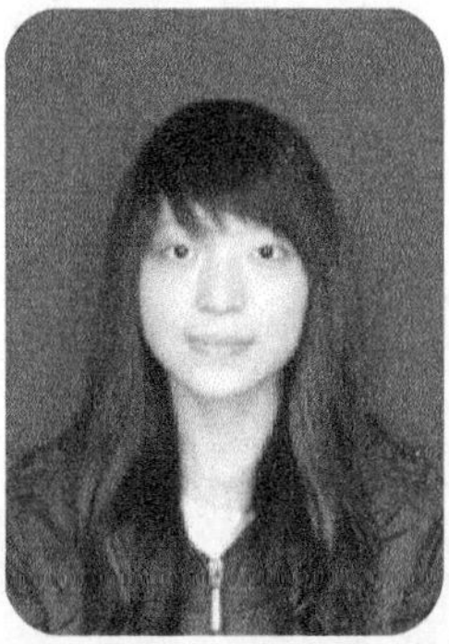

**李　迪**(学号:S313057029)　水声工程学院

不知不觉担任学校的科创导航员已经一年了,在这一年里,我在提高科技创新技能的同时,也帮助了许多愿意加入科技创新行列的同学。我对于这一年的科创导航员生活,感悟颇多,下面对这一年的工作进行一个简单的总结。

一、比赛相关课程指导

2013 年,我负责讲解一门科创课程,主要是对 FPGA 编程语言 Verilog HDL 进行基础讲解。由于听课同学年级不同,使得要考虑的东西较多,既要避免因为内容太深大一新入学同学难以理解,又不能太简单使得大二的同学觉得枯燥无味。课前精心的准备,使得课程效果很好,在此基础上,邀请硬件方面研究得较为优秀的学长到课堂上为同学们讲解相关知识,补充大家的知识漏洞,能更多地为他们解除疑惑,减少不了解这方面知识的同学内心的顾虑与迷茫。

在这一年里,我还多次举办各类科技培训讲座,主要是针对所指导的科创班级。对于新入学的大一同学来讲,首先应该告诉他们什么是"科创"及在这个过程中我们应该持有的态度。记得当年刚入学的时候,我们学校还没有这样的机会让我能近距离地接触这些知识,而如今,他们对于自己感兴趣的东西都可以向我们了解,我会针对他们所提出的问题进行归纳总结,然后与班级的科创委员联系确定具体的讲座时间再告知大家。通过这样及时的沟通,同学们不会因为问题得不到解决而止步不前,也不会因此而放弃了很多创新性的想法,从而提高了同学们对于科创的积极性。

我还多次参与了学院科研立项活动的培训,这对于科技创新入门的同学来讲是一个很好的机会,同学们可以选择自己感兴趣的题目进行相关知识的学习及技术上的创新。我给大家介绍的主要是科研立项申请书及结题书的书写,这对于整个科研立项来讲是较为重要的部分。其实,对于一个科研工作者来讲,我们不能仅仅将自己的作品做明白就结束了,更多的是需要把它的开始、过程及得到的结论用精确流畅的语言表达出来,给更多的人学习参考。所以,针对这部分,我拿出模板为大家详细地进行了讲解,同学们学习之后,能够顺利地写完自己项目的申请书,从而将更多的时间用于自己作品的研究与制作。

二、活动组织以及自我学习

我还参与了院系启航杯等赛事的初选工作,对于参加竞赛的同学,我更多的是抱有一种鼓励与肯定的态度。也许他们的作品还有很多的不足,或许是根本不好用,我都会耐心地帮助他们查找原因,并帮助他们予以解决。这时更多的帮助能让他们更好地完成作品,如果仅仅是根据指标来判断好坏,会让很多有积极性的同学失去信心。对于精英计划的同学,我会积极与他进行沟通,并为其提供更多的学习方向的选择,根据其优势与兴趣做更多的引导,获得了很好的效果。利用每个月召开的科创导航员会议,大家会交流一下本月的主要活动及心得体会,还会再探讨下一步科创活动的主要安排,通过这个会议,我们可以避免自己指导方向的偏差,学习他人的经验与方法,更好地为其他同学进行服务。

三、问题与反思

以上就是我对于上一学期工作的总结。虽然我已经很努力地思考该如何胜任这份工作,但是在工作的过程中还是暴露了一些问题,主要问题就是在工作上不够熟练，不能很好地把同学们组织起来，有时候是因为自己的懈怠与班级科创委员沟通有限。但是总的来讲，这一年的工作还是有很多值得肯定的地方。在工作中能够将科技创新的意识深入每一个人的心中，为每个同学在未来进行科创活动打好基础。对于未来工作的想法主要就是，更多地调动同学们的积极性，对于新的知识及时掌握与运用并教会给大家。

（三）科创竞赛指导类

## 指导新生从科创入门到精通

**曹林冲**（学号：2010011715）　船舶工程学院

我当选科创导航员已近两年了，期间带领过三个班级90余人，并精心培养了其中十余人，他们分别来自11级、12级和13级。在此我总结一下在指导他们的过程中的一些心得体会。当我接受一批对科创茫然无知的新生时，我会通过以下五个步骤将他们培养成科创精英。

一、动员大会

新入学的新生，他们在入学教育的各种场合中，一般都会被我们学校浓郁的科创氛围所感染，他们之中很多人对科创充满热情，然而却没有任何经验，不知道何为科创，不知道从何入手。因此，我会召集所带班级的全体学生开一个动员大会，向他们介绍什么是科创、科创的重要性、参与科创的步骤、我们学校的科创环境及我可以给他们提供的帮助和指导，让他们对科创有一个基本的了解。

二、入门培训

由于我曾任哈尔滨工程大学TRIZ理论研习会主席，并且经常会在协会举办系列培训讲座，讲座内容是科创入门和TRIZ创新理论，所以我会推荐他们加入我所任职的TRIZ理论研习会。经过几次培训，学生们对科创就有了一个较为详细的了解，并且有一定的创新意识和创新能力。

三、普通立项

学校每学期都有普通科研立项，同学们在接受数周的培训后，一般会有一些自己的想法和创意，于是我会举办一场模拟答辩，鼓励学生把自己的想法和解决方案讲出来，然后我会和同学们一起将问题进行分析和完善，最后将其中比较好的想法挑选出来，鼓励同学们申报普通科研立项。我会给他们讲解立项申请书的撰写方法，然后让他们自己摸索着写，当然在递交到学校之前，我会将立项申请书检查并修改一遍。

曹林冲创新讲座

在立项批下来之前这段时间，我会带领同学们去实验室学习激光雕刻机等工具的使用方法。等到立项批下来之后，我会给他们制定一个立项完成时间表，把整个立项完成过程分成数个步骤，如技术方案设计、材料购买与加工、零部件组装、整体调试、总结并完成论文等，并为每一个步骤写一点指导意见和注意事项，然后让同学们自己动手制作作品，如果遇到问题，同学们可以随时向我咨询，我会尽量给他们出主意，但一般不会代替他们完成。

四、科创比赛

当同学们完成一个普通立项之后，便对科创有了比较全面的了解，这时我会鼓励和指导他们参加各种科创竞赛。每当各种比赛到来之前，我会举办一个赛前培训，讲解比赛的主题、特色、参赛流程和答辩技巧等，然后在所带的同学之中选择几个表现突出的，和他们一起完善和改进作品，为大赛做好准备。

曹林冲在参赛现场

五、国家立项

经过前面的几个步骤的培养，一般会有几个同学显现出比较突出的科创能力和热情，这时我会推荐他们申请国家级大学生创新训练计划。我会提出一个比较有意义的研究方向，然后几个人集思广益，提出解决方案，最后形成一篇项目申请书。接下来的过程类似于完成普通立项的过程，只是难度更大。总的来说，我指导学生一般有以下原则。

(1)科创入门宣传一定做到位，尽量让更多的同学感兴趣并参与进来。科创是一个长期的过程，需要毅力和耐心，大部分的人会逐渐放弃，一开始参与的人越多，最终能坚持下来的人也就越多。

(2)注重入门培训，让他们自己学到尽可能多的知识。只有他们在入门培训中学到真东西了，他们才会保持住兴趣，并且他们现在学得多，以后我的麻烦就少得多。

(3)尽量让他们有项目做。我发现做项目是保持住同学科创热情最好的方式，有项目做的同学成长速度比没有项目做的同学不止快一倍。

(4)任何事情都让他们自己先做一遍，实在不行再帮助他们，这样可以快速地提高他们的能力。但是期间要一直鼓励他们，在他们即将要被困难压倒的时候伸出援手，帮助他们解决困难。

(5)一开始他们的想法可能非常幼稚，但是永远不要嘲笑和打击他们，要非常认真地和他们一起分析和完善他们的想法，并不断鼓励和表扬他们。即使他们的想法被完全否定了，敢于思考并大胆提出自己的想法的同学都是值得表扬的。

(四)科创工作心得类

## 积极性与主动性

**刘　刚**(学号:S312020049)　航天与建筑工程学院

我是刘刚，航建学院2012级的研究生，现在读研究生二年级，很荣幸能成为第四届科创导航员。从我工作到现在，已经差不多有一年的时间了，经过这一年和学弟学妹们的相处，在工作的同时，我也收获了很多。回首总结我这一年来的科创导航员工作，同时结合曾经做科创实践的经验，我有以下心得体会。

平时我负责大一和大二各一个班级，从他们身上，明显感觉到他们对科创的激情和兴趣，看到他们的朝气。在我看来，对于学弟学妹们来说，从事科创工作，最难的就是要有个人引路，或是由于从没有接触过而感觉神秘，或是畏首畏尾、拖拖拉拉导致最后难以实行。

我希望在以后的科创工作中，同学们能加强和科创导航员的沟通，大家能把对方当成朋友。科创导航员指导所带班级科创的同时，也是同学们的学长，不论是在学习还是生活中，都有很多的经验可以指导学弟学妹，做朋友的同时，可以促进大家的关系，提高彼此的信任度。我在一年的科创工作中就是这样做的，与学弟学妹们交朋友，大大方便了以后的科创工作的开展。同学们积极性高了，也更加有热情了。科创导航员在指导同学科创工作时，要起到领路人的作用，帮助热心科创的同学们组建小组。根据经验来说，初始阶段每个小组三到四个人是最合适的。人太少，大家思路打不开；人太多了又会产生一些攀比和依赖心理。根据我的经验，每个小组最初的组建和初始阶段是最难的。大多数的学生都是这样：心里有一定的想法，但是缺少大家的支持和认同，而从前又没有这样的经历，所以最后大都把想法埋在心里，没有实施；还有的是已经组建了科创小组，而大家由于分工问题或是想法问题产生分歧，最后导致小组解散。所以，每当这时候就需要科创导航员更多的指导和鼓励。每个人的知识毕竟都有限，科创导航员可以不懂，但是要能够帮学生们指明方向，提供一些前几届比赛的资料，或是帮忙联系合适的老师或社团团体，指导学生的创新工作，这样才能起到导航员的作用。

对于最初的科创工作，可以更注重学生的创新思想，鼓励学生们敢想敢做，有想法就要立马付诸行动，同时在以后的创新工作中逐渐锻炼学生的动手和协作能力。科创导航员要适时地组织实际操作活动，培养同学们的观察、想象、推理、判断、思维能力，同时帮助学生明确概念，发展学生的综合能力，还有就是要能充分调动学生的学习积极性和主动性，能够看到学生身上的闪光点，对于适合发展科创工作的学生，要着重培养，平时多多关心。一旦学生取得了一定成绩，他会对科创产生更大的兴趣。同时，个别学生也会带动全班的积极性。之后，班级的科创工作，就会向着更好的方向发展。只有好的科创氛围，才能产生更好的创新作品。所以，我认为，科创导航员在完成科创工作时，应做到以下几点：

（1）能团结同学，与学生们和睦相处，充分调动学生们的创新积极性；

（2）可以帮助同学们完成初期的科创团队组建，提出建议和意见，并且指导或为学生们引导前进方向；

（3）可以发现同学中有创新潜质的人，有意识地加以培养和引导，并争取由其带动全班科创工作的顺利进行。

通过一年的科创导航员工作，我也从同学们身上学到了很多东西。同学们那些新颖的想法和他们对新事物的热情，都给我留下了特别深刻的印象。从这一年的科创导航员工作中，我也更加熟悉了过往所学的知识，在巩固自己基础的同时，也学会了学以致用。可以说，这一年对于我来说，也是收获颇丰的一年。

以上就是我这一年来的科创导航员工作的总结和心得体会，希望能为以后科创导航员的工作提供借鉴，也希望自己能为院系的同学们做出更多贡献，更多的同学能加入科创事业中来。

## 三、科创导航员特色工作

"大学生特色双创公开课"前身为"大学生科技创新特色公开课"（以下简称为"双创课"），是哈尔滨工程大学于2011年11月19日首创的一项创新创业培训课程，该项目是以授课为主要形式，聘请科技创新能力突出的优秀学生担任授课人，旨在提高学生积极参与大学生科技创新的主动性，锻炼科技创新精英的表达能力，并选拔培育一批特色的科技创新课程，提升学生的科技创新理论水平和实践能力，同时完善学校大学生科技创新工作中科创课程与科创竞赛的结合方式。"双创课"由校团委牵头主办，由校学生科技协会协助组织实施，从各院系报名的科创导航员中遴选，最后在全校范围内招生。本着对学生负责，对老师负责的态度，每门课程都专门审核，同时综合学生意见和老师给出的建议，考虑学科重合度等各方面因素，筛选出最适合学生的课程。

2011年，首批"大学生科技创新特色公开课"面向全校各班级科创委员开展，鉴于课程良好运行的调研结果，校团委面向全校学生已开展了十多批"大学生特色双创公开课"，受到同学们的热情参与，并取得阶段性成果。

### （一）大学生科技创新特色公开课基本情况

在校团委的倡导下，科创导航员制度自2010年实施以来取得了很好的效果，对学校科技创新指导、创新实验室服务等工作起到了重要的推进作用。科创导航员作为我校最优秀的科技创新精英群体，将自己的经验及所学反哺广大的低年级学生，为低年级学生解决科技创新中遇到的问题，提升了他们对科技创新的兴趣及参与度，因此学校的各种科技创新活动在校团委的积极鼓励和学生们的踊跃参与下精彩纷呈。学校为充分发挥科创导航员的科技创新指导工作，开设了"大学生双创特色公开课"。

2011年11月19日，首批"大学生科技创新特色公开课"面向全校的科创委员开课报名，课程主讲人由优秀的科创导航员担任。科创委员们在缺乏基础知识和实践能力较弱的状况下，需要补充相应的知识，科创课程正好为他们提供了学习知识和提高经验的机会，让学生能够踊跃地参与到科技创新实践活动中去。科创导航员的授课过程也是一个自我锻炼、自我价值实现的过程，给科创委员授课能够有效地锻炼他们的表达和交流能力，科创课程的引入使得科创委员和科创导航员双方受益。

经过对第一批课程的运行调研,2012 年 3 月 22 日校团委面向全校学生招收第二批“大学生科技创新特色公开课”的任课教师,并于 3 月 29 日对经过选拔的课程授课人进行了统一的培训。4 月 1 日第二批课程面向全校招生,无论是本科生还是研究生,只要对课程内容感兴趣的同学均可报名。自开始招收学员以来,受到各院系学生的热情参与,总计报名人数达 1 200 余人。课程授课人积极备课,学生们认真听讲,在校园里形成了良好的科技创新氛围。2012 年 4 月 14 日、15 日第二批“大学生科技创新特色公开课”首次开课,校团委采用启航网公告信息栏公示,由各班科创委员传达,启航大厅设立公示板、张贴海报等多种宣传方式,力求将课程信息尽可能地通知到报名选课的每一位同学。2012 年 5 月 5 日、6 日第二批“大学生科技创新特色公开课”各门课程陆续结课,结课采用考试、小型比赛、制作模型等多种方式,综合考核学生在课程中学到的内容。第二批“大学生科技创新特色公开课”结束后,校团委把每一门课程的上课视频于网上公布,形成一系列科创课程的网上教程,使更多的同学可以通过网络喜爱上科技创新,同时也是向外界展示学校学生科技创新成果的重要展示平台。

继第一年两批课程成功开展之后,2012 年 9 月 11 日至 10 月 21 日第三批“大学生科技创新特色公开课”火热开展,共开设 23 门课程,授课内容涉及机器人制作、机器人编程、软件开发、经济管理、法律等,范围进一步扩大。第三批课程受到同学们的热情参与,报名人数 1 457 人,结课人数 1 292 人,选课人数再创新高,结课率不断提高,使得科创课程的影响力在学校逐步增强,为学校的学生科技创新工作再添动力。

为深入调研科创课程的转型升级,使其能够更好地服务于大学生科技创新工作,提高科创课程的授课效果,对第四批“大学生科技创新特色公开课”新型授课模式运行调研。2013 年 3 月 14 日第四批“大学生科技创新特色公开课”正式启动,本批次课程分为基础课程和提高课程两类,每门 24 学时,基础课程面向低年级零基础学生,学习基础课程后,可报名参加提高课程培训进行深入学习。本次基础阶段课程共分为七大类:编程语言基础、航空航天航海模型制作基础、机器人控制基础、单片机及集成电路基础、经济管理基础、学术论文写作基础、TRIZ 创新理论基础。提高阶段课程则根据前期授课内容再细分为 21 门小课,课程内容均为大类课程不同方向的深入,由相关专业授课人讲授。第四批科创课程报名人数 606 人,结课人数 580 人,虽然授课模式新颖,但依然注重学生接受知识的程度,保证大部分学生的正常结课。

至此,学生的热烈反响及通过该课程培训后参加双创比赛的人数不断增多,更为深入开展“双创课”增添了信心和动力。2016 年 10 月 18 日至 11 月 21 日第九批“大学生双创特色公开课”经过一个月的筹备顺利开展，学生双创积极性极高。第九批“双创课”共开设课程 15 门，其中每门课程覆盖学科重复率极低，从各院系的强项出发，挑最普适的课程，由点到面的开展授课，加以有力的宣传，招募学员高达 3 424 人，占大一、大二总人数的 40%，达到历史最高点。结业人数 3 037 人，课后调查反馈效果良好，但仍有学生表示难以接受跨越学科、跨越年级、较深的学科知识。为此组织者不断调研，经过调查实践，从学生出发，选择既有双创性又有实用性的课程，尽力做到最大限度地激发学生科创兴趣。在第九批课程结束后的一个学期，通过组织者的不断钻研，并经过与结课学生的深入探讨，不断修正后出现了一份具有改革性的计划，决定在第十批“双创课”进行实践。

在“大众创业，万众创新”的大环境下，校团委鼓励有双创经验的院系，敢于试一试，挑最精尖的力量，将双创真正普及到校园里的每个角落。组织者不断摸索，得出的改革性计划最具亮点的部分是学生的盲选环节。通过网上调查问卷的方式，在数量众多的预报名课程里，让学生通过该课程最简练、最精华的一句话了解自己的兴趣爱好点，看不到是哪个院系开办，也看不到是哪位授课人，单纯看学生的爱好点，只要学生喜欢就可以选择，最终校科协通过盲选结果，筛选出排名靠前的课程，并结合面试情况做出最终选择，真正做到“让学生上自己喜欢的精品双创课”。2017 年 6 月 16 日至 7 月 28 日，第十批“双创课”共开设 15 门，覆盖全校 15 个院系，各院系积极响应、有序进行，报名人数 1 982 人，结课人数 1 511 人，结课率 76%。在后续调查活动中，学生表示学到的知识实用，对创新创业起到不同程度的引导指引作用。截至 2018 年 12 月，学校已成功举办了十三批“大学生科技创新特色公开课”。

### （二）大学生科技创新特色公开课筹备开展情况

1. 校团委高度重视，积极筹备，全方位调研

校团委高度重视课程的开展，要求从学生科技创新的根本需求出发，每批次课程开展之后，均召开授课人交流会和学员代表调研会，总结课程经验，完善开展流程，有效保障下一批次课程的顺利实施，并在申请机房、课程宣传等方面给予大力支持，有效地推进了科创课程开展进程。校团委还要求各院系团委积极配合科创课程的开展，由院系团委协助本院系授课人提供 DV，并做好科创课程的宣传工作。校团委的高度重视对课程的顺利开展起到了重要作用。

2. 致力于打造“大学生科技创新特色公开课”品牌

为扩大“大学生科技创新特色公开课”的影响力，校团委不断增加科创课程的

规模，并在各院系科创导航员中积极宣传，包括机器人制作、机器人编程、软件开发、经济管理、法律基础等课程均得以开展，授课内容进一步丰富，呈现多样化、全方位发展。"大学生科技创新特色公开课"的品牌效应日趋体现，理工科学生可以接触到经管法律类知识，文科学生可以学习到机器人、模型等动手实践类知识，也让更多的学生体会到我校学生科技创新的丰富多彩。

3. 课程宣传方式进一步扩大

为有效保障课程信息的顺利开展，校团委专门举行了科技创新工作交流会，会议向各班科创委员征集了科创课程的宣传方式，最终决定科创课程的宣传由启航网公告信息栏公示、启航大厅公示板公示、各教学楼大厅海报宣传、各班科创委员通知等方式构成。在由本班级科创委员通知的前提下，由各班科创导航员在日常活动中不断宣传，鼓励未能及时报名的同学进行旁听，扩大了受众面，也使很多未选课的同学能够试听，为下批课程开展打下基础，也为双创课程的宣传方式的规范化积累了经验。

课程开展期间，《工学周报》、启航网、《青春校园》等校园媒体均积极给予了报道，增强了科创课程在校园内的宣传力度，为课程的开展创造了良好的宣传效应。

4. 资料留档制度进一步完善

鉴于前两批课程的总结材料上交和整理问题，从第三批课程开始逐步完善资料收集制度，总结材料包括课程视频、课程照片、课程总结、课程信息反馈表、课程成绩单等，相关资料不仅为了留档，也为课程的调整提供了依据。同时根据课程视频开设了网络课堂，让未能参与课程的同学利用网络也能学到相关知识。

5. 根据反馈，及时进行工作调整

课程开展期间，每周召开课程授课人会议，讨论授课过程中遇到的问题及解决方案。通过这种方式的讨论，解决了课程视频录制、课程信息通知、机房申请等许多问题。会议上课程授课人积极发言，本着为报名同学负责的态度，提出授课过程中遇到的问题，并提出自己的建议。课程的多样化考核方式、课程形式的确定等均是从授课人提出的合理建议中采纳的。课程授课人的有效反馈，极大地推动了课程平台的建设。

## 四、从"科创导航员"到"双创导航员"

在党中央、国务院的高度重视下，我国掀起了"大众创业、万众创新"的热潮，高校大学生创新创业工作也正在蓬勃开展。为适应新的形势，发挥我校创新创业精英学生的人才优势，为其继续深造搭建实践育人平台，指导广大低年级本科生积极投身参与创新创业活动，学校将"科创导航员"岗位调整为"双创导航员"岗位，增加了指导创业的工作内容,并制定出台了《哈尔滨工程大学双创导航员管理办法》。

【工作文件】

## 哈尔滨工程大学双创导航员管理办法

### 第一章　总　则

**第一条**　为发挥我校创新创业精英学生的人才优势,为其继续深造搭建实践育人平台,指导广大低年级本科生积极投身参与创新创业活动,特设置双创导航员岗位。

**第二条**　校团委是双创导航员管理的职能部门,负责统筹全过程工作,院系团委负责双创导航员的选拔、培训、分工、考核等日常具体工作。

**第三条**　为加强我校双创导航员管理工作的科学化、规范化、程序化、常态化,依照有关规定和工作实际,特制定本办法。

### 第二章　双创导航员的工作职责

**第四条**　双创导航员的工作职责:

(一)协助做好我校学生创新创业活动宣传动员、意识启发、推广普及工作;

(二)协助做好我校相关学生创新创业训练项目的指导工作;

(三)协助做好“启航杯”“五四杯”“一院一品”等校内创新创业竞赛赛事组织、作品指导等工作;

(四)协助做好我校创立方·大学生创客工场相关团队的指导工作;

(五)协助开展我校学生创新创业特色公开课、科创沙龙、科创讲坛等学术交流活动;

(六)协助校团委做好《创客+》季刊的稿件编审工作;

(七)协助其他需要完成的大学生创新创业工作。

### 第三章　双创导航员的选拔

**第五条**　双创导航员选拔原则上面向我校在读硕士、博士研究生,在创新创业方面能力较为突出的大三及以上本科生可作为补充招募。

**第六条**　双创导航员聘期为一年,每年11月进行选拔。

**第七条**　双创导航员选拔条件:

(一)应具备较为突出的创新创业意识和创新创业能力;

(二)责任心强,沟通能力较强;

(三)本科生双创导航员至少满足以下条件之一:

1. 参加过Ⅰ、Ⅱ级学生创新创业校外竞赛,获得过三等奖及以上奖励;

2. 获得过国家专利授权;

3. 在正式刊物发表过学术科技论文。

(四)满足以下情况之一的,可优先录用:

1. 曾经担任双创导航员;

2. 个性化免试推荐研究生;

3. 曾经担任创新创业特色公开课授课人。

## 第四章 双创导航员选拔流程

**第八条** 双创导航员选拔流程:

(一)校团委确定各院系团委双创导航员人数;

(二)各院系团委根据校团委要求自行组织双创导航员报名及面试工作;

(三)院系团委将拟录用为双创导航员的学生材料报校团委审批;

(四)校团委审核通过后,公布双创导航员名单。

## 第五章 双创导航员管理

**第九条** 双创导航员由校团委负责统筹管理,院系团委负责日常管理。各院系团委应根据双创导航员工作职责结合本院系创新创业工作实际制定本院系《双创导航员管理办法》,对双创导航员具体职责分工、日常管理、考核评价进行规定。

**第十条** 各院系团委每月对双创导航员的实际工作表现进行考核,确定当月本院系各双创导航员的补助额度,并于每月25日前上报校团委。

**第十一条** 校团委将对双创导航员所承担的创新创业训练项目、校内创新创业竞赛、创新创业公开课、创新创业团队产品研发等指导工作进行不定期抽查,抽查结果将作为院系团委双创导航员工作的重要考核依据,对于抽查中工作效果差,或者弄虚作假者,取消其双创导航员资格。

**第十二条** 每年年底,各院系团委应上交本年度双创导航员工作总结报告,校团委根据各院系双创导航员工作情况,增加或核减下一年度院系双创导航员人数。

**第十三条** 个别双创导航员若因特殊原因无法完成聘期内工作,院系团委可向校团委申请,批准后对双创导航员人选进行调整。

## 第六章 表彰奖励

**第十四条** 对于年度考核成绩优异的双创导航员,将根据实际情况在年度五四表彰中授予“校十佳双创导航员”“校优秀双创导航员”荣誉称号。

第七章　附　则

**第十五条**　本办法自发布之日起执行，解释权归校团委所有。

## 第四节　大学生创业联盟

大学生创业联盟是校团委指导下学生在创业领域自我管理、自我教育、自我服务、自我监督的组织。大学生创业联盟的学生通过夹叙夹议的方式对联盟成立十年以来的工作和故事进行了总结，具体如下。

### 一、大学生创业联盟成立期

2009年的春天，来自千元科技团队的几名创业爱好者做出了一个决定，组建一个属于创客的组织，想到能找到志同道合的朋友，使哈工程有志于创业的青年齐聚一堂，激动的心情便无法抑制。他们立即行动起来，四处寻找有志于创业的同学，吸纳年轻的创客，建立了一个为创业而生的组织——大学生创业联盟。大学生创业联盟的创立初期只有9人，十年后这片星星之火在哈工程的土地上形成了创业工作的燎原之势。

大学生创业联盟的第一任主席，也就是大学生创业联盟的创始人之一——李星，他是我校2005级本科生和2009级硕士生。大学生创业联盟创始期间，李星和其他几位创始人从办公区的设计到人员招聘、项目选择，事事亲力亲为。一个组织的创办并不容易，许多年过去了，李星回忆起当年的事情仍然记忆深刻，回忆起当年的同伴仍然感慨许多。

“记得我和副主席黄伟林两个人为了能够便宜点做块展板，两个人骑着电动车去很远的地方制作，回来的时候，我坐在电动车后面双手举着两米长一米宽的展板，大风吹来展板掉了很多次，车子也摔了好几次，回想起来还是挺有意思的，大家一起共同把事情一件件办下来很有成就感。许多10年前在大学生创业联盟结交的伙伴，也成为一生的朋友。这也是大学生创业联盟的魅力和核心文化”。

尽管资金并不充裕，事情多得让人焦头烂额，第一代的大学生创业联盟人坚持了下来。2009年5月，大学生创业联盟正式成立。成立初期的联盟只有四个部门：项目部、财务部、办公室和外联部。当时的校团委对这一新生组织给予了殷切的关注和大力的支持。在学校的帮扶下，组织迅速壮大起来，至2009年年末已初具规模。

大学生创业联盟创始团队

2009 年大学生创业联盟集体合影

初期的大学生创业联盟以服务管理子公司(注:未工商注册公司的创业团队)为主要工作。其由两部分组成,一部分是入驻的子公司,另一部分是管理服务子公司的学生干部团队。

2010 年,大学生创业联盟开始拔足狂奔。至当年 9 月,联盟成员已达 102 人,入驻子公司 30 家,在管理制度、组织培训、宣传推广等方面也迅速地完善了起来:这一年的管理服务团队开始细化与扩展,由主席团下设项目中心、传媒中心、开创部落三个中心，分管十一个部门，各司其职；这一年的创业培训服务初成雏形，大学生创业联盟组织创业团队参与阳光论坛、学子论坛等系列创业讲座，更是开设了自己的论坛——“开创部落”，邀请我校知名校友戴志康、常熟市企业家陈岚等杰出创业者与创业团队进行开放式交流，定期邀请老师为创业团队进行财务及管理培训；这一年在奥列霍夫广场举办了第一届商品展销暨子公司招聘活动，更多的工程学子开始接触到创业、感受到创业的良好氛围。一群有着创业梦想的大学生汇集于此，在这里碰撞创业想法，并将创业想法付诸实践。

2011 年 6 月 27 日下午 2 点，“禾润”团队已为竞标“第三空间”咖啡厅准备了一个月。几多饱受头脑风暴洗礼的夜晚，“运营策划书”改了又改，终于到了竞标答辩的这一天。功夫不负有心人，“禾润”团队在 16 支竞标团队中脱颖而出，取得了“第三空间”为期一年的经营权。

像“禾润”一样的创业团队并不少，在此阶段的创业团队以服务型、计划型为主。创客们的想法一齐迸发，有主营软陶的“花千树软陶吧”，从事翻译的“天宇翻译公司”，以设计为主的“新思维平面设计公司”。大学生创业联盟为团队提供小块办公场地支持，与创业项目一起成长。大学生创业联盟在 2010 年中国科技计划大赛中喜获优秀组织奖，2010 年和 2011 年连续两年获评“中国大学生创意创业先进单位”，2012 年获评年度“全国青年创业教育先进集体”。

## 二、大学生创业联盟发展期

2013 年，大学生创业联盟迈入规范化管理新阶段。过去几年里，我校涌现出一大批优秀的创业团队，但许多团队仍停留在创业计划阶段。大学生创业联盟存在管理制度相对不完善、内部团队各自为战的问题。

大学生创业联盟时任主席李海鹏和联盟指导老师商议起如何改进机制、如何更好帮助创业团队将创业计划落实为创业实践。经过几番讨论与考量，这一年大学生创业联盟决定开展协助创业团队在校内展开虚拟运营的工作模式，帮助创业计划项目转化为创业实践项目。这标志着创业服务工作迈上了新的台阶。

大学生创业联盟在体系架构上继续探索改进，三大中心十大部门在几年的发展中逐渐精简为六个部门。项目部与监理部负责与子公司对接；宣传部、财务部、办公室、策划部负责组织内部运营管理与宣传策划。精简后的部门分工明确，专门设立的监理部也标志着对子公司管理力度的加大和管理制度的完善。

在此阶段的大学生创业联盟目标明确而务实，即“更加有效地服务创业团队，促进创业实践，在校内普及创业理念”。

2013 年是收获颇丰的一年，这一阶段大学生创业联盟在培训工作上创办了联盟品牌活动“创业大讲堂”，开展了首届创业文化节，迎接领导视察并获得了领导肯定。这一阶段也涌现出哈尔滨程天科技有限公司等在全国业内领先的创业公司。大学生创业联盟在此阶段连续两年获评“全国十佳优秀 KAB 创业俱乐部”。

共青团中央书记处书记傅振邦视察大学生创业联盟

2015 年，李克强总理在政府工作报告再次提出：“大众创业，万众创新”的理念。他在政府工作报告中如此表述：“推动大众创业、万众创新，既可以扩大就业、增加居民收入，又有利于促进社会纵向流动和公平正义”。

一时间，“大众创业”“草根创业”的新浪潮席卷中国，“万众创新”“人人创新”的新势态逐渐推进。逢“大众创业，万众创新”大潮，拥国家政府政策支持，得“互联网 +”时代独厚，这一阶段的大学生创业联盟更加全力以赴。在学校的大力支持下，全面协助子公司发展，一批试运营公司在大创平台完成蜕变，注册成立实体公司。

大学生创业联盟时任主席付丽宁如此回忆这个高歌猛进的时期：“任职当年，‘大众创业，万众创新’的指导思想刚刚提出不久，能明显感觉到创业工作较之以前的变化，各类新型创业比赛如中国‘互联网 +’大学生创新创业大赛、网络文化节创新创业大赛等不断涌现，学校对于创业工作愈发重视。”

2015 年 10 月，秋高气爽，来自全国高校的优秀创业团队齐聚吉林大学，第一届中国“互联网 +”大学生创新创业大赛决赛在此展开。我校宋超带领团队过五关斩六将，在数万个创业作品中脱颖而出，以“点触云安全系统项目”斩获全国金奖。

至 2015 年，大学生创业联盟管理服务人员已达 200 人。联盟着力于进一步完善管理制度，提高组织知名度，以普及创业思潮、促进创业公司面向社会运营为主要工作。这一年，联盟着力搭建宣传平台，组织建设微信、网站、微博等新媒体工具，锐意创新，时刻保持宣传形式的多样化、新颖化；培训工作上，随着“创业大讲

国务院时任副总理刘延东与“互联网+”国赛金奖队伍合影

堂”的日益完善，联盟成立了论坛部专门分管大讲堂，以创业讲座带动校园创业氛围，创业知识普及率大大提高；这一年大学生创业联盟承办第十六届“五四杯”大学生创业计划竞赛。大学生创业联盟至此已基本承担起了助力我校从创业基础知识培训到创业赛事组织举办，创业实践公司运营的整体创业工作。

第十六届“五四杯”大学生创业计划竞赛决赛现场

## 三、大学生创业联盟成熟期

2017 年 9 月，大学生创业联盟时任主席王帅带领部长级以上成员在启航活动中心五区一厅待命迎接新生，为新生讲解创立方·大学生创客工场，让大一新生最快了解我校大学生创业服务体系。

自2016年起，学校建立了占地面积5 000平方米、跨越五个楼层的“五区一厅”的大学生创新创业实践训练平台——创立方·大学生创客工场。2016年时任主席马博文协助校团委领导和老师完成了创立方·大学生创客工场的初步建设。

意识普及区

创客培养区

产品研发区

创业苗圃区

创业街区

创业咖啡厅

这一阶段，依托“五区一厅”格局，大学生创业联盟工作重点为推进科技型作品产品化。这标志着大创角色的转变，从对团队的兴趣集结、对创业公司的帮助经营，转向对“创立方”平台的服务与管理者的身份。创客们展现出惊人的创造力，创立方·大学生创客工场在这个时期涌现出一大批科技型创业企业。

计算机科学与技术学院博士唐滨结合我校船海领域技术优势，围绕船海领域智能制造工业需求，联合航海领域专家，带领团队研发智能仿真平台。产品全自主知识产权，创新度高、服务领域广，实现科技型创业，受到社会上合作伙伴的一致好评。

以“千帆科技有限公司”为首的许多科技型企业在这一年如雨后春笋般涌现。至2017年，大学生创业联盟又有了新的面貌，主席团下设七个部门：综合事务部、赛事部、研发部、项目部、宣传部、培训部、创客俱乐部。七个部门各自分管与服务“五区一厅”，实现了在校团委的指导下对创立方·大学生创客工场的独立运营。

从意识普及阶段的兴趣培养到创客培训阶段的技能讲授，到产品研发阶段的全面支持，再到虚拟运营阶段的商业培训、创业实践阶段的管理服务，大学生创业联盟依托“五区一厅”对创业团队提供一站式服务与递进式帮助，最大化助力我校的创业工作。

2017年，学校连获“首批深化创新创业教育改革示范高校”“全国创新创业典型经验高校”“全国高校实践育人创新创业基地”3项大型国家级荣誉，这无疑是对学校过去大学生创新创业工作的极大肯定。

至此，大学生创业联盟在培训、宣传等方面均已趋近成熟。站在大学生创业联盟十年的潮头上，也在创业工作体系已较为完善的情况下，联盟工作重心落在了加强创立方·大学生创客工场内涵式建设与联盟内部高效化办公，着力建设创客工场内部成员学科交叉融合创新，达成实质性成果输出。

漫漫时光如梭飞逝，转眼已是十年。十年间，大学生创业联盟慢慢摸索前行，并获得了可慰人心的好成绩；十年间，大学生创业联盟接受了全国人大委员长，时任黑龙江省省长栗战书等领导的视察和指导；十年间，大学生创业联盟服务于创业实践，培育出如哈尔滨程天科技发展有限公司、哈尔滨奥松机器人科技股份有限公司、杭州微触科技有限公司等多家获千万级融资的学生创业公司典型代表。大学生创业联盟协助校团委的创业工作成果在《人民日报》《中国青年报》《科技日报》等媒体上大放异彩。

“秣马厉兵成锋锐，万里扬帆展宏图”，站在十年节点回溯过往，十年风雨坎坷，十年传承跨越，十年携手并肩。十年间，大学生创业联盟在校团委的帮助下一路前行，一路成长。诚然，立足当下，我们不只是追昧从前，更有坚定的信念去开拓更加美好的未来，让大学生创业联盟在新的时间长河里蜕变成更加成熟的一个组织和平台，为我校创客提供更加优质的服务。

创新，我们一路同行；创业，我们风雨同舟。

# 第二章　工作·指导篇

党的十八大以来,我国不断深化高校创新创业教育改革,修订人才培养标准,改革教学育人机制,加强师资队伍建设,强化创新创业实践训练、构建创业帮扶体系,推进创新创业教育与专业教育有机融合,不断加强孵化平台、创业基金、行业导师等支撑体系建设,为全面推进高等教育综合改革、强化实施创新驱动发展战略、持续推进经济结构转型升级发挥了重要的人才支撑作用。

哈尔滨工程大学历来高度重视学生创新创业工作,形成体系完善的创新创业实践体系。每年组织“国家级—省级—校级”学生创新创业训练项目近 2 000 项;举办“五四杯”大学生创新创业竞赛、“启航杯”大学生创新创意大赛、“一院一品”学生创新竞赛等学生创新创业校内竞赛 20 余项,参加 RoboSub 国际水下机器人竞赛、SAMPE 国际超轻复合材料桥梁学生竞赛、“挑战杯”全国大学生课外学术科技作品竞赛、中国“互联网 +”大学生创新创业大赛、“创青春”全国大学生创业大赛等境内外学生创新创业竞赛 100 余项,省级及以上竞赛年均获奖 1 000 余项;依托学校启航活动中心建成 5 000 平方米、跨越 5 个楼层、五区一厅布局的创立方·大学生创客工场。

## 第一节　学生创新创业训练项目

哈尔滨工程大学校级学生创新创业训练项目是国家级、省级大学生创新创业训练项目在学校组织开展的基础和延伸,也是各类各级学生创新创业校内外竞赛的主要作品来源和作品制作的主要经费来源。学生通过创新创业训练项目,在实践中学习,实现教学与实践的有机结合。

学生创新训练项目是本科生、研究生团队,在老师或双创导航员指导下,自主完成创新性研究项目设计、研究条件准备和项目实施、研究报告撰写、成果(学术)交流等工作,让学生们基本掌握科学研究的思路和方法。

学生创业训练项目是本科生、研究生团队,在导师指导下,通过编制商业计划书、开展可行性研究、模拟企业运行、参加企业实践、撰写创业报告等工作，团队中每个学生在项目实施过程中扮演一个或多个具体的角色。

学生创业训练项目根据项目类型和实施阶段分为校级学生创新训练项目（引导型）、校级学生创新训练项目（普通型）、校级学生创新训练项目（重大型）、校级学生创新训练项目（特殊资助型）、校级学生创业训练项目（创意型）、校级学生创业训练项目（初创型）。

校级学生创新创业训练项目的组织工作与学生创新创业校内外竞赛工作相辅相成。例如，校级学生创新训练项目（引导型）对应校"启航杯"大学生创新创意大赛，校级学生创新训练项目（普通型）对应校"五四杯"大学生课外学术科技创新作品竞赛，校级学生创新训练项目（重大型、特殊资助型）对应"挑战杯"全国大学生校外学术科技作品竞赛等高水平学生创新创业校外竞赛。学生根据自身情况、所处阶段及所确立的创新创业目标，都可以申请到合适类型的校级学生创新创业训练项目，凭借项目研发成果可参与到相应级别的学生创新创业校内外竞赛中来。

开展校级学生创新创业训练项目应本着"科学规划、注重创意、有效训练、节约精简"的原则，以培养学生创新精神、强化学生创业意识、提升学生创新创业能力、促进学生参与科技创新及创业活动为出发点，由校团委负责统筹全过程，包括项目申报、评审立项、中期检查、进度审查、经费管理、结题评审、项目验收及成果管理等工作，院系团委负责项目的宣传发动和相关项目具体的组织实施。

哈尔滨工程大学于2000年设立了学生课外科技活动"校内科学研究基金"，用于资助大学生科研立项（2017年更名为学生创新训练项目），2001年出台《哈尔滨工程大学学生课外科技活动校内科学研究基金实施办法》，每年资助各类学生创新创业训练项目2 000余项，在校生年参与5 000余人次。

为规范全校校级学生创新创业训练项目的组织实施，学校于2017年出台了《哈尔滨工程大学校级学生创新创业训练项目管理办法》。

【工作文件】

## 哈尔滨工程大学校级学生创新创业训练项目管理办法

（哈工程团发〔2017〕5号）

### 第一章 总 则

**第一条** 为加强校级学生创新创业训练项目管理的科学化、规范化、程序化，建立校院二级管理机制，根据工作实际，特制定本办法。

**第二条** 校团委是校级学生创新创业训练项目管理的职能部门，负责统筹全过程，包括项目申报、评审立项、中期检查、进度审查、经费管理、结题评审、项目验收及成果管理等工作，院系团委负责项目的宣传发动和相关项目具体的组织实施。

**第三条** 校级学生创新创业训练项目应以培养学生创新精神、强化学生创业意识、提升学生创新创业能力、促进学生参与科技创新及创业活动为出发点。

**第四条** 校级学生创新创业训练项目要本着"科学规划、注重创意、有效训练、节约精简"的原则，按照校团委发布的相关通知及规定执行。

## 第二章 适用范围

**第五条** 本办法所指的校级学生创新创业训练项目（以下简称项目）分为创新训练项目和创业训练项目。

（一）创新训练项目

1. 引导型创新训练项目

面向大一本科生，3 人/组，重点支持大一年级学生的创意创新项目，项目周期为半年（每年 11 月至次年 6 月），全校每年立项 1 300 项左右，项目来源为学生自主命题项目或院系指定项目（鼓励学生自主命题）。

2. 普通型创新训练项目

面向大二及以上本科生、研究生，≥5 人/组，重点支持投入较少且为生产技术或社会生活带来便利的小发明、小制作等，项目周期为半年（每年 3 月至 11 月），全校每年立项 400 项左右，项目来源为学生自主命题项目、指导教师推荐项目、已经结题并且有继续研究价值的项目及拟参加各类校内外科技创新竞赛的项目。

3. 重大型创新训练项目

面向大二及以上本科生、研究生，≥5 人/组，重点支持科技含量较高、制作投入较大的项目，项目周期为 1 年（每年 3 月至次年 3 月），全校每年立项 50 项左右，项目来源为学生自主命题项目、指导教师推荐项目、已经结题并且有继续研究价值的项目及拟参加各类校内外科技创新竞赛的项目。

4. 特殊资助型创新训练项目

面向大二及以上本科生、研究生，≥5 人/组，重点支持重大、具有学科交叉融合、具有国际化潜力和具有产业化开发前景的项目，项目周期为 1 ~2 年，可在任意工作日向校团委申报，全校每年立项 10 项左右，项目来源为学生自主命题项目、指导教师推荐项目、已经结题并且有继续研究价值的项目及拟参加各类校内外科技创新竞赛的项目。

（二）创业训练项目

1. 创意型创业训练项目

面向大二及以上本科生、研究生，≥3 人/组，项目周期为半年（每年 2 期，3 月至 9 月，9 月至次年 3 月），全校每年立项 60 项左右，项目来源为学生自主创意创业项目。

2. 初创型创业训练项目

面向大二及以上本科生、研究生，≥3 人/组，项目周期为半年（每年 2 期，3 月至 9 月，9 月至次年 3 月），全校每年立项 40 项左右，项目来源为学生自主实体创业项目，创意型创业训练优秀结题项目及“五四杯”创业计划大赛优秀项目，并且该项目有继续训练价值，研究生参与项目优先立项。

**第六条**　校级创新训练项目按研究方向可分为自然科学方向和哲学与社会科学方向。

（一）自然科学方向

A 方向（电气信息、自动控制技术）、B 方向（计算机科学技术、软件、网络应用）、C 方向（机械、航空航天、交通运输）、D 方向（海洋工程、水利、能源动力）、E 方向（数学、物理、化学化工、材料）。

（二）哲学与社会科学方向

A 方向（哲学）、B 方向（经济）、C 方向（法律）、D 方向（社会学）、E 方向（教育）、F 方向（管理）。

**第七条**　凡本校在籍全日制本科生、研究生可根据训练项目要求，以项目团队形式申报。

**第八条**　引导型创新训练项目仅面向大一本科生，且要求 100% 覆盖；普通型、重大型、特殊资助创新训练项目鼓励研究生参与立项，承担指导工作及关键技术的研究；普通型创新训练项目原则上每个项目组的成员中本科生人数不少于项目参与人总数的 50%；特殊资助创新训练项目的负责人原则上须为研究生。

## 第三章　创新训练项目立项流程

**第九条**　引导型创新训练项目立项流程。

引导型创新训练项目由各院系团委负责组织实施。

（一）制订计划，提交申请。各院系团委制订当批次本院系引导型创新训练项目立项工作计划、经费预算，于每年 11 月 1 日之前向校团委提交工作计划和经费预算申请，校团委汇总、审核后一周内发布资助计划。

（二）落实计划，组织实施。各院系团委按照工作计划，做好宣传动员，自行组织引导型创新训练项目的立项审批、中期检查、结题评审等工作，工作中学生双创导航员要按照职能，完成立项工作任务。

（三）总结经验，归档材料。项目周期结束后，次年 6 月 30 日之前，各院系团委将开展本学院引导型创新训练项目各阶段工作通知、项目申报书及项目立项汇总表、项目结题书及项目结题汇总表等材料装订成册，一式两份上交校团委。

**第十条** 普通型项目立项流程。

普通型创新训练项目由各院系团委负责组织实施。

（一）制订计划，提交申请。各院系团委制订当批次本院系普通型项目立项计划、经费预算，于每年 3 月 15 日之前向校团委提交工作计划和经费预算申请，校团委汇总、审核后一周内发布资助计划。

（二）落实计划，组织实施。校团委根据每年各院系团委普通型创新训练项目组织工作，分配各院系普通型创新训练项目资助数量。各院系团委按照工作计划和项目资助数量，做好宣传动员及相关培训，自行组织普通型创新训练项目的立项审批、中期检查、结题评审等具体工作。普通型创新训练项目实施过程中要充分发挥学生双创导航员作用，做好项目指导。

（三）总结经验，归档材料。项目周期结束后，当年 11 月 30 日之前，各院系团委将开展本学院普通型创新训练项目各阶段工作通知、项目申报书及项目立项汇总表、项目结题书及项目结题汇总表等材料装订成册，一式两份上交校团委。

**第十一条** 重大型创新训练项目立项流程。

重大型创新训练项目由校团委负责组织实施。每年 4 月发布立项通知，校团委负责立项审批、中期检查、项目结题等相关工作，做好各类资料的归档。

**第十二条** 特殊资助型创新训练项目立项流程。

特殊资助创新训练项目由校团委负责组织实施，可在任意工作日向校团委直接申报，校团委负责立项审批、中期检查、项目结题等相关工作，做好各类资料的归档。

## 第四章　创新训练项目结题标准

**第十三条**　引导型项目结题标准。

(一)项目完成后,必须参加本院系“启航杯”初赛,未参加初赛的项目不予结题,初赛成绩可作为认定项目结题成绩的重要依据;

(二)自然科学方向项目鼓励提交制作实物作品成品(如无法提供成品则可提供作品制作过程中的视频、图片等佐证材料)和项目论文电子版。

**第十四条**　普通型项目结题标准。

(一)自然科学方向

1. 须参加立项年度学校“五四杯”比赛A类、B类作品竞赛,或项目相关论文被学校大学生创新创业刊物录用,或参加“一院一品”品牌类竞赛且必须获奖;

2. 提交结题论文和作品实物;

3. 若满足以下条件之一,则结题成绩为优秀:

(1)参加立项年度学校“五四杯”比赛A类、B类作品竞赛获得一等奖以上或者校外Ⅰ类、Ⅱ类竞赛获得二等奖以上奖励;

(2)以学生项目成员为前二作者(如果是第二作者,第一作者应为指导教师)在正规期刊上公开发表论文,且论文内容对项目有支撑作用(发表论文的版面费另行资助);

(3)以学生项目成员为前二作者(如果是第二作者,第一作者应为指导教师)申请获得专利,且专利对项目有支撑作用。

(二)哲学与社会科学方向

1. 须参加立项年度学校“五四杯”比赛C类作品竞赛或项目相关论文被学校大学生创新创业刊物录用;

2. 提交原始调查问卷及调查数据或文献研究综述;

3. 提交结题报告;

4. 若以学生项目成员为前二作者(如果是第二作者,第一作者应为指导教师)在正规期刊上公开发表论文,且论文内容对项目有支撑作用(发表论文的版面费另行资助),则结题成绩为优秀。

**第十五条**　重大型项目结题标准。

(一)自然科学方向

1. 须参加立项年度学校“五四杯”比赛A类、B类作品竞赛,获得一等奖以上奖励或者校外Ⅰ类、Ⅱ类竞赛获得二等奖以上奖励；

2. 以学生项目成员为前二作者（如果是第二作者，第一作者应为指导教师）在正规期刊上公开发表论文或申请获得专利，论文、专利对项目有支撑作用（发表论文的版面费另行资助）；

3. 提交结题论文和作品实物。

（二）哲学与社会科学方向

1. 须参加立项年度学校“五四杯”比赛C类作品竞赛；

2. 以学生项目成员为前二作者（如果是第二作者，第一作者应为指导教师）在正规期刊上公开发表论文，论文内容对项目有支撑作用（发表论文的版面费另行资助）；

3. 提交原始调查问卷及调查数据或文献研究综述；

4. 提交结题报告。

**第十六条** 特殊资助型项目结题标准。

（一）完成作品实物，并达到设计性能指标；

（二）发表项目相关论文或申请并获得专利；

（三）在国内高水平竞赛中获得奖项。

## 第五章 创业训练项目立项流程

**第十七条** 创意型、初创型创业训练项目立项流程。

创意型、初创型创业训练项目由校团委负责组织实施。每年1月、7月发布立项通知，校团委负责立项审批、开展训练活动、项目结题等相关工作，做好各类资料的归档。

## 第六章 创业训练项目结题标准

**第十八条** 创业训练项目结题时创业项目团队需进行项目路演答辩。

**第十九条** 创意型创业训练项目结题标准。

（一）提交完整的项目商业计划书；

（二）参加立项年度学校“五四杯”大学生创业计划竞赛或者“互联网+”大学生创新创业大赛、“创青春”全国大学生创业大赛；

（三）完成要求的创业训练课程、讲座等；无故不参加课程或讲座2次以上者不予结题；

（四）满足以下条件，则结题成绩为优秀：

立项年度参加学校“五四杯”大学生创业计划竞赛获奖或参加“互联

网 +”大学生创新创业大赛、“创青春”全国大学生创业大赛省赛、国赛获奖。

**第二十条**　初创型创业训练项目结题标准。

（一）提交完整的项目商业计划书；

（二）参加立项年度学校“五四杯”大学生创业计划竞赛或者“互联网 +”大学生创新创业大赛、“创青春”全国大学生创业大赛；

（三）完成要求的创业训练课程、讲座等；无故不参加课程或讲座 2 次以上者不予结题；

（四）若满足以下条件之一，则结题成绩为优秀：

1. 立项年度参加学校“五四杯”大学生创业计划竞赛获奖或参加“互联网 +”大学生创新创业大赛、“创青春”全国大学生创业大赛省赛、国赛获奖；

2. 训练项目成功孵化为注册公司。

## 第七章　经费管理

**第二十一条**　项目资助额度。

（一）引导型创新训练项目：原则上 100 元/项，院系团委可根据实际适当调整；

（二）普通型创新训练项目：原则上 500 元/项，院系团委可根据实际适当调整；

（三）重大型创新训练项目：2 000 ~ 5 000 元/项；

（四）特殊资助型创新训练项目：1 万 ~ 10 万元/项；

（五）创意型创业训练项目：400 元/项；

（六）初创型创业训练项目：800 元/项。

**第二十二条**　为逐步建立校院二级人、财、物保障机制，学生创新训练项目实行经费配套。项目经费由校团委管理，财务处负责监管，不提取酬金和管理费用，并实行专款专用，经费不得挪作他用。其中引导型、普通型创新训练项目经费经院系团委申请，校团委审批后直接拨付院系团委，由各院系团委根据经费预算分配方案自行报销，院系普通型创新训练实际项目数调整幅度不得超过校团委审批项目数的 ±25%；重大型和特殊资助型项目需要各项目组开具发票并统一经校团委进行审核报销。项目报销相关事宜如下。

（一）允许报销

1. 设备费：是指在项目研究过程中发生的各种小型专用仪器设备购买和消耗费用，通用设备价格不超过 1 000 元，专用设备价格不超过 1 500 元。

2. 材料费：是指在项目研究过程中发生的各种原材料、辅助材料的消耗费用。

3. 测试化验加工费：是指在项目研究过程中发生的检验、测试、化验及加工等费用。

4. 其他费用：是指在项目研究过程中发生的图书资料购置费、专用软件购置费、小数额交通费、打印费等。

(二)不允许报销

1. 计算机、笔记本电脑、数码相机、打印机、扫描仪等常规办公设备费用；

2. 硒鼓、墨盒、打印纸等耗材费用；

3. 办公用品、食品、餐饮费。

## 第八章 表彰认定

**第二十三条** 各类项目结题后，院系团委、校团委根据项目完成情况对结题项目进行评定，成绩等级为优秀、良好、中等、合格及不合格。结题成绩合格及以上等级创新创业训练项目发放结题证书。

**第二十四条** 对于在创新创业训练项目中表现优异的学生，将根据实际情况在年度五四表彰中授予“校学生科技创新先进个人”和“校学生创业先进个人”荣誉称号。

**第二十五条** 校团委将依据《哈尔滨工程大学创新创业学分认定管理办法》(哈工程校发〔2016〕174号)及创新创业训练项目结题成绩给予项目组成员学生相应创新创业学分。

## 第九章 成果管理

**第二十六条** 凡批准立项的创新训练项目，其成果均属哈尔滨工程大学所有，项目组成员可享有署名权。

**第二十七条** 项目完成后，项目负责人需提交项目结题报告及项目成果相关论文，有实物作品的需提交校团委收录和展出。

**第二十八条** 项目提交材料应实事求是，不得弄虚作假，成果完成人的排序应按实际贡献大小确定。同一成果不得重复申报，已结题成果不得再申报低级别项目。

## 第十章 有关要求

**第二十九条** 各类项目申报必要条件。

(一)引导型创新训练项目必须有双创导航员进行指导；

(二)普通型创新训练项目必须有双创导航员进行指导,鼓励院系团委配备指导教师;

(三)重大型创新训练项目必须有专业教师进行指导,有创新基地依托;

(四)特殊资助型创新训练项目必须有专业教师进行指导,有创新基地依托。

**第三十条** 所有已立项的各类项目,无特殊原因不结题及恶意不结题的项目团队所有成员将被列入《哈尔滨工程大学学生创新创业工作黑名单》,对于黑名单内的学生,校团委将不予资助参加任何校外竞赛,并对其取得的校外竞赛成绩不予认定。

**第三十一条** 在规定时间内不能正常结题的项目,可提出延期申请,申请必须在规定时间前两周由院系团委统一向校团委报批,经审批同意延期的项目可延期(3 个月为一个期限)结题,未获批准的项目必须参加当批次结题答辩,否则不予项目经费报销。

**第三十二条** 已经结题的项目,如有继续进行研究的意义,可申请进入二期滚动立项,具体可按照立项申请程序进行。

**第三十三条** 每年 6 月、11 月,各院系团委须向校团委分别提交引导型、普通型创新训练项目工作总结报告,重大型、特殊资助型创新训练项目及创业训练项目总结报告由校团委负责起草。各院系团委在引导型、普通型创新训练项目组织实施过程中双创导航员配备情况、项目结题率、整体开展情况等作为"五四"评比表彰依据。

### 第十一章 附 则

**第三十四条** 本办法自发布之日起执行,解释权归校团委所有。原《哈尔滨工程大学大学生科研立项实施细则》(校青字〔2010〕13 号文件)同时废止。

## 一、校级学生创新训练项目(引导型)

校级学生创新训练项目(引导型)主要面向低年级本科生,引导学生接触创新,了解创新实践过程,项目周期为半年(每年 11 月至次年 6 月),每 3 个大一新生组成一个项目组,项目内容多以科普和创意为主,鼓励学生"异想天开"。校级学生创新训练项目(引导型)注重创新素质培养和意愿启发,是学生创新实践的引导平台。

【工作流程】

校级创新训练项目(引导型)工作流程表

| 流程名称 | 哈尔滨工程大学校级创新训练项目(引导型)工作流程 | | | | | | |
|---|---|---|---|---|---|---|---|
| 实施环节 | 阶段 | 申报项目学生 | 院系团委 | 校团委学生科技创新中心 | 校团委主管领导 | 财务处 | 备注 |
| 1 | 前期 | | | 启航网发布启动通知及拟资助计划 | | | 每年 11 月份 |
| 2 | | | 调研立项规模,提交实施方案及预算至校团委科创中心 | | | | |
| 3 | | | | 汇总院系实施方案及预算,调整资助计划 | | | |
| 4 | | | | | 审批资助计划 | | |
| 5 | | | | 启航网公布资助计划 | | | |
| 6 | | | | 协调学校财务预拨 80% 项目经费至院系团委 | | | |
| 7 | | | | | | 预拨 80% 项目经费至院系团委创新工作经费卡 | |
| 8 | | 申报项目 | 组织学生申报项目 | | | | 仅限大一申报,3 人/组 |
| 9 | | | 提交立项名单至校团委科创中心 | | | | |
| 10 | | | | 汇总、审批各院系立项名单,在启航网公示 | | | |

续表

| 流程名称 | 哈尔滨工程大学校级创新训练项目(引导型)工作流程 | | | | | | |
|---|---|---|---|---|---|---|---|
| 实施环节 | 阶段 | 申报项目学生 | 院系团委 | 校团委学生科技创新中心 | 校团委主管领导 | 财务处 | 备注 |
| 11 | 中期 | 项目实施 | | | | | |
| 12 | 中期 | 中期答辩 | 组织项目中期检查 | | | | 次年4月份 |
| 13 | 中期 | 项目实施 | | | | | |
| 14 | 中期 | | 组织参加院系启航杯初赛 | | | | 要求 100% 参加 |
| 15 | 后期 | | | 在启航网发布结题通知 | | | |
| 16 | 后期 | 项目结题 | 组织项目结题 | | | | 次年6月份 |
| 17 | 后期 | | 提交结题结果至校团委科创中心 | | | | |
| 18 | 后期 | | | 汇总院系结题结果 | | | |
| 19 | 后期 | | | | 审批结题结果及项目尾款发放额度 | | |
| 20 | 后期 | | | 启航网公示各院系结题结果及尾款资助计划 | | | |
| 21 | 后期 | | | 协调学校财务拨付 20% 项目尾款至院系团委 | | | |
| 22 | 后期 | | | | | 拨付 20% 项目尾款至院系团委创新工作经费卡 | |

续表

| 流程名称 | 哈尔滨工程大学校级创新训练项目(引导型)工作流程 | | | | | | |
|---|---|---|---|---|---|---|---|
| 实施环节 | 阶段 | 申报项目学生 | 院系团委 | 校团委学生科技创新中心 | 校团委主管领导 | 财务处 | 备注 |
| 23 | 后期 | | 登陆学校财务系统,以酬金形式预约发放项目经费至各项目组负责人财务绑定中行卡 | | | | 经费卡号为院系创新工作经费卡号 |
| 24 | 后期 | | 打印酬金发放单据一式两份、院系党委副书记签字后送交校团委科创中心 | | | | 同时提交院系学生创新工作经费本复印件(院系党委副书记签字、加盖院系党委公章) |
| 25 | 后期 | | | 汇总院系酬金发放单据及经费本复印件,统一送交主楼财务大厅 | | | |
| 26 | 后期 | | | 存档各院系酬金发放单据 | | 拨付项目经费至各项目组负责人财务绑定中行卡 | |

【阶段性通知】

## 关于开展2018年度校级学生创新训练项目(引导型)申报工作的通知

各院系团委、各位同学:

根据我校学生科技创新工作的年度计划安排,校团委、校学生科技协会决定启动2018年度校级学生创新训练项目(引导型)的申报工作,现将有关事宜通知如下。

一、项目组织实施

本批次校级学生创新训练项目(引导型)申报、评审、中期检查、结题等工作均由各院系科协负责组织实施,校团委、校学生科技协会立项部负责立项工作过程的指导和监督。

二、项目类别

校级学生创新训练项目(引导型)旨在培养学生的科创意识,鼓励学生提出创意概念、创新想法和创新性设计方案。可申报项目类别有:A(创意概念类)、B(发明制作类)、C(方案设计类)、D(学科专业类)、E(哲学社会类论文或调查报告)

三、申报条件

(一)本批次校级学生创新训练项目(引导型)仅面向2017级本科生,其他年级同学不得申报;

(二)2017级本科生以班级为单位组成若干项目团队,原则上每个项目团队3名成员(含负责人);

(三)项目来源:鼓励各位同学选择A、B、C类项目进行申报;院系也可给出C、D类的规定命题;

(四)每名学生只能参与一个项目,否则不予立项;

(五)所有申报项目必须有双创导航员进行指导、监督项目进程;鼓励联系老师进行相关指导。

四、申报流程

(一)项目申报:12月4日—12月10日,项目团队确定研究项目,填写并向所在院系科协提交《2018年度校级学生创新训练项目(引导型)申报书》。

(二)项目评审:由各院系科协组织本院系双创导航员以班级为单位对申报项目进行有效指导,确定最终研究项目,指导书写申报书。

(三)项目复审:各院系科协于12月10日前将本院系成功立项项目的《2018年度校级学生创新训练项目(引导型)申报书》电子版(文档命名范例:01—Y001-作品名,注:01为院系编号,Y001为校级学生创新训练项目(引导型)项目编号,按顺序逐次排列)及《2018校级学生创新训练项目(引导型)汇总表》(附件2)电子版统一报送至校学生科协办公室(启航活动中心354室);上述材料还需纸质版一份,一并报送。

(四)成功立项:校学生科协立项部会在启航网公示成功立项的项目名单并发放项目资助金100元到项目负责人的中国银行卡中。

(五)项目制作:项目负责人接到补助后应及时开始项目进度,积极联系双创导航员;本批次成功立项的项目必须参与各院系2018年度“启航杯”科技普及竞赛院系初赛。

（六）项目指导：院系科协应组织双创导航员对项目进行定期指导，并检查团队每一名成员所负责的工作情况以及参加“启航杯”的情况。

（七）结题答辩：由各院系科协自行组织，获得答辩资格的项目参与答辩，由院系科协组织双创导航员评定最终的结题成绩，项目团队所有成员均需参加答辩，如在抽检中发现“挂名”“坐车”等情况，则撤销该项目的立项资格。

（八）奖励与表彰：校学生科协立项部会收取成功结题项目的结题报告，公示所有项目成绩并为结题成绩为合格以上的同学发放结题证书。

五、其他要求

（一）每个项目都必须配有双创导航员进行指导。各院系最终优秀结题率不得超过10%，并须确保项目最终结题率在100%，对于最终未结题的项目，该项目所有成员将被列入《哈尔滨工程大学学生科技创新黑名单》，校团委将不支持黑名单内人员参加校外竞赛，并拒绝对其校外竞赛证书进行认证。

（二）本次校级学生创新训练项目（引导型）立项中期检查由各院系自行组织。希望各院系科协严格按照有关要求，做好对立项项目的监督和指导工作。

（三）各院系科协负责组织项目结题答辩和成绩认定工作。项目立项成功后，必须参加本学院“启航杯”初赛，未参加初赛的项目不予结题；本院系申报项目均在本院系进行结题答辩。

（四）所有立项成功的项目必须上交结题报告。

希望各院系团委积极做好宣传发动、组织申报、指导督促等工作。

上述事宜如有疑问可咨询校学生科协立项部

联系人：姚港

共青团哈尔滨工程大学委员会
哈尔滨工程大学学生科技协会
2017 年 12 月 4 日

## 2018 年校级大学生创新训练项目（引导型）拟资助计划公示

各院系团委、各院系学生科协：

根据我校大学生创新创业训练项目工作年度计划，经过院系申报、校学生科协审核，本着鼓励本科生积极参与科技创新的原则，拟对 1 412 项创新训练项目（引导型）进行资助。校团委将项目经费拨付至各院系，具体资助计划由各院系团委自行制订，本批次统一结题时间为 2018 年 6 月。

现发布2018年校级学生创新训练项目(引导型)拟资助项目名单(项目信息详见附件),希望各院系严格按照有关要求,积极与双创导航员联系,加强指导,做好项目的监督实施,有关事宜请电话咨询校科协立项部,联系人:陈师杏

附件:2018年校级学生创新训练项目(引导型)拟资助项目名单

共青团哈尔滨工程大学委员会
哈尔滨工程大学学生科技协会
2017年12月26日

【开展案例】

## 水声工程学院开展校级学生创新训练项目(引导型)工作

校团委在启航网发布校级学生创新训练项目(引导型)申报工作的通知后,水声学院团委积极响应,面向大一年级同学安排专题讲座,对申报工作流程、答辩注意事项和申报书的书写规范进行详细的讲解,同时,安排高年级本科生和部分研究生作为双创导航员,对低年级学生进行具体指导。

在完成院系申报、校学生科协审核工作之后,本着鼓励本科生积极参与科技创新的原则,校团委对获批的校级学生创新训练项目(引导型)进行资助。

公布资助名单后,同学们在双创导航员的指导下,按照计划进程,互相合作,开展项目。项目启动后,水声工程学院团委组织双创导航员,对项目实施过程进行监管,要求双创导航员每月上交所指导项目的进度表,学院团委定期向校团委提交项目进展情况,切实确保项目按期结题。次年四月,按照学生科技创新工作的年度计划安排,学院团委组织所有创新训练项目(引导型)接受中期检查,对于在中期检查不合格的项目,取消其项目资格。中期检查之后,学院团委组织所有申报项目参加启航杯初赛,通过参加比赛来检验项目进展阶段性成果,同时也为学生提供了改进和完善作品的思路。

经过半年的制作与改进,学生们带着成型的作品参加校级学生创新训练项目(引导型)结题答辩。各项目组负责人以PPT、视频及实物展示的形式从项目背景、项目实施成果、项目创新性、优胜点及项目实施过程中遇到的困难等方面向各位评委进行介绍说明。

评委们围绕作品的创新性、可行性等方面进行提问,指出各项目存在的问题及申报书填写存在的不足,并对作品进行评分。对最终能够顺利结题的项

目，校团委、校学生科协颁发结题证书。

【项目案例】

## 助攻神射手——篮球姿势训练矫正器

船舶工程学院的几位篮球爱好者从篮球运动中获得启示，通过调查，项目组发现：

1. 全世界约有2.5亿篮球运动爱好者，仅中国，每天就有5 000万人进行篮球运动；

2. 在众多篮球运动爱好者中，约有95%的人存在投篮姿势不正确、投篮发力不正确或两者兼有，能够真正掌握正确投篮姿势及发力顺序的篮球爱好者寥寥无几；

3. 投篮是篮球运动的主要进攻技术，成为“神投手”是每一个篮球爱好者的梦想，然而，篮球爱好者想要像篮球运动员一样接受专业教练的全方位指导是不现实的，对于初学投篮者来说，加强投篮技术训练，建立正确的投篮技术动作概念、形成良好的投篮技术动作动力定型非常重要。

因此，项目组成员产生了设计一种篮球姿势训练矫正器的想法。

在学校正式发布通知启动校级学生创新训练项目（引导型）申报工作后，项目组成员根据项目申报要求，项目组成员在指导老师和双创导航员的指导下完成了申报工作，需要填写项目申报并提交给所在院系科协，内容包括申请者信息、项目信息、经费预算等。项目评审通过后，根据专家意见，项目组对申报书进行了进一步的完善和修改。

项目组在提交申报书的同时，也正式进入设计与制作阶段。在使用矫正器之后，项目组希望训练者可以获得正确的手掌动作、正确的手腕发力和正确的出手方式。团队成员对工作进行了明确的分工，并制定了详细的进程表，每天讨论并通报进展情况。通过团队的努力和指导老师与双创导航员的支持，团队终于确定了一套设计方案。作品参加“启航杯”的效果很好，因为具有一定的创新性和实用性，受到了评委和参观人员的好评，而且项目顺利通过了中期检查。

矫正器是在短短两个月内完成的，还有很多不太完善的地方，之后，经过优化，矫正器更加贴合篮球，手掌和篮球间的距离及指间距离也更合理，使用环保硅胶制作，更薄、更轻、更小、更坚韧。在最后结题报告中，项目组详细阐述了立项过程的研究情况及研究成果，由于“篮球姿势训练矫正器”这个选题准确，研究方法得当，项目达到了预期的研究目的，给予结题。

## 二、校级学生创新训练项目（普通型）

校级学生创新训练项目（普通型）主要针对大二及以上本科生、研究生，重点支持投入较少且为生产技术或社会生活带来便利的小发明、小制作等。项目周期为半年（每年3月至11月），全校每年立项400项左右，项目来源为学生自主命题项目、指导教师推荐项目、已经结题并且有继续研究价值的项目及拟参加各类校内外科技创新竞赛的项目。校级学生创新训练项目（普通型）是学生逐步深入科研的过渡阶段，是学生创新实践的基础平台。

【阶段性通知】

### 关于组织2018年度校级学生创新训练项目（普通型）申报工作的通知

各院系团委、各位同学：

根据我校学生科技创新工作的年度计划安排，为培养学生科技创新能力、促进学生参与科技创新积极性，校团委、校学生科技协会决定启动2018年度校级学生创新训练项目（普通型）的申报工作，现将有关事宜通知如下。

一、项目类别

（一）本批申报项目类别

自然科学类普通型项目及哲学社会类普通型项目（批次：2018KYP）

（二）研究方向

自然科学类创新训练项目按研究方向分为A（电气信息、自动控制技术类）、B（计算机科学技术、软件、网络应用类）、C（机械、航空航天、交通运输类）、D（海洋工程、水利、能源动力类）、E（数学、物理、化学化工、材料类）。

哲学社会科学类创新训练项目按研究方向分为A（哲学类）、B（经济类）、C（法律类）、D（社会学类）、E（教育类）、F（管理类）。

二、申报条件

（一）所有大二及以上本科生、研究生自行组队，≥5人/组；

（二）本校在籍全日制本科生、研究生均可以项目组形式申报，项目参与人以本科生为主，可吸收部分研究生参加项目；

（三）项目来源可以是学生自主命题项目；院系团委指导教师推荐项目；已经结题并且有继续研究价值的项目；拟参加各类校内外科创竞赛的项目；

（四）普通型项目必须有双创导航员进行指导，鼓励院系团委配备指导教师；

（五）每名学生只能承担1个项目的负责人，每名学生以成员身份最多参与2个项目。

三、申报流程

（一）校团委已公布2018年度校级学生创新训练项目（普通型）最终资助项目指标分配情况，校团委拟资助校级学生创新训练项目（普通型）435项，具体资助项目指标分配详见附件1。

（二）项目申报：即日起，申报团队填写并向院系团委提交《哈尔滨工程大学2018年度自然科学类校级学生创新训练项目（普通型）申报书》（以下简称《申报书》，参见附件2）或《哈尔滨工程大学2018年度哲学社会科学类校级学生创新训练项目（普通型）申报书》（参见附件3）。

（三）项目初审：3月17日—3月23日，院系团委组织初审，确定拟资助项目名单。根据校团委发布的2018年度校级学生创新训练项目（普通型）项目指标，院系团委实际资助项目数上下浮动不得超过25%。

（四）院系上报：各院系科协将通过初审项目的《申报书》电子版（文档命名范例：01－P001－作品名，注：01为院系编号，P001为普通型项目编号，按顺序逐次排列）及《XX（院系）2018年度学生创新训练项目（普通型）申报项目信息汇总表》（参见附件4）电子版一份于3月26日晚18：30—20：00报送至校学生科协办公室（启航活动中心354室），同时携带以上材料纸质版一份。

（五）项目评审：校团委对所有成功申报的项目进行公示，并将拟资助款项发放至各院系团委。各院系团委根据项目进度自行制订资助计划，项目启动后，由院系团委负责对整个实施过程进行监管和中期检查，切实确保项目按期结题。项目结题率将作为对院系团委学生科技创新指标考核的重要依据之一。

四、结题要求

（一）本批次项目拟于2018年9月进行中期检查，中期检查由院系科协组织。

（二）2018年度校级学生创新训练项目（普通型）结题标准详见附件5。

（三）自然科学类项目结题时需提交实物作品或模型，所有项目结题时必须提交结题论文，论文格式参考附件6。

五、相关事宜

（一）校学生科协立项部将为结题成绩合格及以上的项目发放哈尔滨工程大学2018年度校级学生创新训练项目（普通型）结题证书。

（二）项目负责人如在国内外优秀期刊发表论文，可向校团委申请相关指导和版面费用支持。

希望各院系团委积极做好宣传发动、组织申报、指导督促等工作。有关事宜请电话咨询校学生科协立项部,联系人:穆梦飞。

附件:

1. 2018 年度校级学生创新训练项目(普通型)基本指标分配表

2. 哈尔滨工程大学 2018 年度自然科学类校级学生创新训练项目(普通型)申报书

3. 哈尔滨工程大学 2018 年度哲学社会科学类校级学生创新训练项目(普通型)申报书

4. XX(院系)2018 年度学生创新训练项目(普通型)申报项目信息汇总表

5. 哈尔滨工程大学校级学生创新训练项目(普通型)结题标准(2018)

6. 结题论文模板

共青团哈尔滨工程大学委员会
哈尔滨工程大学学生科技协会
2018 年 3 月 13 日

## 关于开展 2017 年度校级学生创新训练项目(普通型)中期检查的通知

各院系团委、各院系学生科协:

根据学生科技创新工作的年度计划安排,校团委、校学生科协决定开展 2017 年度校级学生创新训练项目(普通型)的中期检查工作,现将有关事宜通知如下。

一、检查项目

本批次检查项目为 2017 年度校级学生创新训练项目(普通型),具体项目信息见附件 1。

二、检查流程

(一)各院系科协积极做好宣传、组织工作,在 9 月 25 日之前开展中期检查答辩工作,并于 9 月 15 日晚 18:00—20:00 将中期检查组织情况汇报表交至校学生科协办公室启航 354 室,院系中期检查组织情况汇报表模板见附件 2。

(二)各院系科协自行组织本院系双创导航员对本院系所有项目进行评审,届时会有校学生科协立项部工作人员抽查中期检查开展情况并对答辩组织情况进行评分,此项评分将计入院系五四评比科创工作。

(三)各院系科协积极开展本院系中期检查工作,将本学院开展校级学生创新训练项目(普通型)中期检查工作通知发布在学院网站上,检查本院系各项目完成情况，鼓励、指导并督促学生完成项目。

三、相关说明

（一）转专业学生负责的项目在原申报院系答辩；

（二）自然科学类学生创新训练项目（普通型）在本院系接受中期检查，哲学社会类学生创新训练项目（普通型）研究方向为 B 类、F 类在经济管理学院接受中期检查，研究方向为 A 类、C 类、D 类、E 类在人文社会科学学院马克思主义学院接受中期检查。

请各院系团委及学生科协积极做好宣传、组织工作，确保本院系所有项目负责人均能收到此次中期检查的通知，及时汇总并送交材料。

上述事宜如有疑问可咨询校学生科协立项部

联系人：曹华颀

附件：

1. 哈尔滨工程大学 2017 年度校级学生创新训练项目（普通型）中期检查项目汇总表

2. 院系中期检查组织情况汇报表

共青团哈尔滨工程大学委员会
哈尔滨工程大学学生科技协会
2017 年 9 月 12 日

## 三、校级学生创新训练项目（重大型）

校级学生训练项目（重大型）主要面向大二及以上本科生、研究生，≥5 人/组，重点支持科技含量较高、制作投入较大的项目，项目周期为 1 年（每年 3 月至次年 3 月），全校每年立项 50 项左右，项目来源为学生自主命题项目、指导教师推荐项目、已经结题并且有继续研究价值的项目以及拟参加各类校内外科技创新竞赛的项目。校级学生创新训练项目（重大型）是让科技创新方面具有一定基础的学生，继续加强自身创新实践能力的提升平台。

【阶段性通知】

### 关于 2017 年度校级学生创新训练项目（重大型）结题答辩的通知

各院系团委、各位同学：

经过初审、中期检查等环节，现发布 2017 年度校级学生创新训练项目（重大型)结题答辩通知如下。

一、项目批次

2017 年度校级学生创新训练项目(重大型),具体项目信息详见附件 1。

二、答辩时间、地点及形式

(一)自然科学类现场答辩时间为 4 月 13 日(周五)12:30,答辩地点为启航 335 室、345 室。

(三)哲学社会科学类采取函评形式,不单独组织现场答辩。

二、答辩要求及安排

(一)自然科学类作品须携带作品实物进行答辩。

(二)答辩所需材料须答辩前提前拷贝至校学生科协答辩专用电脑中,不允许另行携带。

(三)每个项目的答辩时间为 3 分钟,两分半会有响铃提醒。老师将在答辩结束后进行约两分钟的提问。

如有疑问可咨询校学生科协立项部,联系人:杨迪。

共青团哈尔滨工程大学委员会
哈尔滨工程大学学生科技协会
2018 年 4 月 11 日

【项目案例】

### 扑翼划水型水下仿生龟——从创新训练项目走向全国竞赛

在自然界的水生生物中,有一些生物如海龟等具有独特的游动方式,经过自然界的选择和自身的进化,它们的游动方式变得愈加成熟和完美,尽管此类生物具有较大的体形,但是它们却具有爆发力强、机动性高、稳定性好等特点,船舶工程学院的几个学生瞄准了这几点,也想做一个水下仿生龟。

海龟运动分为三种:水平直线运动、转弯运动、沉浮运动。项目组成员经过实际观测和参阅资料发现,海龟的前扑翼主要用来划水产生推力,后扑翼主要用来保持运动平衡及控制运动方向。海龟在巡游前进时,它的前扑翼运动有些类似蛙泳的形态,其运动包含两个过程,即上扑过程和下扑过程。团队成员经过讨论后,拟订了仿生龟的初步方案。同时,项目组在指导老师的指导下完成了创新训练申报工作,在立项评审时,专家组给出了修改意见,根据意见,项目组又制订了计划任务书,严格按照进程表推进项目进度。

在指导老师的鼓励和帮助下,项目组决定参加“五四杯”竞赛,通过团队的努力和实验室的支持,团队终于在比赛前做出了仿生龟的样机。因为具有一定的创新性和实用性,扑翼划水型水下仿生龟受到了评委和参观人员的普遍好评,而且顺利通过了中期检查。

参加“五四杯”比赛获得成功后,项目组成员信心大增。但由于准备时间过短,水下仿生龟还有许多不太完善的地方,在后来的时间,项目组对仿生龟的外观、安全性上作了细致的改进和调节。暑假期间,项目组带着改进后的作品,参加了全国大学生海洋航行器大赛,仿生龟参加比赛的效果很好,评委给出了很高的评价,最终获得了一等奖。

**【开展案例】**

## 校团委、校学生科协组织项目实施过程

根据我校学生科技创新工作的年度计划安排,校团委每年都会组织校级学生创新训练项目(重大型)的申报工作,面向大二及以上本科生、研究生,≥5 人/组,重点支持科技含量较高、制作投入较大的项目,项目周期为 1 年,项目来源为学生自主命题项目、指导教师推荐项目、已经结题并且有继续研究价值的项目以及拟参加各类校内外科技创新竞赛的项目。拟资助学生创新训练项目(重大型)50 项,资助金额为 2 000 ~5 000 元/项,项目周期为一年。

重大型项目申报必须有专业教师指导,有创新基地依托,申报项目有双创导航员进行监督、指导,申报项目团队研究项目、并填写《哈尔滨工程大学 XX 年度自然科学类校级学生创新训练项目(重大型)申报书》或《哈尔滨工程大学 XX 年度哲学社会科学类校级学生创新训练项目(重大型)申报书》(以下简称《申报书》,)。

校团委、校学生科技协会将组织校内外专家对项目进行统一评审,确定最终资助项目。组织进行中期检查,项目由校团委、校学生科协组织以项目答辩形式进行,重点检查《申报书》中所填写的团队每一名成员所负责的工作情况,项目团队所有成员均需参加答辩,如在抽检中发现“挂名”“坐车”等情况,则取消该项目的立项资格。项目负责人如在国内外优秀期刊发表论文,可向校团委申请相关指导和版面费用支持。

校级学生创新训练项目(重大型)是我校学生参加高水平创新创业竞赛重要的作品制作经费来源之一,各院系团委、各院系科协做好宣传发动、指导督促,谋划好重大型项目与高水平竞赛对接等工作。

## 四、校级学生创新训练项目(特殊资助型)

校级学生创新训练项目(特殊资助型)主要面向大二及以上本科生、研究生,≥5 人/组,重点支持重大、具有学科交叉融合、具有国际化潜力和具有产业化开发前景的项目,项目周期为1—2 年,可在任意工作日向校团委申报,全校每年立项 10 项左右,项目来源为学生自主命题项目、指导教师推荐项目、已经结题并且有继续研究价值的项目以及拟参加各类国内外高水平创新竞赛的项目。

**【工作流程】**

校级创新训练项目(特殊资助型)工作流程

| 流程名称 | 哈尔滨工程大学校级创新训练项目(特殊资助型)工作流程(20170827) | | | | | | |
|---|---|---|---|---|---|---|---|
| 实施环节 | 阶段 | 申报项目学生 | 院系团委 | 校团委学生科技创新中心 | 校团委主管领导 | 财务处 | 备注 |
| 1 | 前期 | | | 启航网发布启动通知 | | | 仅“定向命题项目” |
| 2 | | 申报项目 | 动员学生申报项目 | 组织学生申报项目 | | | 面向大二及以上本科生、研究生,≥5 人/组 |
| 3 | | | | 组织专家评审,拟订资助计划 | | | |
| 4 | | | | | 审批资助计划 | | |
| 5 | | | | 启航网公布资助计划 | | | |
| 6 | 中期 | 项目实施 | | | | | |
| 7 | | 中期答辩 | | 组织项目中期检查 | | | 仅“定向命题项目” |
| 8 | | 项目实施 | | | | | |

续表

| 流程名称 | 哈尔滨工程大学校级创新训练项目(特殊资助型)工作流程(20170827) | | | | | | |
|---|---|---|---|---|---|---|---|
| 实施环节 | 阶段 | 申报项目学生 | 院系团委 | 校团委学生科技创新中心 | 校团委主管领导 | 财务处 | 备　注 |
| 9 | 后期 | | | 在启航网发布结题通知 | | | 仅“定向命题项目” |
| 10 | | 准备项目结题 | | | | | |
| 11 | | 结题答辩 | | 组织结题评审 | | | |
| 12 | | | | 启航网公示结题成绩 | | | |
| 13 | | 备齐报销票据,送交校团委科创中心 | | | | | 也可一季度申请报销一次 |
| 14 | | | | 审核报销票据 | | | |
| 15 | | | | | 审批报销 | | |
| 16 | | | | 发放经费本复印件 | | | |
| 17 | | 预约报销,将报销票据送交主楼财务大厅 | | | | | |
| 18 | | | | | | 拨付项目经费至各项目组负责人财务绑定中行卡 | |

【项目案例】

## 探海高手——基于 ROV 的水下多功能焊接机器人

随着海洋能源开发工程、船舶远洋运输、水上救援等活动的展开，大型船舶、海洋钢结构如海底管道、海洋平台、海上机场、海底城市、跨海大桥等大量涌现，他们的建造与维修及安全与可靠性都和水下焊接技术密切相关。

将水下机器人与焊接机器人结合，形成水下焊接机器人，除了解决水下机器人和焊接机器人本身的问题外，还有水下焊缝跟踪、水下焊接质量控制、水下机器人稳定定位、水下遥控焊接、水下焊接目标寻找和壁障、水下切割、水下结构物焊前清扫和给焊缝打坡口等，辅助工作量往往大于真正实施焊接的工作量。

船舶工程学院学生基于 ROV 的水下多功能焊接技术开发出一种 ROV 水下多功能焊接机器人，针对采油平台、输油管线以及深海压力容器等海洋结构服役中面临和待解决的焊接维修技术问题，设计适用于 50 米水深海洋环境下海底管道焊接维修系统的设计、制造、测试、安装关键技术，水下焊接系统与 ROV 接口技术，实现信息的真实、有效传递，误差在 1% 以内，形成具有自主知识产权的水下结构物焊接技术和关键设备。

【延伸阅读】

## 如何写好创新训练项目申报书

学生创新训练项目申报书的书写是大学生参与创新实践中必不可少的一环，申报书的书写与修改过程就是大学生学习、锻炼、提升的过程，同时，这也是学生们理清研究思路，促进研究工作的一个过程。下面就从如何写好创新训练项目申报书的角度出发，介绍申报书写作过程中的共性问题。

一、项目名称：建议准确、简洁、清晰，避免过长、过短、空洞、错别字和语法问题。

例：LED 水下成像探测系统的图像恢复技术研究

二、项目简介：建议涵盖立项依据、科学问题、研究（方法）内容、预期目标等中的至少三个，同时各部分文字长度大体平衡。

例：项目背景：随着海洋信息处理的理论与技术的研究备受人们关注，水下成像技术被广泛应用于水下目标检测、海洋地理工程勘察及海洋军事等领域，同时水下成像技术的应用也不断深化。

三、项目研究目的和研究意义：研究目的和研究意义是阐述你所研究的这个选题有没有研究价值,写申报书的目的其实就是请老师们来评判我们这个选题有没有研究价值、这个研究方法是否奏效、这个论证逻辑有没有明显缺陷。写意义的时候根据你的选题来决定形式,可以分现实意义和理论意义,也可以不细分,把目的和意义合在一起写,总之突出你观点的新颖和重要性即可。

例:项目研究目的和研究意义:近年来,由于LED具有光通量大、低功耗、长寿命、低电压、抗震动、安全环保、体积小、质量轻、方向性好等特点,并可耐各种恶劣条件,其应用也越来越广泛,目前已有LED水下成像探测系统。但由于水下成像环境十分复杂,在成像过程中受到多种因素的影响,如光照的非均匀性,水对光的后向散射,成像器件的光学噪声,导致图像对比度低,细节模糊。因此,基于LED水下成像探测系统的图像恢复研究也是非常必要的。

四、国内外研究现状:在国内外现状部分,建议分成若干个与本研究有关的方面,列上小标题分别阐述。建议全面的基础上做到重点突出,归纳而不罗列,文献要新,出自有分量的期刊。

五、研究方案(路线、问题、重点难点):包括研究方法、技术路线、实验手段、关键技术等。这一部分应该具体写方法,按照这个方法和方案具体实施项目研究。注意技术路线应该用图(流程图等)的方式表达,不建议用文字描述。应该注意层次、逻辑关系。同样,要与前面的研究内容、研究目标等一一对应。

例:项目研究内容:研究并设计基于LED水下成像探测的图像恢复系统,包括硬件系统简单组装和软件系统的设计。其主要内容如下:

(1)LED水下成像探测系统实验及模型建立;

(2)研究并设计图像恢复算法,并对采集到的图像进行分析和处理;

(3)基于MTF及PSF的水下图像复原算法研究及超分辨率重建算法研究;

(4)用VC 6.0或者MATLAB平台,借助OpenCV库编制图像处理、复原和重建算法,实现图像恢复。

六、项目研究进度安排:这部分应该是从研究内容和研究方案中提取主要工作,按照时间顺序安排到研究期限内。应该注意这里的内容和顺序,应该同前面的研究内容、研究方案、实验计划等部分的内容对照,不应出现新的工作,也不能遗漏前面已经列出的重要工作。

七、项目研究预期成果与结题指标:同研究内容和研究方案一致,每一部分研究内容,一般会有对应的研究成果。如:形成×××软件一份,在××级别的刊物上发表学术论文，获得软件著作权，或参加××级别的比赛获得奖项，甚至是获得专利等。

八、经费预算：项目使用经费包括材料费、资料费、论文发表费、专利申请注册费等费用。

【延伸阅读】

## 如何写好创新训练项目结题书

学生创新训练项目结题书的书写是大学生参与创新实践的重要组成部分，结题书是对研究内容的总结和展示。下面介绍如何写好创新训练项目结题书。

一、项目名称、项目简介、项目研究目的和研究意义等应与项目申报书一致。

例：基于单片机的自动调控平衡的飞行机器人

二、项目实施情况：以项目申报书的预期成果与实际成果做对比，项目完成内容、关键技术、整体进度实施情况、项目完成的自评意见、项目实施过程遇到的困难及解决方法应详细阐述。如果做了相关实验，应加入实验工作量与实验情况。

例：项目背景：对于飞行机器人的研究，国外开始研究较早并取得了突破，美国等技术相对领先的国家早已将小型飞行器的相关技术应用到农业生产、日常生活及军事领域上。国内有关小型飞行器的研究起步比较晚，其中大疆是中国小型飞行器做得比较好的公司，在国内外都有较好的口碑与市场。自动调控平衡飞行机器人是以32位单片机改进飞控系统，建立自己新的飞控系统，加上平衡所用的陀螺仪，根据输入误差调整输出信号，调整飞行信号，达到平衡调整目的。

研究意义：随着科技发展，在日常生产、娱乐休闲生活及军事侦察监控方面小型飞行器的应用将会越来越广泛化以及多元化，因此一款适应于复杂环境、用途广泛及适应性强的小型飞行器将会是小型飞行器应用领域的一大市场占有者。在日常生产中，小型飞行器可用于农业生产，例如利用小型飞行器进行施肥播种及监控农作物生长，将会在农业生产方面大大减轻劳动量，提高生产效率。同时，无人机在快递行业的应用将是一片不可估量的市场。在休闲娱乐方面，小型飞行器可用于航拍，记录旅行及生活中有意义的精彩瞬间。在军事领域方面，小型飞行器可用于信息收集侦察及无人机武器都将是无人机发展的美好前景。在设计中考虑到小型飞行器应用领域的广泛，设计了陆空两栖模式，可在空中、陆地复杂环境下完成其工作。其搭载的相机可进行航拍，收集所需的图像、视频及声音信息，并完成收集信息的远程传递。同时，其搭载的红外以及距离传感器，能完成复杂环境下的飞行任务，还有GPS的应用也保证了飞行的稳定并保障了信息采集的准确。智能飞控系统的应用，保证了其在复杂环境下能自行完成所要求的任务，这将在未来无人机的应用中有着较好的市场前景。

研究方案内容：基于32位单片机改进飞控，通过陀螺仪控制电机信号，使飞行机器人可以达到自我调节平衡的目的，基于单片机，套用红外测距和GPS定位装置实现定位和测距；将改进的飞控结合硬件调试，将四旋翼飞行器改进为可实现陆、空模式的陆、空自我调节平衡的智能飞行器。其设计有陆地及空中运动模式，可实现陆地和空中的运动模式的智能转换，实现复杂环境下需要机器人完成的工作，以及建立一个完整的智能飞行器自我调节小型数据库。其主要构造有：

1. 利用单片机改进飞控，结合陀螺仪搭建一个小型的平衡调节系统，根据输入输出能够实现自我调节平衡，再结合GPS定位系统实现自我调节飞行，例如在50米之外安装一个GPS发射器，自我调节平衡飞行器接收到发射器信号之后可以自我调节飞行到GPS发射器的点并实现自我平衡调节。

2. 设计有陆地平行运动和空中飞行运动的双模式，可以通过螺旋翼的旋转，实现由陆地运动转换为飞行运动，同时也可以实现飞行运动到陆地运动的转换。

3. 能够实现环境感知与避障，通过搭载的红外测距模块，能够感知前方的障碍物，然后根据改进后的智能飞控系统自动调整飞行方向，绕飞远离障碍物，智能应对飞行环境。

三、项目成果：项目创新点及项目主要成果，比如论文发表及专利申请情况。

例：本项目将要解决的问题：

1. 作为侦察机器人，可以代替人类执行比较危险的侦察任务，应用于战争，解决了越障和续航时间不足的问题。

2. 作为搭载平台搭载相机，可以在空中和陆地两个不同的角度进行拍摄。

3. 作为医疗急救搭载医疗急救包，在处理医疗急救事故中可以运送急救药物，为生命垂危的病人第一时间送上急救药物。

项目创新点：

1. 利用单片机改进飞控到达 GPS 定位及自我平衡调节。

2. 将轮式陆地运动机器人和四旋翼相结合，构成自我调节平衡飞行器，既拥有良好的地面机动能力又不失空中的灵活和快速。

3. 设计开发的自我调节平衡飞行器采用多旋翼提供升力，并可用同一套动力系统为地面行驶提供动力以减少自重。

项目主要成果：

1. 完成一个自我调节平衡的小型系统。

2. 申请设计发明专利。

3. 完成样机，经过反复调试和改进实现量产。

四、项目科研日志或实验记录。

五、经费使用情况。

例：

| 经费支出科目 | 金额/元 | 经费支出根据及理由 |
|---|---|---|
| 购买飞控主板 | 1 500 | 购买飞控、单片机 |
| 购买材料 | 3 000 | 飞行器电机和机身制作材料 |
| 加工费 | 1 000 | 碳板、铝件需要到外面的工厂加工 |
| 专利申请费用 | 1 500 | 用于专利申请 |
| 论文版面费用 | 1 500 | 出版论文费用 |
| 合　计 | 8 500 | |

## 五、校级学生创业训练项目

校级学生创业训练项目包括创意型创业训练项目和初创型创业训练项目。

创意型创业训练项目面向大二及以上本科生、研究生，≥3 人/组，项目周期为半年（每年 2 期，3 月至 9 月，9 月至次年 3 月），全校每年立项 60 项左右，项目来源为学生自主创意创业项目。

初创型创业训练项目面向大二及以上本科生、研究生，≥3 人/组，项目周期为半年（每年 2 期，3 月至 9 月，9 月至次年 3 月），全校每年立项 40 项左右，项目来源为学生自主实体创业项目、创意型创业训练优秀结题项目及“五四杯”创业计划大赛优秀项目，项目有继续训练价值，研究生参与项目优先立项。

【工作流程】

**校级创业训练项目工作流程**

| 流程名称 | 哈尔滨工程大学校级创业训练项目工作流程 | | | | | | |
|---|---|---|---|---|---|---|---|
| 实施环节 | 阶段 | 申报项目学生 | 院系团委 | 校团委大学生创业联盟 | 校团委主管领导 | 财务处 | 备　注 |
| 1 | 前期 | | | 于启航网发布招募通知 | | | |
| 2 | | 进行项目申报 | 动员学生申报项目 | 鼓励学生申报项目 | | | 面向全校本科生、研究生及博士生≥3人/组 |
| 3 | | | | 组织专家评审，拟订招募计划 | | | |
| 4 | | | | | 审批招募计划 | | |
| 5 | | | | 于启航网公示招募计划 | | | 每年1月份和7月份 |
| 6 | | 准备项目入驻 | | | | | |
| 7 | | 进行入驻答辩 | | 汇总申报项目资料，组织入驻评审 | | | 每年3月份及9月份 |
| 8 | | | | 整理入驻团队名单 | | | |
| 9 | | | | | 审批入驻团队 | | |
| 10 | | | | 于启航网公示入驻团队名单 | | | |
| 11 | 中期 | 项目实施 | | | | | |
| 12 | | 中期答辩 | | 中期检查 | | | 每年6月份及12月份 |
| 13 | | 项目实施 | | | | | |

**续表**

| 流程名称 | 哈尔滨工程大学校级创业训练项目工作流程 | | | | | | |
|---|---|---|---|---|---|---|---|
| 实施环节 | 阶段 | 申报项目学生 | 院系团委 | 校团委大学生创业联盟 | 校团委主管领导 | 财务处 | 备 注 |
| 14 | 后期 | | | 于启航网发布结题通知 | | | 每年7月份及次年1月份 |
| 15 | | 准备项目结题 | | | | | |
| 16 | | 进行结题答辩 | | 汇总项目结题资料，组织结题评审 | | | 每年9月份及次年3月份 |
| 17 | | | | | 审批结题团队 | | |
| 18 | | | | 启航网公示结题成绩 | | | |
| 19 | | 备齐报销票据，送交校团委大学生创业联盟 | | | | | |
| 20 | | | | 汇总并审核报销票据并预约 | | | |
| 21 | | | | | 审批并由经费负责人签字 | | |
| 22 | | | | | 发放经费本复印件 | | |
| 23 | | | | 将报销票据送交主楼财务大厅 | | | |
| 24 | | | | | | 拨付项目经费至相应发票上的商家 | |

说明：
1. 团队入驻周期为每年3月至9月或每年9月至次年3月，入驻期限为半年，入驻团队最多连续入驻两个周期。
2. 结题标准、报销范围参见《哈尔滨工程大学校级学生创新创业训练项目管理办法》。

【延伸阅读】

## 如何写好创业训练项目结题书

校级学生创业训练项目商业计划书是创业立项的重要组成部分，是对团队项目的总结与展示，其中包括项目概述、市场分析、团队产品简介、团队管理、营销策略、财务分析、执行计划等7个主要组成部分。下面介绍如何书写商业计划书。

一、项目概述：主要从项目简介、项目背景、项目现状、项目成果等四个方面进行概述，其内容应与创业训练项目申报书相一致。

二、市场分析：对项目背景进行深层次的分析，讲清楚项目相关的行业背景、市场需求、市场发展趋势、市场空间，充分了解其发展现状，进行项目的主要消费市场分析，了解行业竞争情况，实现项目价值。

三、团队产品简介：对项目产品进行全面详细的介绍，阐述产品的特点及展示项目的主要成果，比如论文发表及专利申请情况，说明产品制造和技术设备现状、新产品投产计划、技术提升和设备更新的要求、质量控制和质量改进计划。

四、组织架构：描述组织的管理团队及阐明人员分工。

五、营销管理：描述团队的营销策略及团队产品推广成果，了解消费者的特点、产品的特性、企业自身的状况、市场环境方面的因素，阐明市场机构和营销渠道的选择、营销队伍的管理、促销计划和广告策略的策划及对价格决策的管理。

六、财务分析：主要从产品的成本需求、产品估值、利润预计、融资需求等方面进行描述。

七、执行计划：以时间为节点描述团队在某时间段内需达成的预期目标。

【典型经验】

## 高校校园创业文化建设

校园创业文化是以培养大学生自主创业能力为目的，响应党中央提高大学生创新创业能力的号召，在各个高校通过丰富的创业文化活动来提高学生的创业意识、创业积极性的一种文化氛围。高校创业文化建设旨在培养学生自主创业意识，发掘学生创业潜能，通过举办一系列创业文化活动以及开展创业立项促进校园创业文化的发展。

一、培养大学生创业精神

更新人才培养方案，加强师资队伍建设，针对培养学生创业精神，建立一支能讲课、讲好课的卓越教育队伍，普及创业的知识，激发大学生在创业方面的兴趣。

二、营造创业文化氛围

为有效提高相关创业梦想学生的创业实践能力，开设学生创业教育培训，努力把创业教育与各专业人才培养方案融合在一起，着手创建各专业学生创业教育培训体系，通过开展创业大讲堂及举办创业沙龙等丰富的创业活动在高校营造出良好的创业氛围。

三、开展校级学生创业训练项目

校级学生创业训练项目是校园创业文化建设的成果，亦是创业文化建设的直接体现。为培养创业型人才，营造校园创业氛围，我校鼓励学生自行组建团队，招募创业训练项目，为团队提供资源方便项目的进一步开展。通过完善的管理制度对创业训练项目进行各方面的培训以及严格地管理，促进校园创业文化建设的发展。

## 第二节　学生创新创业竞赛

组织学生参加创新创业竞赛的根本意义在于引导，帮助学生树立创新创业观念，培养实践动手技能，提高分析问题和解决问题的能力。学生参与创新创业竞赛的过程实际上是进行一种科学研究和创业实践。他们在参与竞赛时会遇到很多科学和非科学的问题，在解决这些问题的过程中，能促使学生对科研活动和创业活动的基本规律有所了解，学会正确分析、处理问题的思维方法，培养与导师、同学合作协调的人际关系能力，这比得到任何奖项都重要得多。

### 一、学生创新创业竞赛背景意义

对大学生进行创新创业的教育，有利于大学生创新思维的形成，有利于大学生对创业认知的提升，是适应当前时代发展的教学模式。为了使大学生的创新思维进一步得到启发，创业意识与能力进一步得到增强，人力资源和社会保障部在2014年下发的《关于实施大学生创业引领计划的通知》中，提出了多种有效措施。政府的支持与高度重视使得大学生创新创业教育一时风头无两，成为当今各高校的研究热点。

如今，中国的创新创业竞赛多种多样，如“挑战杯”全国大学生课外学术科技作品竞赛、中国“互联网+”大学生创新创业大赛、“创青春”全国大学生创业大赛等。这些竞赛对大学生来说无疑是一个锻炼自身的平台，在参加比赛的过程中发现自我、挖掘自我、完善自我,从而迸发出对创新以及创业的激情,可以说,创新创业竞赛对培养大学生创新创业能力具有重大意义。

### (一)开拓大学生创造性思维,促进大学生自我意识与自我学习

创新创业竞赛的题目来源于社会实践和生活,在参加比赛的同时,能够促使大学生去感受生活并从中发现一些具有创造性的事物,再自主地用自己的想法去完善去创新去锻炼自己的动手能力。在这一过程中,利用自身所学的专业知识,通过查阅文献资料、和团队队员进行探讨、实际动手操作,进而找出解决问题的方法。

### (二)竞赛能够促进学生相互合作,培养其团队协作的能力

培养其团队协作的能力就是所有的创新创业竞赛基本都是由团队共同协作来完成。在一个创新创业竞赛中,往往是有具体的分工,不同专业的学生负责不同类型的模块,大家都分工明确、各司其职。学生在比赛的过程中,不仅提高了自身的能力,收获了有利于自身的东西,同时又互相帮助、相互促进,使得个人的团队协作能力得到了提升。

### (三)提高大学生综合素质水平,加强大学生创业意识

在创新创业爆炸的大时代背景下,创新创业竞赛成为大学生触手可及的一个优良平台。李克强总理多次提出“大众创业、万众创新”,这就需要大学生乃至全社会都参与其中。创业竞赛这个平台是一个可塑性极高的平台,一个好的创业竞赛能吸引无数的大学生去参与,在参与的同时,大学生的创业意识得到了增强并且极有可能投身到自主创业中去,这就极大改善了大学生就业难的境况。同时比赛也对学生的专业知识和动手能力具有较高的要求,比赛过程中学生不得不去主动思考和大胆创新。

### (四)培养适应社会发展和科技发展的创新性应用人才

创新创业竞赛一般由学校、企业、相关部门共同举办,这种校内外的结合使高校创新创业教育和社会的实际发展需求之间的距离更加接近,为大学生创新创业提供了非常好的平台。在比赛过程中,不仅有专家对学生提出意见和改进还有各大企业家对学生提出的宝贵意见,这些意见和建议对大学生而言都是弥足珍贵的,大学生在比赛中受益良多,反过来就更加有激情去实践创新去进行创业,进而培养出真正地为国家奉献的人才。

## 二、学生创新创业校内竞赛

为进一步深化创新创业教育,加强创意思维训练,着力增强学生敢于梦想、勇于突破、脚踏实地、勤勉践行的创新精神、创业意识和创新创业能力,营造体现“三

海一核”浓郁特色的学生创新创业环境,每年校内举办一系列学生创新创业竞赛,包括“五四杯”大学生创新创业竞赛、“启航杯”大学生创新创意大赛、“一院一品”学生创新竞赛和其他创新创业赛事等。通过组织不同层次、不同级别的校内竞赛,让更多同学能参与到创新创业竞赛中,提高了创新创业实践普及率。

### (一)“五四杯”大学生创新创业竞赛

哈尔滨工程大学“五四杯”大学生创新创业竞赛,分为“五四杯”大学生课外学术科技作品竞赛和“五四杯”大学生创业大赛。竞赛于每年9月启动,10月由各院系经过初赛,推荐进入决赛作品,并于11月末举行学校决赛。

“五四杯”大学生课外学术科技作品竞赛以营造学校科技创新浓厚氛围、为学生科技创新搭建展现舞台、发现和培育青年科技创新人才、传承特色鲜明的大学生科技创新品牌文化为目的,自1990年开始已举办23届,现为每年举办一届。竞赛由共青团哈尔滨工程大学委员会、哈尔滨工程大学本科生院、哈尔滨工程大学研究生院、哈尔滨工程大学学生会、哈尔滨工程大学研究生会主办,哈尔滨工程大学学生科技协会承办。竞赛作品分为科技发明制作、自然科学类学术论文、哲学社会科学类社会调查报告和学术论文三类。科技发明制作类分为A、B两类:A类指科技含量较高、制作投入较大的作品;B类指投入较少,为生产技术或社会生活带来便利的小发明、小制作等。自然科学类学术论文作者限本科生。哲学社会科学类社会调查报告和学术论文限定在哲学、经济、社会、法律、教育、管理6个学科内。该项竞赛作为学校最高级别学生科技创新竞赛,优秀获奖作品将有机会被推荐参加“挑战杯”全国大学生课外学术科技作品竞赛。

“五四杯”大学生创业大赛以培养可靠顶用的高素质创新型人才、引导广大学生丰富创业知识、锻炼创业能力、提升创业素质、在我校营造大学生创新创业的良好氛围为目的,自2000年开始已举办18届,现每年举办一届。竞赛由共青团哈尔滨工程大学委员会、哈尔滨工程大学本科生院、哈尔滨工程大学研究生院、哈尔滨工程大学学生会、哈尔滨工程大学研究生会主办,哈尔滨工程大学大学生创业联盟承办。根据参赛项目所处的创业阶段、已获投资情况和项目特点,参赛组别分为创意组、初创组。创意组分为计划赛和公益赛,参赛项目要求尚未完成工商登记注册,参赛申报人须为团队负责人,须为我校在校生(可为本科生、研究生,不含在职生)。初创组要求参赛项目工商登记注册未满2年,且获机构或个人股权投资不超过1轮次,参赛申报人须为初创企业法人代表,须为我校在校生(包括本科生、研究生,不含在职生),或毕业4年以内的毕业生,企业法人在大赛通知发布之日后进行变更的不予认可。大赛采用整体评奖方式,获奖团队将作为国家级大学生创新创业训练计划的优先推荐对象,优先推荐入驻“创立方 · 大学生创客工场”,并推荐参加中国“互联网 + ”大学生创新创业大赛。

【延伸阅读】

### 2018 年“五四杯”大学生创新创业竞赛闭幕 动力学院捧得“五四杯”

比赛现场

12 月 8 日至 9 日,2018 年“五四杯”大学生创新创业竞赛在启航活动中心举行。动力学院捧得“五四杯”,自动化学院、水声学院、计算机学院、材化学院获得“优胜杯”,船舶学院、动力学院、自动化学院、材化学院、人文学院获得“优秀组织奖”。

夏桂华为获奖学院颁奖

史波为获奖学院颁奖

吕开东为获奖学院颁奖

校党委副书记夏桂华出席闭幕式，对获奖集体和个人表示祝贺。他向参赛学生提出五点建议：一是要夯实专业知识，为学习科研攻坚克难打下扎实基础；二是要诚实守信、求真务实，尊重知识、尊重科学；三是注重团队精神，培养合作意识，使每位同学在团队中发挥不可替代的作用；四是要注重跨界合作、学科融合，理工、经济、社会等多院系合作，多学科融合，聚沙成塔、聚指成拳，合力打造优秀创新创业成果；五是要具备新时代青年人的责任与担当，将个人理想与国家发展紧密结合起来，为实现中华民族伟大复兴的中国梦作出更大贡献。

校党委副书记夏桂华为大赛致辞

2018 年“五四杯”大学生创新创业竞赛下设第 24 届“五四杯”大学生学术科技创新作品竞赛和第 19 届“五四杯”大学生创业大赛，吸引了 5 400 余人次参与。其中，创新大赛总参赛作品数达到 1 206 件，同比增长 16%，创业大赛参赛作品数 312 项，同比增长 22%。与往届相比，参赛作品的质量和数量都较往届有了大幅度的提升。

参赛选手为比赛做准备

创新作品竞赛自 9 月份启动以来，经过院系初赛评审、匿名评审等环节的评选，共有 165 项参赛作品进入决赛。动力学院“微型燃气轮机”“基于 SCR－干式脱硫技术的船用柴油机废气污染物一体化处理系统”，材化学院“共振劈式超声波发生器”，航建学院“应用涡流发生器的小型载重飞行器”，水声学院

“高精度水下导航定位”，经管学院“基于Logistic增长模型的资讯APP成长期用户活跃度变化规律浅析”获得特等奖。“高精度水下导航定位”项目组成员、水声学院李想说：“大赛中，该项目能够获得特等奖源于高精度定位及超长工作时间两项功能，技术的突破经历了数百次的试验，得到了学校、院系的资金、技术支持，感谢学校给热爱科创的学子们良好的平台，从这里出发的我们，将走向更大的舞台。”

参赛选手的作品

创业大赛中共有158项作品进入校赛盲审阶段，创意组计划赛、创意组公益赛、初创组三类35项参赛作品进入决赛，最终材化学院“‘制’能金属泡沫”“蓝鲨海洋防污涂料”，水声学院“多功能海底声学特性探测系统”“水下智能‘北斗’”“全海深声学释放器”，动力学院“ECS柴油机综合电控系统”“基于智能算法的船舶污水系统”“微型燃气轮机”，自动化学院“‘水下GPS’——FSINS/DVL一体化水下导航定位系统”“肌肉穿刺导航系统”获得金奖。

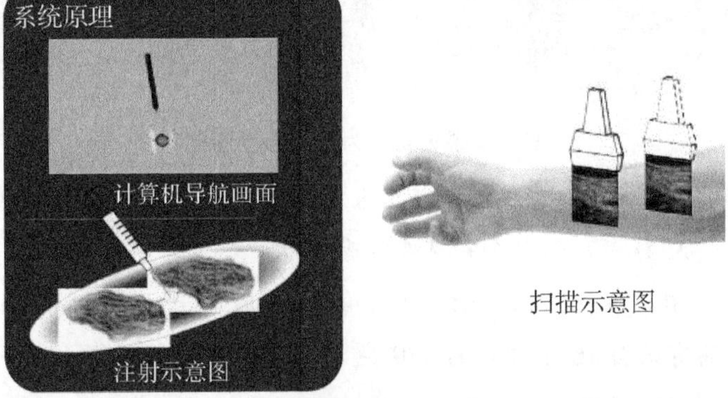


作品原理图

从海洋防污涂料、金属泡沫到柴油机综合电控系统、船舶污水系统，覆盖不同领域，不同学科的各类创业项目从不同角度展现出我校近年来创业取得的杰出成果。其中，众志科技技术有限公司带来的本届创业大赛金奖项目肌肉穿刺导航系统格外引人注目，他们研发的项目相较于传统仪器具有定位精度高、操作直观、实用性强、使用门槛低和应用范围广等显著特点，广受消费者好评。据悉，在系统研发过程中，现已申请三项国家发明专利，发表一篇 SCI 文章，并进行了临床人体试验，取得了良好效果。

【延伸阅读】

## 2018 第 9 届校“启航杯”大学生创新创意大赛闭幕

2018 第 9 届校“启航杯”大学生创新创意大赛结果日前出炉。计算机科学与技术学院捧得“启航杯”，自动化学院、材料科学与化学工程学院、航天与建筑工程学院荣获“优胜杯”，计算机科学与技术学院、水声工程学院、航天与建筑工程学院、人文社会科学学院、材料科学与化学工程学院获“优秀组织奖”。

校团委书记史波为获奖选手颁奖

本届“启航杯”大学生创新创意大赛决赛于 6 月 2 日在启航活动中心阳光大厅举行，大赛共有来自全校 4 400 余名大一、大二本科生参赛，参赛作品 1 600 余件。依据各院系“启航杯”初赛答辩情况，经过评委打分、成绩公示等环节，最终共有来自 16 个院系的 489 件作品进入决赛终审展示环节，其中创意概念类 218 件，创新科普 A 类 182 件，创新科普 B 类 89 件。

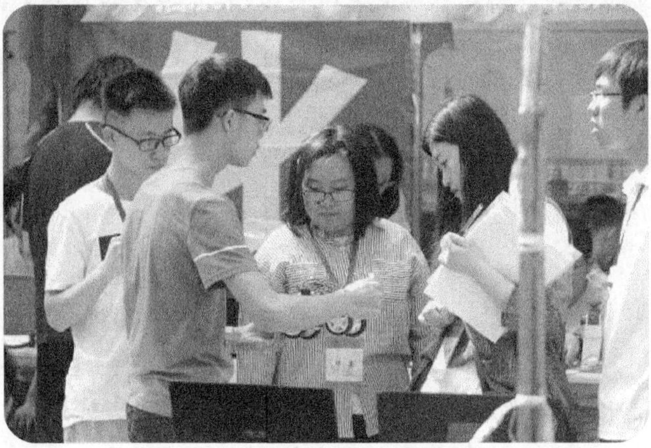

工作人员为参赛选手服务

本届比赛分设三个类别：创意概念类、创新科普类 A 类、创新科普类 B 类，共评出“异想天开”奖 5 项、一等奖 30 项、二等奖 50 项、三等奖 80 项。水声工程学院的王顺尧等同学的《基于物联网系统的智能生态方舟(小型)》、计算机科学与技术学院的王宇航等同学的《民用低成本 3D 打印机》、计算机科学与技术学院的戚书豪等同学的《AR 类校园探索应用》、机电工程学院的庄乾铎等同学的《多功能便携式桌》、软件学院的宋珍宇等同学的《瞬移机(量子时空转换)》5 项作品获得“异想天开”奖。

来自船舶工程学院的李铭昊等同学的《高机动性全向移动机器人》等 30 项作品获得一等奖，其中创意概念类 12 项，创新科普类 A 类 13 项，创新科普类 B 类 5 项。

校团委副书记于云亮为获奖选手颁奖

来自船舶工程学院的孙伊杰等同学的《仿生章鱼推进器》等50项作品获得二等奖，其中创意概念类20项，创新科普类A类19项，创新科普类B类11项。

来自船舶工程学院的文俊凯等同学的《节能床头灯杯座》等80项作品获得三等奖，其中创意概念类32项，创新科普类A类32项，创新科普类B类16项。

与往年相比，本届“启航杯”更注重作品创新性和创意性的评比，在创新科普类奖项的评审标准中，创意性占最后总成绩的60%；在创意概念类奖项的评审标准中，创意新颖性占比70%。同时，本届“启航杯”特增设“异想天开”奖，评审时不只注重参赛作品的科技水平，更注重作品的创意、想法和参赛队员的创造力，为建设创新型国家培养更多的创新型工程人才。

“启航杯”大学生创新创意大赛以“培养兴趣、夯实基础、拼搏创新、科技启航”为宗旨，旨在进一步深化创新创业教育，加强创意思维训练，着力增强学生敢于梦想、勇于突破、脚踏实地、勤勉践行的创新精神、创业意识和创新创业能力，为工程学子提供了一个展示自我、挑战自我的平台，重点注重作品的创意性、创新性评比，有助于培养我校大学生的创新意识、实践能力及团队合作精神。

### （二）“一院一品”学生创新竞赛

“一院一品”学生创新竞赛（简称“一院一品”竞赛）自2010年开始实施，是主要面向我校本科生，由校团委统筹、院系团委具体组织实施的具有本院系学科特色的校内学生科技创新竞赛品牌。“一院一品”学生创新竞赛，每年由院系进行申报，校团委进行审批，并为竞赛提供资金、场地等方面支持。

开展“一院一品”竞赛，以搭建学生积极投身科学实践平台为目的，激发学生科研兴趣，带着问题进入专业课程学习，以竞赛为载体，着力培养学生的创新思维、协作精神、发现问题与解决问题的实践能力。

为规范全校“一院一品”学生创新竞赛，学校于2017年出台了《哈尔滨工程大学“一院一品”学生创新竞赛管理办法》。

2018 年度“一院一品”竞赛列表

| 序号 | 院系 | 竞赛名称 | 届数 | 比赛类型 |
|---|---|---|---|---|
| 1 | 船舶工程学院 | 海洋航行器设计及制作大赛 | 第十届 | 专业特色类 |
| 2 | 航天与建筑工程学院 | 结构设计竞赛 | 第十届 | 专业特色类 |
| 3 | 动力与能源工程学院 | 节能减排社会实践与科技竞赛 | 第十二届 | 专业特色类 |
| 4 | 自动化学院 | “极速挑战”智能车竞赛 | 第十届 | 专业特色类 |
| 5 | 水声工程学院 | “TRIZ 杯”创新方法大赛 | 第四届 | 科技普及类 |
| 6 | 计算机科学与技术学院 | ACM 程序设计大赛 | 第十三届 | 专业特色类 |
| 7 | 机电工程学院 | 先进制图技术与产品信息建模创新大赛 | 第九届 | 专业特色类 |
| 8 | 信息与通信工程学院 | 电子设计大赛 | 第十三届 | 专业特色类 |
| 9 | 经济管理学院 | Top - boss 决策模拟大赛 | 第十二届 | 专业特色类 |
| 10 | 材料科学与化学工程学院 | 再生资源创意设计竞赛 | 第五届 | 专业特色类 |
| 11 | 理学院 | 物理仪器创新设计大赛 | 第六届 | 专业特色类 |
| 12 | 外语系 | 大学生英语竞赛 | 第二十届 | 专业特色类 |
| 13 | 人文社会科学学院 | 人文知识竞赛 | 第八届 | 专业特色类 |
| 14 | 核科学与技术学院 | “核 + X”创意大赛 | 第三届 | 科技普及类 |
| 15 | 马克思主义学院 | 读书笔记竞赛 | 第一届 | 专业特色类 |

【工作文件】

## 哈尔滨工程大学“一院一品”学生创新竞赛管理办法

（哈工程团发〔2017〕6 号）

### 第一章 总 则

**第一条** 哈尔滨工程大学“一院一品”学生创新竞赛(以下 简称“一院一品”竞赛)是主要面向我校本科生,由校团委统筹、院系团委具体组织实施的具有本院系特色的校内学生科技创新竞赛品牌。

**第二条** 开展“一院一品”竞赛,以搭建学生积极投身科学实践平台为目的,激发学生科研兴趣,带着问题进入专业课程学习,以竞赛为载体,着力培养学生的创新思维、协作精神、发现问题与解决问题的实践能力。

### 第二章 组织机构、职责

**第三条** “一院一品”竞赛由校团委主办、院系团委承办。

**第四条** 校团委负责“一院一品”竞赛的竞赛审批、经费审批、计划调整、过程推进、效果评估等统筹工作。

**第五条** 院系团委负责“一院一品”竞赛的预算制定、策划申报、宣传动员、竞赛培训、双创导航员配备、竞赛组织、奖项评定、竞赛总结等具体工作。

## 第三章 竞赛分类

**第六条** “一院一品”竞赛可分为以下三类:

(一)专业特色类 竞赛应充分体现本院系专业特色,能进一步提升学生专业水平,增进学科交流。要求承办院系相关专业大二、大三本科生参赛人数不少于本院系相关专业大二、大三本科生总人数的30%。

(二)素质拓展类 竞赛应有利于提高参赛学生的综合素质,着重锻炼学生实践动手能力,通过短期培训可使参赛学生较快掌握初级专业知识和技能,力争非本院系参赛学生人数不低于参赛总人数的50%。

(三)科技普及类 竞赛应着眼于开阔学生视野,促进学科交叉,不要求参赛学生深入掌握相关专业知识和技能,而以头脑风暴形式激发学生创意为主要目的。要求承办院系团委面向全校广泛宣传动员,力争非本院系参赛学生人数不低于参赛总人数的50%。

## 第四章 竞赛认定

**第七条** 校团委每年3月集中受理院系团委“一院一品”竞赛申请。院系团委申报材料须包括竞赛简介、竞赛预算、竞赛规程、培训计划、预期效果等。

**第八条** 满足下列情况之一者,可优先认定:

1. 上一年度已认定为“一院一品”竞赛且开展效果良好的;
2. 有校外高水平竞赛衔接并可作为校内选拔赛的;
3. 与国家、学校政策相关,或有相应双创公开课支持的。

**第九条** 若各院系申请认定的多个“一院一品”竞赛内容及形式相同或相近,校团委通过调研论证后,有权指定或调整承办院系。

## 第五章 竞赛管理

**第十条** 各院系团委举办“一院一品”竞赛前需进行专题培训,配备双创导航员进行指导。

**第十一条** 在各院系团委“一院一品”竞赛的组织实施过程中,校团委将安排工作人员对各阶段工作进行抽查。

**第十二条** 各院系团委“一院一品”竞赛须控制奖项设置及获奖人数比例,原则上一等奖不超过15%,二等奖不超过25%,三等奖不超过30%。

**第十三条** 已认定的“一院一品”竞赛如遇特殊原因需要调整比赛时间

的，需提前2周报校团委审批，审批通过后方可组织比赛。

**第十四条**　要求院系团委在竞赛结束15个工作日内向校团委提交竞赛总结材料，逾期视为自动放弃相应考核。

**第十五条**　校团委对院系团委承办“一院一品”竞赛的考核结果将作为年度“五四”评比表彰中院系学生科技创新工作评分依据。

**第十六条**　各院系团委“一院一品”竞赛组织经费由校团委专项拨付。“一院一品”竞赛开展效果与各院系团委大学生科技创新工作专项基金资助计划直接挂钩，开展效果较好院系予以奖励，开展效果较差院系核减下一年度资助计划。

**第六章　竞赛奖励**

**第十七条**　“一院一品”竞赛表彰奖励形式（奖品、奖金等）由各院系团委自行制定，校团委不做统一安排。

**第十八条**　“一院一品”竞赛颁发校团委统一印制的证书，加盖校团委公章。

**第七章　附　则**

**第十九条**　本办法自发布之日起执行，解释权归校团委所有。

## 三、学生创新创业校外竞赛

学校鼓励学生积极参与校外高水平创新创业竞赛，并为参赛学生提供报名费、差旅费等资助，每年资助学生参加省内、国内及国际创新创业比赛，获国际级、国家级、省部级创新创业竞赛奖项1 000余项。在“挑战杯”全国大学生课外学术科技作品竞赛、中国“互联网+”大学生创新创业大赛、“创青春”全国大学生创业大赛、全国海洋航行器设计与制作大赛、全国大学生节能减排社会实践与科技竞赛、全国大学生智能汽车竞赛等比赛中，取得了较好的成绩，特别是在2018年第二十一届国际水下机器人大赛（RoboSub）中，学校E唯团队夺得世界冠军，打破了北美高校20年来对冠军的垄断，并被中央电视台新闻联播报道。

对于在创新方面成绩突出的学生，学校通过个性化保研的途径，为他们提供进一步深造的机会，每年有100名左右的学生获得免试攻读硕士研究生的资格。为引导和规范学生参与校外创新创业校外竞赛，学校对校外大学生创新创业竞赛进行了分类定级，2013年开始建立《哈尔滨工程大学学生创新创业校外竞赛库》，每年实施动态调整更新。同时2013年制定了《哈尔滨工程大学学生创新创业校外竞赛参赛管理办法》并于2017年进行了修订。2014年开始学校对校外创新创业竞赛获奖证书开展认定工作，认证证书成为学生创新创业实践的第二成绩单。

【工作文件】

## 哈尔滨工程大学学生创新创业校外竞赛管理办法

（哈工程团发〔2017〕4号）

### 第一章 总 则

**第一条** 为贯彻落实《哈尔滨工程大学深化创新创业教育改革实施方案》，进一步规范学生创新创业校外竞赛（以下简称校外竞赛）管理，依照有关规定和工作实际，特制定本办法。

**第二条** 校团委是我校校外竞赛管理的职能部门，负责统筹全过程，包括参赛审批、竞赛库更新、经费管理、获奖成绩认定等工作。

**第三条** 本办法适用于以我校名义参加各类校外竞赛的教师和学生。

**第四条** 组织参加各类校外竞赛应以培养学生成长成才、促进专业发展建设为目的，创造条件使更多大学生的高水平作品有机会赴校外参赛。

**第五条** 参加各类校外竞赛应以"科学规划、合理选派、注重安全、节俭节约"为原则，按照校团委发布的相关通知及规定执行。

### 第二章 校外竞赛分级及竞赛库管理

**第六条** 校外竞赛级别根据主办方、社会影响、赛事规模、举办届数等因素，由高至低分为Ⅰ级、Ⅱ级、Ⅲ级。

**第七条** 《哈尔滨工程大学学生创新创业校外竞赛库》（以下简称校外竞赛库）包含全部Ⅰ级、Ⅱ级、Ⅲ级校外竞赛，每年更新一次。

**第八条** 校外竞赛库的竞赛级别论证及认定工作由校团委负责组织实施。各院系团委每年1月向校团委提交校外竞赛库竞赛更新申请，经专家组审批，发布本年度校外竞赛库。

### 第三章 校外竞赛信息化管理平台

**第九条** 哈尔滨工程大学学生创新创业校外竞赛管理系统（以下简称校外竞赛管理系统）是我校校外竞赛相关工作在线管理平台。

**第十条** 通过校外竞赛管理系统可完成竞赛信息提交、竞赛信息发布、校外竞赛库管理、参赛报名、参赛审批、经费管理、参赛个人及团队总结提交、参赛学生获奖成绩认定等工作。

### 第四章 参赛队伍

**第十一条** 参加校外竞赛以作品为单位组建参赛队伍。

**第十二条**　涉及参赛队伍较多的校外竞赛，参赛报名前应由牵头院系团委进行校内选拔，确定排序，由牵头院系团委与校团委商议确定参赛队伍。

**第十三条**　外出参赛学生人数以满足竞赛基本要求为标准。外出参赛学生总数在15人（含15人）以下可随队教师1人，外出参赛学生16至25名可随队教师2人，超过25名学生的带队指导教师人数应根据实际情况，由牵头院系团委与校团委商议确定。

**第十四条**　不同院系师生共同参加同一校外竞赛，应由参赛师生自行商定带队教师人选并向校团委报备，带队教师作为赛事第一责任人。

## 第五章　参赛审批

**第十五条**　牵头院系团委应在出发参赛3周前，组织参赛队伍登陆校外竞赛管理系统填写相关信息，通过系统对外出参赛作品、学生、教师及参赛差旅费进行申报，经院系团委、校团委审批通过后，提交《哈尔滨工程大学学生创新创业校外竞赛参赛申请表》备案。校团委将对审批通过的参赛作品及学生进行公示。

**第十六条**　校团委批准参赛后，参赛队伍凭出差报告单及借据至校团委签字后到财务处办理差旅费借款，预借金额不高于学生参赛差旅预算的70%，若未办理借款视为自行垫付，赛后报销。根据学校相关要求，教师差旅费需使用公务卡，不予预借教师差旅费。

**第十七条**　外出参赛前，牵头院系团委、带队教师应对全体参赛学生进行赛前安全教育，外出参赛学生应向所在院系辅导员告知参赛情况，外出参赛师生应与所在院系签署参赛差旅安全协议，并购买短期意外伤害保险。

**第十八条**　如果学生外出参赛与课程学习、实习、考试等教学环节发生冲突，参赛学生应提前与相关单位和任课教师沟通。涉及人数较多的情况，由牵头院系团委与教务部门、校团委协商，经批准后方可外出参赛。

**第十九条**　未经校团委审批参加校外竞赛，视为自费参赛，参赛相关费用不予报销，获奖成绩不予认定。

**第二十条**　牵头院系团委应协助参赛师生准备校旗、条幅、展板、视频、宣传手册等参赛宣传用品。

## 第六章　经费管理

**第二十一条**　参赛教师城市间交通费、住宿费、伙食补助费、市内交通费按照《哈尔滨工程大学差旅费管理办法（试行）》（哈工程校发〔2016〕113号）标准执行。

**第二十二条** 原则上参赛学生城市间交通乘坐火车硬座、轮船三等舱。若连续乘坐火车车程超过24个小时,可乘坐火车硬卧。

**第二十三条** 参赛学生参赛期间伙食、市内交通补助按照60元/人/天计算。参赛往返城市间路程按照2天计算补助。

**第二十四条** 参赛学生住宿费应节俭节约,住宿费以当地快捷酒店价格为标准,原则上不高于300元/间/天。

**第二十五条** 参赛人员原则上参赛出发和结束点为哈尔滨,往返不在哈尔滨的则按到达出差点直线标准计算,实际车、船票小于直线标准车、船票时,凭车、船票实报实销。参赛人员城市间交通费用超出标准部分由院系或个人自理。

**第二十六条** 参赛人员赛后就近实习、回家探亲、办事或因其他目的未返校,事先经牵头院系团委、校团委批准后,上报实际报销单据,其车、船费扣除出差地点直线车船费用外,多余开支部分由院系或个人自理。在此期间安全由本人负责。

**第二十七条** 参赛人员报销参赛住宿费需提供宾馆的发票、银行卡刷卡小票(若刷卡人为教师,则必须为公务卡刷卡小票)、酒店出具的带有入住人信息的住宿流水单,无住宿流水单不予报销。

**第二十八条** 若校外竞赛由主办方提供食宿,则不予发放伙食补助(40元/人/天),不予报销住宿费。

**第二十九条** 参赛会务费、报名费实报实销,报销需提供由竞赛组委会发布的竞赛通知原件。

**第三十条** 竞赛差旅费按照校外竞赛级别执行不同资助标准。Ⅰ级竞赛全额资助城市间交通费、住宿费、城市内交通补助(20元/人/天)和伙食补助(40元/人/天),Ⅱ级竞赛资助城市间交通费及住宿费,Ⅲ级竞赛资助城市间交通费及住宿费总额的50%。

**第三十一条** 对于参赛学生短期意外保险,以及因参赛需要所产生的邮寄费、运费等费用需提前列入预算,超出预算部分不予报销。

**第三十二条** 参赛人员应在返校抵达日起4周内(遇寒暑假时间顺延)完成参赛全部费用的报销。无特殊原因,超期未报销,按照每超过1周削减10%报销额度,超过4周未完成报销,下一年度参赛经费减半。

**第三十三条** 参赛期间各项支出票据、存根需保留,参赛人员返校报销时,粘贴好完整的票据报销单、竞赛通知原件等,经牵头院系团委审核签字后,报校团委进行二次审核签字。

**第三十四条**　所有报销相关手续准备就绪后，由指导教师或参赛学生本人登陆学校财务处预约报账系统预约报销，预约完成后将纸质报销材料提交至主楼一楼财务大厅相应窗口。

**第三十五条**　报销经费前，参赛学生团队和参赛学生须登陆校外竞赛管理系统提交团队总结和个人总结。

### 第七章　指导教师工作量认定及奖励

**第三十六条**　指导教师的竞赛指导工作量应纳入非授课工作量，认定办法由各院系制定。

**第三十七条**　指导学生参加校外竞赛获奖，对于指导教师的表彰奖励按照学校及院系有关政策执行。

### 第八章　学生竞赛获奖认定

**第三十八条**　参赛学生取得获奖证书后，参赛队伍负责人需登陆校外竞赛管理系统提交获奖认定申请。牵头院系团委以竞赛为单位，将全部获奖证书原件收齐后，统一到校团委进行获奖成绩认定。

**第三十九条**　校团委将依据《哈尔滨工程大学创新创业学分认定管理办法》(哈工程校发〔2016〕174 号)及获奖成绩认定结果给予获奖学生相应创新创业学分，未进行获奖成绩认定的将不予以认定创新创业学分。

### 第九章　其他要求

**第四十条**　牵头院系团委应在参赛人员返校抵达日起 2 周内，向《工学周报》、工学网等校内媒体提交比赛新闻。

**第四十一条**　赛后牵头院系团委需在参赛学期组织参赛师生开展“大学生科创沙龙”进行赛事总结及宣讲。

### 第十章　附　则

**第四十二条**　本办法自发布之日起执行，由共青团哈尔滨工程大学委员会负责解释。原《哈尔滨工程大学创新创业国内竞赛参赛管理办法(2013)》(校青字〔2013〕19 号)同时废止。

## (一)“挑战杯”全国大学生课外学术科技作品竞赛

“挑战杯”全国大学生课外学术科技作品竞赛是由共青团中央、中国科协、教育部、全国学联主办的大学生课外学术科技活动中一项具有导向性、示范性和群众性的竞赛活动。1989 开始举办，每两年举办一届，至 2017 年已成功举办了 15 届比赛。竞赛旨在引导和激励高校学生实事求是、刻苦钻研、勇于创新、多出成果、提高素质,培养学生创新精神和实践能力,并在此基础上促进高校学生课外学术科技活动的蓬勃开展,发现和培养一批在学术科技上有作为、有潜力的优秀人才。

竞赛的基本方式:高等学校在校学生申报自然科学类学术论文、哲学社会科学类社会调查报告和学术论文、科技发明制作三类作品参赛;聘请专家评定出具有较高学术理论水平、实际应用价值和创新意义的优秀作品,给予奖励;组织学术交流和科技成果的展览、转让活动。

参赛资格与作品申报:自首届开始至第十五届挑战杯竞赛凡在举办决赛的当年7月1日以前正式注册的全日制非成人教育的各类高等院校在校专科生、本科生、硕士研究生和博士研究生(均不含在职研究生)都可申报作品参赛。从第十六届挑战杯开始仅准许在校专科生、本科生、硕士研究生申报作品参赛。申报参赛的作品必须是距决赛当年7月1日前两年内完成的学生课外学术科技或社会实践活动成果,可分为个人作品和集体作品。每个学校参赛的作品总数不得超过6件,每人限报1件,作品中研究生的作品不得超过作品总数的1/2,其中博士研究生的作品不得超过1件。

奖项设置:全国评审委员会对各省级组织协调委员会和发起高校报送的参赛作品进行预审,评出80%左右的参赛作品入围获奖作品。其中40%获得三等奖,其余60%进入终审决赛,再评出特等奖、一等奖、二等奖,其余部分获得三等奖。参赛的自然科学类学术论文、哲学社会科学类社会调查报告和学术论文、科技发明制作三类作品各设特等奖(3%)、一等奖(8%)、二等奖(24%)、三等奖(65%)。本专科生、硕士研究生、博士研究生三个学历层次作者的作品获奖数与其入围作品数成正比例。竞赛设10个左右省级优秀组织奖和获得入围作品高校数30%左右的高校优秀组织奖。

赛程安排(仅做参考,具体赛程以大赛组委会公告为准):

①11月,下发通知,组织发动阶段;

②3月至6月,省级初评和组织申报阶段;

③7月至10月,全国复赛和参赛准备阶段;

④10月,全国决赛和表彰阶段。

【延伸阅读】

### 第十五届"挑战杯"全国大学生课外学术科技作品竞赛决赛闭幕

"挑战杯"全国大学生课外学术科技作品竞赛以"崇尚科学、追求真知、勤奋学习、锐意创新、迎接挑战"为宗旨,每两年举办一次,被誉为当代大学生科技创新的“奥林匹克”盛会。

第十五届“挑战杯”中国银行全国大学生课外学术科技作品竞赛终审决赛闭幕式暨颁奖仪式在上海大学宝山校区体育馆举行

11 月 18 日，由共青团中央、中国科学技术协会、教育部、中国社会科学院、全国学生联合会和上海市政府主办上海大学承办的第十五届“挑战杯”中国银行全国大学生课外学术科技作品竞赛决赛在上海大学落下帷幕。闭幕式暨颁奖仪式在上海大学宝山校区体育馆举行，团中央书记处书记傅振邦、团上海市委书记王宇、团中央学校部副部长、全国学联副秘书长李骥、团中央学校部副部长、全国学联副秘书长宋来、中国科协青少年科技中心副主任单长勇、上海大学党委书记、校长金东寒等出席。主办、承办单位的相关负责同志，“挑战杯”竞赛全国评委会成员，上海市有关单位负责同志，各省级团委、参赛高校的负责同志与师生代表，港澳台及海外高校师生代表，以及企业、新闻媒体单位代表也参加了闭幕式。

李骥在代表主办方致辞中讲到，第十五届“挑战杯”竞赛以“青春新动能，挑战创未来”为主题，体现了服务国家大局、地校发展、大学生科技创新的办赛宗旨，与历届竞赛相比，本届竞赛亮点纷呈：一是大赛参与面广内涵更丰富，本届“挑战杯”竞赛自启动以来，2 000 多所高校举办了校级竞赛，200 多万大学生直接参加比赛，参与项目约 60 万个；二是开放合作力度明显加大，首次举办“一带一路”国际专项赛系列活动，首次实现港澳内地学生同台竞技，首次组织“挑战杯”宣讲团走进中小学，面向社会征集竞赛会徽、会歌、吉祥物，加上全媒体的立体宣传，有效提升了赛事的社会影响力；三是高度重视成果转化扶持孵化，首次开辟了优秀项目创业绿色通道，终审决赛期间举办了创新型人才专场招聘会、创新成果交易会等活动；四是智能服务更加贴心；开发了“挑战杯”专属服务APP，倡导绿色出行，提供共享单车和电动大巴，近5 000名志愿者以专业、细致、周到的服务获得广泛赞誉。

李骥强调，第十五届“挑战杯”竞赛必将是“挑战杯”历史上具有承前启后重要意义的一届赛事，因为它既是党的十九大后中国特色社会主义进入新时代、我国迈向建设社会主义现代化强国新征程的第一届赛事，也处在“挑战杯”经过十五届、近30年发展后迫切需要进一步深化创新、实现新的提升转型的关键时期举办的一届赛事。他希望当代大学生有理想、有追求、有担当，勇做时代的弄潮儿，在实现中华民族伟大复兴的生动实践中放飞青春创新梦想！

经过前期的网络初评、集中复评以及决赛期间终审，全国评审委员会最终评出清华大学《基于大数据及语言模型的电子文本检错技术》等特等奖作品39件，一等奖作品102件，二等奖作品315件，三等奖作品773件，创新奖作品24件。上海大学等20所高校获得“优胜杯”，上海交通大学获得本届“挑战杯”。王乃彦、奚广庆等两位专家获得杰出贡献奖。团江苏省委等15个省级团委获得省级优秀组织奖，新疆生产建设兵团团委、团天津市委、团福建省委等3个省级团委获得进步显著奖，本届赛事主要赞助方中国银行股份有限公司、经纬集团、中国华信能源有限公司等3家单位获得特殊贡献奖。

王宇代表共青团上海市委员会，向在“挑战杯”竞赛舞台上一展风采的参赛师生们和在竞赛中斩获优异成绩的获奖团队们表示祝贺！向各主办单位及长期以来关心支持大学生科技创新的社会各界朋友表达了敬意！

经“挑战杯”竞赛全国组委会一致同意，北京航空航天大学获得2019年第十六届“挑战杯”竞赛承办权。闭幕式上，团中央书记处书记傅振邦，上海大学党委副书记、副校长徐旭，将竞赛会旗交到北京航空航天大学党委副书记李军锋手中，这标志着2019年第十六届“挑战杯”全国大学生课外学术科技作品竞赛筹备工作正式启动。

近年来，“挑战杯”竞赛不断探索创新办赛理念和形式，加强育人实效，努力实现以赛促教、以赛促学、以赛促创、以赛促业的办赛新局面。在新的起点上面向未来，“挑战杯”将适应加快建设创新型国家的形势要求，在伟大的中国特色社会主义新时代更好地服务于国家创新驱动发展战略大局，更好地服

颁奖仪式

务于高校人才培养的中心工作，更好地服务于青年学生全面成长成才的内在需求。

## (二)中国"互联网+"大学生创新创业大赛

中国"互联网+"大学生创新创业大赛为贯彻落实《国务院办公厅关于深化高等学校创新创业教育改革的实施意见》(国办发〔2015〕36号)，进一步激发高校学生创新创业热情，展示高校创新创业教育成果，搭建大学生创新创业项目与社会投资对接平台，于2015年起每年举办中国"互联网+"大学生创新创业大赛。大赛旨在深化高等教育综合改革，激发大学生的创造力，培养造就"大众创业、万众创新"的生力军；推动赛事成果转化和产学研用紧密结合，促进"互联网+"新业态形成，服务经济提质增效升级；以创新引领创业、创业带动就业，推动高校毕业生更高质量创业就业。

组织机构：大赛由教育部牵头，相关部门和承办学校所在省共同主办，每年指定高校承办。各省(区、市)可根据实际成立相应的机构，或与相关机构开展合作，开展本地初赛和复赛的组织实施、项目评审和推荐等工作。

参赛项目要求：从第二届大赛开始将大赛分为创意组、初创组、成长组，第三届增设就业型创业组、第五届将就业型创业组改为师生共创组。参赛项目要求能够将移动互联网、云计算、大数据、人工智能、物联网等新一代信息技术与经济社会各领域紧密结合，培育基于互联网新时代的新产品、新服务、新业态、新模式；发挥互联网在促进产业升级以及信息化和工业化深度融合中的作用，促进制造业、农业、能源、环保等产业转型升级；发挥互联网在社会服务中的作用，创新网络化服务模式，促进互联网与教育、医疗、交通、金融、消费生活等深度融合。

参赛对象：以团队为单位报名参赛，允许跨校组建团队，每个团队的参赛成员不少于 3 人；参赛团队所报参赛创业项目，须为本团队策划或经营的项目。

赛程安排：①参赛报名(3—5 月)，校赛阶段。②初赛复赛(6—9 月)，各省(区、市)竞赛。③全国总决赛(10 月中下旬)。大赛组委会将综合考虑各省(区、市)报名团队数、参赛高校数和创新创业教育工作情况等因素分配名额。大赛评审委员会对入围全国总决赛项目进行网上评审，择优选拔 120 个项目进行现场比赛，决出金、银奖。

大赛奖励：全国大赛高教组比赛设 50 个金奖、100 个银奖、450 个铜奖。设高校集体奖 20 个、省市优秀组织奖 10 个和优秀创新创业导师若干名。

【延伸阅读】

### 第四届中国"互联网+"大学生创新创业大赛在厦门大学圆满落幕

敢闯会创，爱拼会赢，10 月的厦门秋高气爽，8 000 余名师生、382 支创新创业团队汇聚厦大校园，如海浪翻滚，涌动起创新创业激情的青春海洋。10 月 13 至 15 日，经过激烈的角逐，本次大赛共产生银奖 211 个、金奖 96 个、单项奖 6 个。10 月 15 日晚上，大赛颁奖典礼在厦门大学思明校区上弦场举行。

国务院副秘书长丁向阳，教育部党组成员、副部长林蕙青，中国科学院副院长李树深，福建省副省长杨贤金，福建省政协副主席薛卫民，浙江省副省长成岳冲，中国建设银行党委书记、董事长田国立，中国建设银行党委委员、副行长章更生，大赛专家委员会主任、中国工程院原常务副院长潘云鹤，大赛专家委员会副主任、中国高教学会原会长瞿振元，厦门市副市长国桂荣，厦门大学党委书记张彦，校长张荣，来自中央统战部、中央网信办、国家发展改革委、工业和信息化部、人力资源社会保障部、农业农村部、知识产权局、中国科学院、中国工程院、国务院扶贫办、共青团中央、福建省的领导，以及大赛专家委员会、纪律与监督委员会成员，各省(区、市)教育厅(教委)、各高校负责人，企业家和投资人，支持、参与大赛的各有关方面代表，各参赛高校师生和全国各大媒体代表与会。

颁奖仪式

银奖团队、金奖团队、单项奖获奖团队、冠亚季军团队、优秀创新创业导师、先进集体获奖高校、优秀组织奖获奖省份代表依次上台领奖。福建省教育厅副厅长陈国龙在采访中介绍了福建省支持高校推动创新创业教育改革的工作做法。林蕙青代表大赛组委会为中国建设银行、厦门市人民政府和厦门大学颁发感谢状。

10 个参赛项目与投资机构在颁奖仪式现场签订了投资合作意向书。现场还首映了大学生创新创业教育电影预告片《当我们海阔天空》。

张荣在致辞中指出，厦大秉承艰苦创业、勇于创新的光荣传统，把创新创业教育作为拔尖人才培养、服务国家创新发展的重要抓手，作为一流大学建设的重要举措。厦大学子认真学习践行习近平总书记重要回信精神，走进革命圣地和广袤农村，在这堂最大的思政课中接受思想洗礼。他表示，本届大赛在厦大举办，体现了党中央及教育部和大赛组委会对学校的充分肯定和信任，全体师生举全校之力、集各方智慧推进筹备工作，力争全面体现“有高度、有广度、有深度、有温度”，着力突出“海丝、海峡、海洋”特色，既展示校园的环境之美、服务之美，更体现青年大学生的青春之美、创新之美，共同打造属于全体“双创”人的、精彩纷呈的盛大节日，奏响青春领航振兴中华的时代强音。

杨贤金在讲话中说，中国“互联网 +”大学生创新创业大赛自成立以来，已经成为中国覆盖面最广、影响力最大的大学生创新创业盛会。在前三届基础上，本届大赛规模进一步扩大，共有 2 200 多所高校的 265 万大学生报名参赛，充分展示了新时代大学生的创新创业能力和创新创业成果。他表示，以习近平同志为核心的党中央高度重视创新创业和大学生健康成长，我们要深入贯彻中央领导的重要指示精神，在加快创新型国家建设的征程中不断凝聚青春力量。希望这届大赛的优秀获奖项目在福建省结出硕果，更多有志青年在福建省创新创业中绽放青春，福建省将全面打造创新生态，为广大青年学生扎根福建、铸就梦想，创造最佳环境。

林蕙青在讲话中指出，本届大赛有突破、有特色、有新意，盛况空前，令人难忘，大赛取得了丰硕成果，组建了一支新锐的“双创”大军，开出了一堂有温度的思政大课，奉献了一场全球性的“双创”大会。林蕙青强调，各地各高校和广大青年学生要深入学习习近平总书记关于教育的重要论述和全国教育大会精神，以更加奋进的状态推进创新创业教育，融入人才培养全过程，切实发挥大赛的重要载体和带动引领作用，深入推进“五个结合”，着力打造五育平台，努力培养德智体美劳全面发展的社会主义建设者和接班人。要推动创新创业教育与思政教育、专业教育、体育、美育、劳动教育紧密结合，把个人命运与国家命运，把创业梦与中国梦紧密连接起来，在中国特色社会主义伟大实践中展现青春才华，书写人生华章。

**会旗交接仪式**

林蕙青、杨贤金和成岳冲进行了大赛会旗交接仪式，第五届中国“互联网+”大学生创新创业大赛将在浙江大学举办。

“大海做背景，天地为舞台”，颁奖典礼紧紧围绕大赛主题，以“致敬”“筑梦”“飞翔”为三个主题篇章,以1978—2018为时间脉络,向观众展示了改革开放40年来高等教育改革发展历程和高校创新创业教育成果。节目以音乐情景剧、舞蹈、合唱、朗诵等为主要形式,来自全校20多个学院的学生参演,在充满科技感、现代感的舞台展示中,在以“海丝、海峡、海洋”为底蕴的文化风貌中,在以航船、港湾、灯塔等为主体意向的舞美设计中,激昂青春梦想,奏响时代乐章。最后,在主题曲《青春梦 中国梦》的高昂旋律中,第四届中国“互联网+”大学生创新创业大赛圆满落幕。

“谢谢你们热情招待的志愿者服务,此次大赛的服务工作做得真好!”“四川大学全体参赛师生对厦门大学全体师生为大赛的无私奉献表示衷心感谢!”“厦门大学成功举办了一次惊艳全球的大赛,激动人心,非常完美!”……大赛结束后,来自五湖四海的参赛学生、领队、教育家、投资者、媒体记者等纷纷点赞,对于本届大赛、对于厦门大学均给予了高度肯定。

## 第三节 学生创新创业实践基地

大学生创新创业实践训练基地始建于2009年,位于学校启航活动中心,2016年扩建为面积5 000平方米、跨越5个楼层的“创立方·大学生创客工场”,构建了“五区一厅”格局(即意识普及区、创客培养区、产品研发区、创业苗圃区、创业街区和创业咖啡厅)的递进式大学生创新创业实践训练平台。创立方·大学生创客工场集创新创业知识学习、创新创业信息交流、创新创业技能训练、创新创业成果展示、创新创业培育服务等功能于一体,服务于跨学科、跨年级、综合性的创新创业项目,引导学生从面向“竞赛型的创新”升级为面向“市场型的创新”,进而通过创业实践实现市场价值,打造学生创新创业“高峰”的“产业链”。

### 一、意识普及区

“意识普及区”包含“双创秀场”“创意工场”“创新创业信息集散中心”“创新创业成果展”。“双创秀场”开展创新创业相关的培训、讲座、沙龙、评审等活动;“创意工场”开展创新创业研讨交流;“创新创业信息集散中心”发布各类创新创业信息;“创新创业成果展”展示学生创新创业优秀作品。通过“意识普及区”对学生进行创新创业意识普及,创新创业氛围营造,做好创新创业的宣传引导工作。

### 二、创客培养区

“创客培养区”包含“创客俱乐部”和“创客空间”。创客俱乐部通过开展开源硬件技术培训、竞技比赛和商业模式等创业理论培训，培养一批具有创新能力和创业意识的创客群体。创客空间则面向全校学生个体，提供创新制作所需的各种通用设备，如3D打印机、激光雕刻机、示波器、信号发生器、电源、小型车床、铣钻床等，为学生创新创业提供免费设备支持。

## 三、产品研发区

“产品研发区”包含2个创新创业实验室和1个创新创业培育室，可容纳39个学生创新创业团队，根据对团队研发产品创新性、市场价值和创业能力评估招募团队，通过对团队提供研发经费、实验室环境、基本通用设备等途径，促进团队加速产品研发，缩短创业周期。

研发区建设原则是资源共享和自主管理，充分利用现有的教学实践资源和设备设施资源，通过科学的整合与调配，有计划、有步骤地进行内涵建设，形成校、院两级分层共建的模式，避免出现重复建设、交叉设置，提高现有资源的利用率。启航活动中心基地面向全校学生，定位于跨学科、跨年级、综合性的创新创业项目，引导学生从面向“竞赛型的创新”升级为面向“市场型的创新”，进而通过创业实践实现市场价值；各学院原有和新建实验室围绕学科、结合专业进行建设。充分利用大学生科协、大学生创业联盟等校级学生组织，通过学生的“自我管理、自我教育、自我服务”来实现基地的日常管理服务，培养学生的组织能力、管理能力、实践能力和团队协作能力。

任何有想做创客想法的同学都可以申请入驻基地，基地是创新创业的一个孵化器，起到一个催化作用，以追赶市场进度，帮助大家抢得市场先机，326、329实验室是为小团队提供的场地，小团队成长为大团队之后，可以申请入驻324大实验室。我们的周期是3—6个月，超出此周期未做出任何成果的团队将被清退，通过审核的团队将继续得到我们的支持。

产品研发区的主要功能包括创新创业知识学习，创新创业交流平台，创新创业技能训练，创新创业成果展示及创新创业孵化服务。

【延伸阅读】

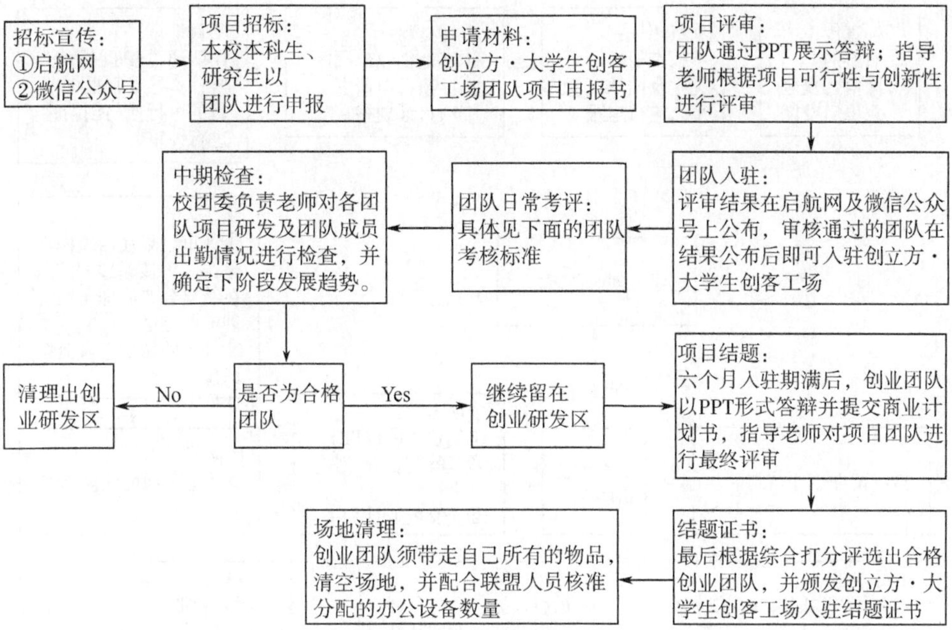


研发区入驻流程图

## 四、创业苗圃区

“创业苗圃区”主要为正处于创业萌芽阶段、有创业想法和创业意愿但尚未注册公司的创业团队提供免费办公场地、资金支持、创业导师指导服务、创业政策咨询服务、实体注册咨询服务、人才对接服务、项目宣传服务等服务，降低创业风险和创业成本，提高创业团队的成活率和成长性。

任何有创新创业想法的同学都可以申请入驻创业苗圃区，创业苗圃区是大家创新创业的“训练场”，起到一个创业实践的作用。创业苗圃区为各个创业团队提供办公场地，在成长为优秀创业团队之后，团队可以申请入驻创业街区。创业苗圃入驻周期是6个月，6个月后，创业苗圃将进行新一轮的项目招标。

【延伸阅读】

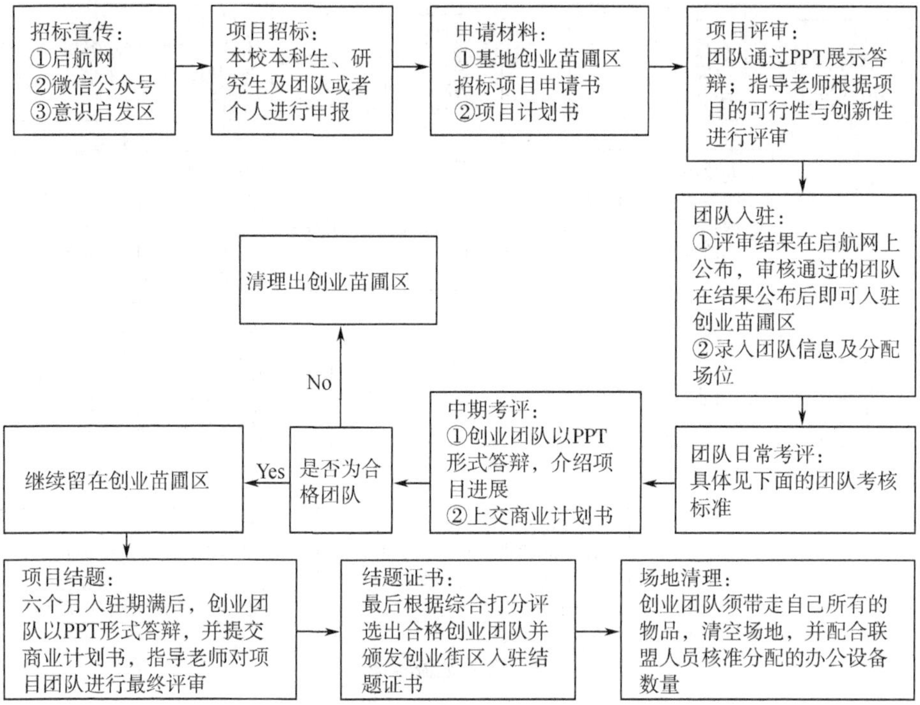


苗圃区入驻的流程图

## 五、创业街区

“创业街区”为在校生和毕业5年以内的毕业生已经实体注册的创业公司提供32平方米或64平方米免费独立的创业办公房间，为创业公司提供创投对接、政策指导、导师指导、技术对接、人才对接等多类创业服务，加速创业公司孵化。

## 六、创业咖啡厅

“第三空间”创业咖啡厅集创客分享、项目路演、会议洽谈、项目对接、资讯共享、创新创业知识普及、自习阅读、休闲娱乐于一体，促进学生创业者的交流对接，满足社交需求和创业需求。

学生创新创业基地建设以来，已有358个团队入驻，培养出大批学生创新创业团队和个人。宋超和团队成员研发的“点触式验证码云安全系统”在2015年首届中国“互联网+”大学生创新创业大赛中获得金奖，在2018年第四届中国“互联网+”大学生创新创业大赛中获得一金一银三铜，创学校历史最好成绩并获全国高校先进集体奖；E唯机器人创新团队获2018年第21届国际水下机器人大赛（Robo-

Sub)冠军,打破麻省理工学院、康纳尔大学等世界一流名校二十年来对该项赛事冠军的垄断,系亚洲高校首次夺冠;"E 唯"机器人创新团队、"创翼"创新团队,分别获 2014 年度(第一届)、2016 年度(第二届)全国大学生"小平科技创新团队"称号;于欣龙获"中国青年创业奖""全国大学生创业英雄十强";基地培育出了哈尔滨奥松机器人科技股份有限公司、哈尔滨程天科技发展有限公司、杭州微触科技有限公司等千万元融资级别的学生创业公司,《人民日报》《科技日报》等国家级媒体多次报道我校优秀创新创业团队,《中国青年报》创业板整版报道我校特色创业育人模式。

【工作通知】

## 关于招募创立方·大学生创客工场产品研发区 第六批学生创新创业团队的通知

各院系团委、各学生创新创业团队:

为加速学生创新创业团队产品研发,做好产品设计及市场调研,掌握创业理论知识,参与创业实践训练,经校团委研究决定,现面向全校本科生、研究生招募创立方·大学生创客工场产品研发区第六批学生创新创业团队。现将有关事宜通知如下:

一、创新创业训练场地

创立方·大学生创客工场产品研发区位于启航活动中心三楼北侧,共 3 个房间。

(一)学生创新创业实验室

N_Lab 学生创新创业实验室位于启航活动中心 326 房间、329 房间,主要面向初级学生创新创业团队,为其提供产品研发所需的研发经费、开放实验室工位、共享基本通用设备,加速团队初级产品研发,同时进行相关创业知识培训和实践训练。

(二)学生创新创业培育室

N_Lab 学生创新创业培育室位于启航活动中心 322 房间,主要面向较为成熟的学生创新创业团队,为其提供产品研发所需的研发经费、独立实验室场地、基本通用设备,加速团队产品迭代,缩短创业周期,同时进行相关创业知识培训和实践训练。

二、团队招募计划

(一)学生创新创业实验室

4 个办公工位为 1 个单元,共 30 个单元,计划招募 20 ~ 30 个创新创业团队。每个团队成员数量不少于6人。

（二）学生创新创业培育室

9间封闭实验隔间，计划招募9个创新创业团队。

三、团队申报条件

（一）凡我校本科生、硕士研究生、博士研究生以团队形式进行申报，鼓励跨院系、跨年级、跨学科组队申报。

（二）申报团队具有一定的技术能力，已经拥有初代创新成果，同时研发产品具有一定的市场前景和创业孵化价值。优秀科技发明、专利、科研成果及各类创新创业大赛中的优秀作品优先入驻。

（三）申报学生创新创业培育室团队，需满足以下条件：

1. 团队组成需满足跨院系、跨学科要求，团队成员数量不少于8人；

2. 团队需掌握高水平创新成果，研发产品具备良好的市场前景和孵化价值，创新成果需满足拥有专利、校学生竞赛库Ⅰ类赛事获奖、已投入市场销售或使用等以上条件之一。

四、入驻周期

2019年3月—2019年9月1日

五、入驻要求及政策

（一）对于入驻结题的学生创新创业实验室团队支持2 000元产品研发经费，入驻结题的学生创新创业培育室团队支持5 000元产品研发经费。

（二）入驻的学生创新创业团队均可以得到创业导师在创业方面的指导服务，产品加工、产品设计等技术支持及服务，提高团队产品研发进程。

（三）学生创新创业团队入驻期间需达到出勤要求，并参加相关创业实践训练，如创业大讲堂、创业训练营等，出勤未达到要求或不参与创业实践训练的，不予结题。入驻期满需提交入驻结题报告并参加结题答辩，考核合格，方可结题并报销研发经费。考核内容为入驻期间产品设计、研发情况，主要包括产品研发完成情况、产品功能与服务、产品技术指标、产品市场分析及竞品分析等。

（四）入驻结题团队，将根据《哈尔滨工程大学创新创业学分认定管理办法》，团队前3名团队成员可获得0.5个创新创业学分（仅针对2016级、2017级、2018级本科生）。

六、申报流程

（一）下载并填写《创立方·大学生创客工场产品研发区学生创新创业团队入驻申报书》（见附件），将申报书电子版命名为“产品研发区＋创新创业团队名称+负责人姓名+负责人联系方式”于2019年3月4日前将电子版发至邮箱dc_yanfaqu@163.com,并于4日晚18:00—21:00将申报书(一式三份)交至大学生创业联盟(启航活动中心210房间)。

(二)校团委将于3月初组织申报团队入驻答辩,答辩时间、地点和相关要求另行通知。

申报团队请加QQ群:719453484

联系人:周博成

附件:创立方·大学生创客工场产品研发区学生创新创业团队入驻申报书.docx

共青团哈尔滨工程大学委员会
2019年1月18日

## 关于创立方·大学生创客工场创业苗圃区第十八批学生创业团队结题验收的通知

各院系团委、各学生创业团队:

创立方·大学生创客工场创业苗圃区第十八批学生创业团队已进入结题验收阶段,请有关项目负责人和成员认真做好项目结题验收的准备工作,各院系团委、指导教师要加强对项目的管理和监督,保证结题工作的顺利开展。现将有关事宜通知如下:

一、结题验收程序

(一)团队数量

创业团队23个。

(二)材料提交

各创业团队需填写《创立方·大学生创客工场创业苗圃区学生创业团队结题书》(见附件1,一式三份)及《创立方·大学生创客工场创业苗圃区学生创业团队商业计划书》(一式一份)。以上材料电子版由各创新创业团队汇总后,将文件压缩并命名为“创业团队名称+负责人姓名+负责人联系方式”于2018年3月6日前将电子版发至邮箱chuangye@hrbeu.edu.cn,并于6日晚17:00—20:30将纸质版材料交至大学生创业联盟(启航活动中心210房间)。

（三）结题验收

项目验收将以项目路演答辩形式进行。请各创业团队准备5分钟答辩用PPT，校团委将于开学第一周组织现场答辩评审，具体答辩时间、地点另行通知。请各项目负责人关注启航网公告信息栏。

二、注意事项

（一）各创业团队须在答辩前将商业计划书完成，并准备好路演答辩工作。各创业团队应认真填写《创立方·大学生创客工场创业苗圃区学生创业团队结题书》，着重阐述项目实施情况和取得成果。

（二）《创立方·大学生创客工场创业苗圃区学生创业团队商业计划书》是团队全面展示项目目前状况、未来发展潜力的书面材料，应着重体现项目目前进展状况、商业模式的探索、展现创业的潜力和价值、对市场的研究、团队未来的发展等。

（三）项目成功结题的创业团队将获得全额800元运营经费。

（四）考核合格的团队，根据《哈尔滨工程大学创新创业学分认定管理办法》，团队前三名成员可获得0.5个创新创业学分（仅针对2016级本科生）。

联系人：王帅

附件：创立方·大学生创客工场创业苗圃区学生创业团队结题书

共青团哈尔滨工程大学委员会
哈尔滨工程大学大学生创业联盟
2018年1月11日

## 七、创新创业实践工作评价体系

### 哈尔滨工程大学院系大学生创新创业实践工作评价体系

自2017年起，学校开始对院系创新创业实践工作进行考核评价，评价体系包括3个二级指标和8个三级指标。通过此评价体系可以对院系当年在创新创业项目、创新创业竞赛、创新创业基地等方面工作开展情况进行综合评价。

## 院系大学生创新创业实践工作评价指标体系

| 一级指标 | 二级指标 | 三级指标 | 考核内容 | 评分标准：考核标准 | 评分标准：分值 | 说明 |
|---|---|---|---|---|---|---|
| 大学生创新创业实践工作 | 1.1 创新创业项目 | 1.1.1 创新训练项目 | 校级大学生创新训练项目(引导型)院系一次结题情况 | $x=100\%$ | 20 | $x$ 为校级大学生创新训练项目(引导型)院系一次结题率 |
| | | | | $95\%\leqslant x<100\%$ | 10 | |
| | | | | $x<95\%$ | 0 | |
| | | | 校级大学生创新训练项目(普通型)院系一次结题情况 | $x=100\%$ | 20 | $x$ 为校级大学生创新训练项目(普通型)院系一次结题率 |
| | | | | $90\%\leqslant x<100\%$ | 10 | |
| | | | | $x<90\%$ | 0 | |
| | | | 校级大学生创新训练项目(重大型)结题 | $2x$ | | $x$ 为校级大学生创新训练项目(重大型)结题数量 |
| | 1.2 创新创业竞赛 | 1.2.1 校外创新创业竞赛 | 超一流竞赛获奖情况(挑战杯、互联网+、创青春大赛、国创年会) | $20x_1+16x_2+10x_3+5y_1+4y_2+2.5y_3$ | | $x_1$ 为特等奖、一等奖(金奖)第一作者总数，$x_2$ 为特等奖、一等奖(金奖)第二作者总数，$x_3$ 为特等奖、一等奖(金奖)第三作者总数，$y_1$ 为其他获奖第一作者总数，$y_2$ 为其他获奖第二作者总数，$y_3$ 为其他获奖第三作者总数 |
| | | | 一流竞赛(Robomaster、Robocon、研究生系列比赛、高教学会评估竞赛等) | $3x_1+2.4x_2+1.5x_3$ | | $x_1$ 为获奖第一作者总数，$x_2$ 为获奖第二作者总数，$x_3$ 获奖第三作者总数 |
| | | | 其他Ⅰ级、Ⅱ级、Ⅲ级比赛获奖情况 | $0.5x_1+0.25x_2+0.25y_1$ | | $x_1$ 为Ⅰ级、Ⅱ级竞赛获奖第一作者总数，$x_2$ 为Ⅰ级、Ⅱ级竞赛获奖第二作者总数，$y_1$ 为Ⅲ级竞赛获奖第一作者总数 |

续表

| 一级指标 | 二级指标 | 三级指标 | 考核内容 | 评分标准 | | 说明 |
|---|---|---|---|---|---|---|
| | | | | 考核标准 | 分值 | |
| 大学生创新创业实践工作 | 1.2 创新创业竞赛 | 1.2.2 学校“五四杯”创新创业大赛 | “五四杯”创新创业大赛获奖情况 | $3x+2y$ | | $x$、$y$ 分别为院系获得“五四杯”创新创业大赛特等奖、一等奖（金奖）的数量 |
| | | 1.2.3 学校“五四杯” | “五四杯”“启航杯”创新竞赛院系排名情况 | 第 1～4 名 | 15 | 按照学校“五四杯”“启航杯”创新竞赛院系排名分别评分 |
| | | | | 第 5～11 名 | 10 | |
| | | 1.2.4“启航杯”创新竞赛 | | 第 11 名以后 | 5 | |
| | 1.3 创新创业基地 | 1.3.1 创立方·大学生创客工场创业街区入驻企业 | 各学院学生创业公司入驻创业街区情况 | $5x$ | | $x$ 为院系学生创业公司入驻数量，以公司负责人所在院系计算 |
| | | 1.3.2 创立方·大学生创客工场产品研发区、创业苗圃区学生团队入驻 | 各学院创立方大学生创客工场学生团队入驻情况 | $x$ | | $x$ 为院系学生团队入驻数量 |
| | | 1.3.3 创立方·大学生创客工场产品研发区、创业苗圃区学生团队结题 | 各学院创立方大学生创客工场学生团队结题情况 | $2x+y-2z$ | | $x$ 为院系学生团队优秀结题数量，$y$ 为结题数量，$z$ 为未结题数量 |
| | | 1.3.4 创业扶持 | 扶持当年新注册实体公司情况 | $10x$ | | $x$ 为院系学生在评比年度内新注册实体公司数量，要求学生团队占股大于 30%，以公司负责人所在院系计算 |

## 第四节　讲座论坛

学生创新创业讲座论坛既是学生参与创新创业活动的主要入门途径，也是投身创新创业的同学之间头脑风暴、心得分享、经验交流的主要平台之一。哈尔滨工程大学根据创新创业讲座论坛面向的学生群体、类型和规模，设置创新创业特色公开课（简称双创公开课）、科创沙龙、创业大讲堂。

### 一、创新创业特色公开课

创新创业特色公开课（简称双创公开课）是由校团委主办、院系团委承办，旨在激发学生创新创业意识，充分发挥双创导航员精英人才优势，打造学校创新创业教育第二课堂。双创公开课采用“自拟命题＋定制命题”方式，授课人可结合自身优势将创新创业经验以系列课程的形式分享给有需要的学生，也可结合创新创业校内外竞赛的培训需求设置授课内容。

为规范全校创新创业特色公开课的组织实施，学校于 2017 年出台了《哈尔滨工程大学学生创新创业特色公开课管理办法》。

【工作通知】

**关于招募第十一批大学生创新创业特色公开课授课人的通知**

各院系团委、各位同学：

为切实提高我校学生参与创新创业的主动性，锻炼创新创业精英的表达能力，做好大学生科技创新普及工作。经校团委研究决定，现启动第十一批“大学生科技创新特色公开课”（简称双创公开课）工作，面向全校双创导航员选拔任课教师，有关事宜通知如下：

一、选拔条件

（一）现任双创导航员；

（二）责任心强，善于沟通，有较强的表达能力；

（三）在科技创新或创业方面有所专长；

（四）拥有授课经验的优先考虑。

二、选拔流程

（一）报名时间：10 月 12 日—10 月 16 日；

（二）报名方式：报名人将课程简介、课程教学大纲（形式可参考往届科创课程教学大纲模板，详见附件，也可自行设计）、报名表于10月16日15:30前以压缩文件的形式发送至邮箱：heussta@163.com；课程大纲名称请严格按照"课程名称+所在院系+授课人"命名，课程简介中请附上姓名、学号、联系方式等内容；

（三）评议：10月17日，校团委将组织相关专业教师对课程教学大纲、授课人能力进行评议以及进行面试环节；

（四）公示：10月18日，在启航网上公示入选课程；

（五）培训：校团委将集中对授课人员进行统一培训；

（六）开课周期：2017年秋季学期第8周至第12周。

三、课程要求

（一）本批次课程采用"自拟命题+定制命题"相结合的方式，双创导航员可根据自身科技创新优势进行授课，将自身的科创经验分享给有需要的同学，也可根据相关比赛进行授课，如全国大学生节能减排大赛、数学建模竞赛等，还可根据所提供定制命题进行选择。

定制命题包括：

1. 编程语言基础
2. 航空航天航海模型制作基础
3. 机器人控制基础
4. 单片机及集成电路基础
5. 经济管理基础
6. 创业实践基础
7. 节能减排应用基础
8. 计算机网络基础
9. 学术论文写作基础
10. TRIZ创新理论基础

（二）每门课程授课时长为12~18学时，授课班级分为大、小班，小班≤30人，30≤大班≤200人，并按等级对授课人予以课程建设经费资助（授课时长及班级形式须在教学大纲中注明）。

（三）每位授课人须在开课前上交详细的教学大纲及教学计划，教学大纲形式可参考往届科创课程教学大纲模板，也可自行设计，教学计划需包含详细的学时安排及教学内容。课程内容须安排有50%左右的实践授课环节，以更好地培养科技创新意识，增强学生的动手实践能力。

（四）课程考核方式须结合授课内容制定，原则上分为理论环节＋实践环节两部分，试卷在考试前一周上报校团委，内容应能考察所传授知识，课程考核应偏重实践部分的考核。

（五）课程时间由校团委根据实际情况进行统一安排，任课教师如有特殊情况需提前三天上报校团委。

四、报名程序

申请报名学生需填写《第十一批“大学生创新创业特色公开课”授课人报名表》（附件1），于10月16日11:30—13:30期间，将申报表纸质版上交至校学生科协办公室（启航354房间），相关文件电子版发送至heussta@163.com；邮件主题为“课程名称＋所在院系＋授课人”。校团委将对报名人员进行资格审查及面试，最终确定聘用人选。

联系人：李梓正；吴铁明

附件：

1. 第十一批双创公开课授课人报名表
2. 双创公开课教学大纲模板

共青团哈尔滨工程大学委员会
2017年10月12日

## 二、科创沙龙

科创沙龙是由校团委指导，校学生科技协会主办，各院系学生科协承办的，以“朋辈辅导”形式，由高年级本科生或研究生面向低年级本科生开展的沙龙类科技创新交流活动，是我校学生科技创新讲座论坛中的入门活动，截至目前已举办1 000余期。

【工作流程】

大学生“科创沙龙”工作流程

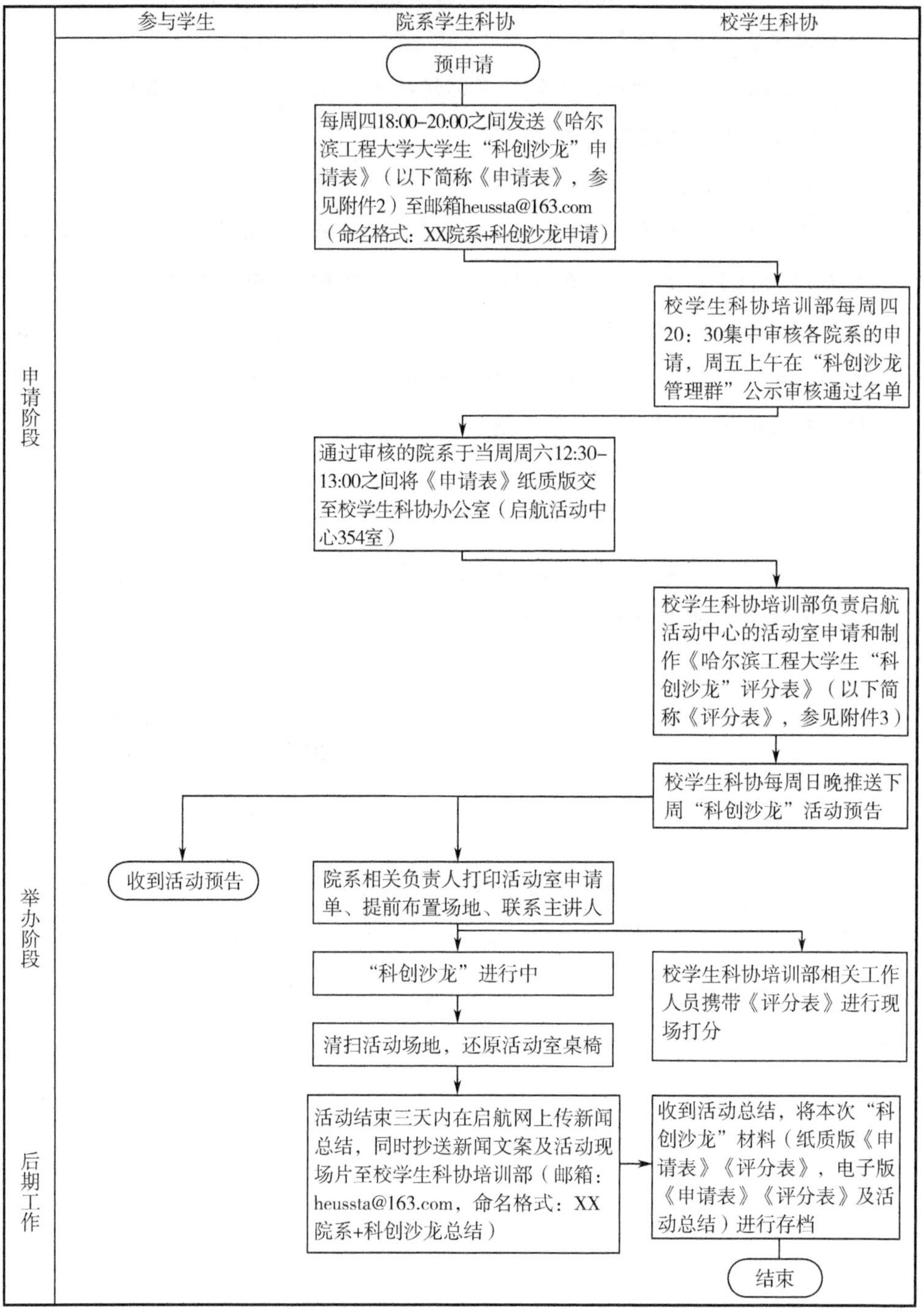


## 三、创业大讲堂

创业大讲堂是大学生创业联盟的一个品牌活动，由校团委主办，大学生创业联盟承办，旨在填补哈尔滨工程大学针对创业方面的讲座的空白，为同学提供一个更高的创业学习平台。通过邀请知名讲师、企业家以及创业成功者，为哈尔滨工程大学有志创业的同学介绍经验方法，引导大学生理性创业、科学创业、成功创业。

【工作流程】

**创业大讲堂工作流程**

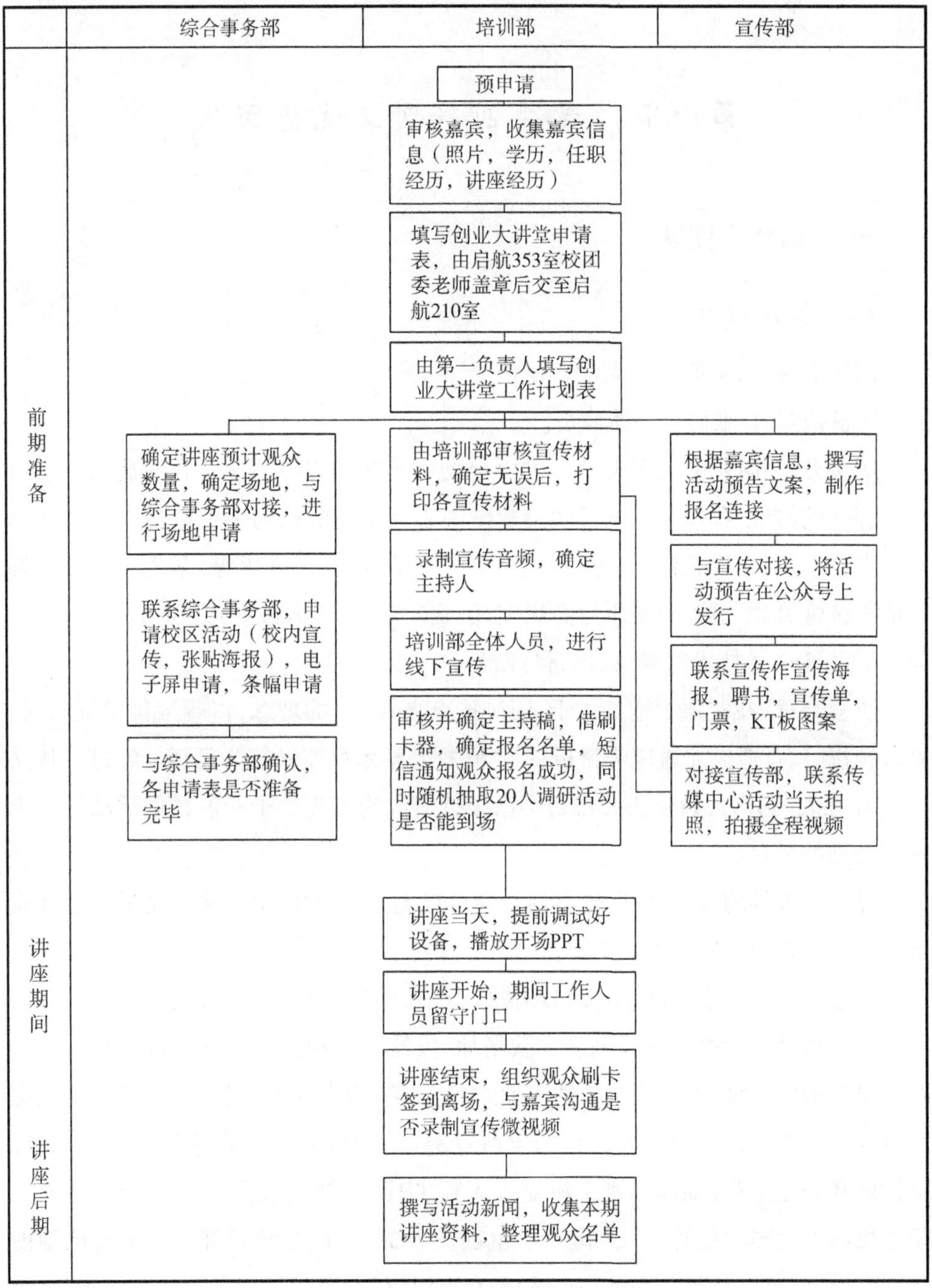

# 第三章 团队·个人篇

## 第一节 学生创新创业优秀团队

### 一、E 唯协会团队

(一)团队概况

团队名称:哈尔滨工程大学 E 唯协会。

团队成员:E 唯协会全体成员。

团队介绍:哈尔滨工程大学 E 唯协会成立于 2001 年 5 月 31 日,隶属信息与通信工程学院,是以我校电工电子实验教学中心为依托的面向全校电工电子类及其相关专业(包括自动控制、计算机科学、水声电子、机电一体化等)学生和专业爱好者的科技性社团。指导教师为高级实验师刘文智、李海波。E 唯(Electronic Vision)致力于电子技术的普及、提高与创新。

协会秉承“在实践中增长才干,用科技点亮人生”的理念,以凝聚科学氛围、拓宽科技视野、打造成才通道为目标,以活跃校园学术科技气氛为己任。经过一代又一代 E 唯人的努力,如今的 E 唯协会已被打造成为工程学子开展科创活动的一个非常理想的平台。

经过十五年的发展,E 唯协会累计会员已超过 10 000 名,并且在国家级和省级的各类比赛中屡次获得大奖。

协会以丰富课余生活、培养兴趣爱好、提高科技实践能力和创新意识为目标,为全校创新爱好者提供科技创新实践场地、仪器设备和技术指导。近年来协会成员主要参加国家级、省级和全校性专业学科竞赛(如全国大学生电子设计大赛、全国海洋航行器设计与制作大赛)、跨学科竞赛(如全国大学生数学建模竞赛)和综合性创新创业竞赛(如国际水下机器人大赛、中国机器人大赛、RoboMaster 全国大学生机器人大赛、“创青春”全国大学生创业大赛)。协会每年都会在全校范围内招收会员,为有志青年们提供一个发挥自己才能的平台。

## (二)创新历程

E 唯协会成立之初遇到了许多问题:研究方向的迷茫、创新设计的困惑、技术开拓的瓶颈、实践过程的曲折、社团建设的空白等。但 E 唯人并未因此而退缩,在以第一届主席骆振龙为核心的团队的领导下,同学们聚在 E 唯旗下,开始了具有探索意义的社团创建之旅。没有经费支持,就自己拉赞助,省钱买元件;缺少技术指导,就登门向老师求助;没有会员,就自发组织,一个寝室一个寝室的宣传;没有工作经验,就从开展电子制作开始,直击电子技术的大门。

哈尔滨工程大学 E 唯协会成立大会

凭着这份对科创的执着与热爱,按照"学、练、赛"相结合的发展模式,E 唯协会不断成长壮大,从一个寂寂无名的社团发展壮大到全校最大、知名度最高的科技类社团,出现了一批以"周瀚文"等人为代表的科创精英,在这些人的影响下,协会所有成员齐心协力,共同将协会做大做强。只有身处其中,你才会发现这里所传承的"不屈、不服、敢为天下先"的精神。也正是在这样的环境下,E 唯近年来硕果累累。仅在 2016 年一年中便已多次取得佳绩:其中包括 RoboSub 国际水下机器人大赛世界第六的好成绩, RoboMaster 全国大学生机器人大赛北方赛区七强、全国总决赛 32 强,以及中国工程机器人大赛物联网创意赛项目冠军。尤其是在中国机器人大赛中,E 唯协会的水下机器人雷霆出击,在"水下作业"和"水下对抗"项目中分别获得冠军和季军,充分彰显了自身实力。

1. 十五年中,E 唯人品尝过备赛过程中的汗水、泪水与血水

2007 年 11 月 13 日,是 E 唯协会代表学校出发前往天津参加全国大学生第十届挑战杯决赛的日子。然而,10 日,协会的电脑突然崩溃,比赛程序丢失;11 日,作品气垫船的船体在最后一次试验中遭到严重损坏;12 日晚,电路板烧毁。这些意

外，险些让大家一年的努力毁于一旦，但庆幸的是，大家凭着绝望中的一点点希望坚持到了最后，坚持到了胜利的那个时刻。

不轻言放弃是E唯人无论何时都不会忘却的信念，是E唯人披荆斩棘的法宝，是E唯人从不屈服于失败的宣言。

2. 十五年中，E唯人面对过比赛中的紧张与忐忑

2011年7月，E唯协会参加在美国举办的“第十四届RoboSub国际水下机器人竞赛”，这是世界最高级别的水下机器人竞赛，也是我国高校首次参加该项比赛。第一次出国比赛，面对如此强劲的对手，即便身经百战，队员们心里仍十分紧张，因为他们知道他们代表的不仅是E唯、哈工程，更是我们的祖国。克服了传感器失灵、电机故障等问题，队员们顺利地完成了比赛，首次参赛E唯就在28支来自世界各地的参赛队伍中，获得了第12名的好成绩，领跑日本、印度，取得亚洲参赛高校中的最好成绩。

勇于接受挑战是E唯人代代相传的精神，是E唯人不断进步的秘诀，是E唯人永恒的誓言。

3. 十五年中，E唯人体验过赛后的兴奋与自豪

2007年10月，E唯人携带“海天号”赴济南参加中国机器人大赛，摘得两金两银。特别是在空中机器人项目中，协会以超群实力出色完成了各种高难度飞行和空中搜索任务，包揽了空中机器人10 kg级和15 kg级两项目金牌，成为空中机器人比赛中的最大赢家。但是，让E唯人自豪的却不止于此，他们更以绝对的实力让所有人记住了哈尔滨工程大学这个名字。

强烈的使命感和责任感是E唯人不竭的力量源泉，是E唯人执着前行的动力，更是E唯人用十五年时光内化于心、外化于行的一种能力。

毕升，第六届“中国青少年科技创新奖”获得者之一，2010年07期《中国研究生》杂志封面人物。他和他的团队共同研制出了气垫船“风华1号”并获得国家发明专利。

郭天祥，2009届信息与通信工程学院硕士研究生，现任“祥鹏电子有限公司”总经理，目前公司年净利润100余万元，在校期间曾多次参加全国机器人大赛并获得优异成绩，并带领团队制作完成我校首个水下探测机器人作品——“探路者1号”。

刘勇，北方蓝芯科技开发有限公司创建人之一，在校期间曾在电子大赛、“挑战杯”“五四杯”等比赛中多次获奖。

郭天宇，“哈尔滨启航创新科技有限公司”创办人，在校期间曾在全国大学生电子设计大赛、中国机器人大赛、美信杯MEMS传感器应用大赛等大赛中多次获

奖,其科研立项“智能立体车库”被评为优秀作品,被学校科技展厅收录。

刘飞,机械设计制造及其自动化专业本科生,本科期间曾获全国大学生课外科技竞赛暨“挑战杯”国家二等奖,“挑战杯”黑龙江省一等奖;全国大学生电子设计竞赛黑龙江省一等奖;全国大学生节能减排竞赛三等奖、优秀奖;ACM 计算机应用大赛优秀奖;设计的作品被中国青年报、科技日报、黑龙江电视台、黑龙江日报等媒体先后报道……

(三)创新体会

十五年来,E 唯收获的不仅仅是一个个奖牌和奖杯,更重要的是探索出一种人才成长的路径,即通过基础培训和普及型科创赛事相结合,兴趣引领,低端接入的方式,让大家在学中玩,在玩中学。每年,学校近 20% 的大一新生在 E 唯协会接受科创入门辅导:流水灯的制作、常用基本模块的焊接、相关工具的使用、电路图的识别……这里,是梦想起飞的地方。

十五年来,E 唯协会累计招收会员 10 000 余人,每年 E 唯协会均有 10 余人因科技创新能力出色获得免试推荐硕士研究生资格,是全校科技队伍中实力强劲的一支团队,是省内乃至全国人数最多影响力最大的学生科技类社团。

十五年来,从 E 唯协会走出的科创英才中,有的已经自主创业,走上发展的快车线;有的仍然继续升学,厚积薄发,为将来的崛起积蓄能量。他们借助 E 唯这个科创平台,勇敢地走出了一条属于自己的科创之路,为后来人树立了一个个风向标。

十五年的努力与探索换来了今日的累累硕果,如今“要创新来‘E 唯’”的观念已深入人心。

十五年来,感恩的心伴随着 E 唯成长的每一步。

感谢学校、学院对 E 唯的大力支持,从实验场地到实验仪器工具,从活动经费、参赛经费到政策支持,每一个问题的解决都见证着学校对 E 唯的大力扶持和帮助。

感谢指导老师们的辛勤培育和无私奉献。数不清的日日夜夜里,始终陪伴大家奋战在第一线,同苦同乐,同悲同喜。

感谢每个 E 唯人。十五年来,是每个 E 唯人的努力成就了今天的 E 唯,打造了属于 E 唯人特有的形象标签,让 E 唯成为师生心目中一个团结的社团、一个创新的社团、一个与时俱进的社团!

感谢所有关心、支持 E 唯成长的人,感谢所有关心、支持学生科技创新的人,有你们的支持,E 唯的明天,定会荣曜秋菊,华茂春松!

E 唯十五年间在成长中收获,在收获中感恩,在感恩中期待更灿烂辉煌的未来。十年庆典,是E唯人薪火相传的里程碑;十五年庆典,是E唯人满怀豪情的新起点。E唯人相信,所有的成绩都将化为E唯人前行的动力,E唯定会再次谱写更加美好和绚丽的乐章!

(四)获奖情况

2005年,中国机器人大赛固定翼15 kg级亚军和固定翼5 kg级季军。

2006年,获"全国优秀学生社团"称号。

2007年,中国机器人大赛固定翼冠军、亚军。

2008年,雅虎"超级社团"全国第三名。

2008年,中国机器人大赛暨RoboCup公开赛"机器人水底采矿大学组比赛"冠亚军。

2008年,全国大学生嵌入式系统竞赛三等奖。

2009年,获"全国百强社团"称号,在科技类社团中排名第一。

2009年,团队成员毕升获"中国青少年科技创新奖"。

2010年,中国机器人大赛暨RoboCup公开赛"机器人水底采矿大学组比赛"冠军。

2011年,获全国"十佳社团"荣誉称号。

2011年,第十四届国际水下机器人竞赛第12名。

2011年,中国机器人大赛水中巡游,空中固定翼及空中旋翼三项冠军,水下采矿组亚军与季军,其他二等奖三等奖若干项。

2011年,黑龙江省航空航天航海车辆模型锦标赛中获多项冠军。

2011年,全国电子设计大赛四组选推国奖,两组省一等奖,三组省二等奖,三组省三等奖。

2011年,博创杯嵌入式大赛获二等奖两项。

2012年,中国机器人大赛暨RoboCup公开赛全国一等奖三项,二等奖、三等奖若干。

2012年,黑龙江省电子设计大赛省一等奖一项、二等奖三项、省三等奖若干。

2012年,博创杯嵌入式大赛二等奖一项。

2013年,全国挑战杯大学生课外学术科技作品竞赛三等奖。

2013年,中国机器人大赛暨RoboCup公开赛水下作业组冠军,其他类比赛一等奖四项,二等奖若干,三等奖若干。

2013年,全国电子设计大赛二等奖一项。

2014年,获"小平科技创新团队"称号。

2014 年,课程格子全国百强社团第一名。

2014 年,中国机器人大赛暨 RoboCup 公开赛冠军一组,季军两组,特等奖两组,一等奖两组以及海洋航行器一等奖一组。

2015 年,中国机器人大赛暨 RoboCup 公开赛一等奖一组,二等奖三组,三等奖若干及海洋航行器特等奖(所有作品中总分第一)。

2015 年,第四届海洋航行器设计与制作大赛全国特等奖。

2015 年,全国大学生机器人大赛暨 RoboCup 公开赛水下机器人总决赛一等奖五项。

2015 年,全国大学生机器人大赛暨 RoboCup 公开赛工程类项目一等奖一项,二等奖三项,三等奖三项。

2016 年,获黑龙江省"十佳社团"荣誉称号。

2016 年,Robomasters 全国大学生机器人大赛北方赛区七强,全国总决赛 32 强。

2016 年,中国大学生机器人大赛暨 RoboCup 公开赛物联网创意项目冠军,其余项目获一等奖两项。

2016 年,黑龙江省电子设计大赛一等奖两项。

2017 年,中国工程机器人大赛亚军一组,一等奖一组,二等奖四组。

2017 年,国际水中机器人大赛冠军一组,亚军两组,季军一组。

2017 年,中国水中机器人大赛水下作业项目冠军,水下对抗项目冠亚军。

2017 年,RoboSub 国际水下无人机器人大赛全球第四名。

2018 年,RoboSub 国际水下机器人大赛全球总冠军。

## 二、创翼科技社团队

### (一)团队概况

团队名称:"创翼"创新团队。

团队成员:"创翼"科技社全体成员。

团队介绍:"创翼"创新团队是由哈尔滨工程大学有志于自动化技术、机器人技术研究与创新的青年大学生自发组成的,"创翼"意为创新的翅膀。成立五年来,团队以"弘扬科技,服务师生"为宗旨,培训指导学生 5 000 余人次;参加国际、国内自动化、机器人类赛事 20 多项,获奖 400 余项;学生自研创新项目成果 500 余项;发表科技论文 40 余篇,在《Journal of Neurocomputing》《Journal of Modern Optics》SCI 期刊检索 2 篇、EI 检索 5 篇;申请专利和软件著作权 30 余项;60 余名团队成员保送研究生。

本社团依托于自动化学院和大学生自动化技术创新中心,旗下设有创新实验室、机器人技术创新实验室、飞思卡尔创新实验室、创新开发与制作实验室、机械加工与制作实验室。这是一个新兴的有活力的社团。创翼科技社是哈尔滨工程大学一个学习科创的良好平台,这里的同学们全都爱好科创,各大团队在各种校内校外的科技创新比赛中屡创佳绩,获得各种奖项。这里有精通单片机、ARM、DSP、FPGA 等各路大神。加入创翼科技社,你将有更多的机会接触科创,学习科创方面的相关知识,参加各种各样的科技创新比赛,如校启航杯、校五四杯、电子设计大赛、飞思卡尔杯全国大学生智能车竞赛、“西门子”杯工业自动化挑战赛、电脑鼠走迷宫大赛、RoboMaster 机器人大赛等。

(二)创新历程

创翼科技社成立之初遇到了许多问题:研究方向的迷茫、创新设计的困惑、技术开拓的瓶颈、实践过程的曲折、社团建设的空白等等。但创翼人并未因此而退缩,在以第一届主席顾衍明为核心的团队领导下,同学们聚在“创翼”旗下,开始了具有探索意义的社团创建之旅。没有经费支持,就自己拉赞助,省钱买元件;缺少技术指导,就登门向老师求助;没有会员,就自发组织,一个寝室一个寝室地宣传;没有工作经验,就从简单机器制作开始,直击自动化机器人的大门。

2010 年,一种体积小、速度快、能自主规划路径的电脑鼠跑进了张云浩、李超、李京同学的眼中。美国、日本、新加坡大学生们在电脑鼠研究中取得的成果大大激发了同学们的兴趣,“我们也要做出一款先进的电脑鼠”！带着这个想法,同学们查资料、买器件、制作、调试,失败了,再调试。在实验室吃、住是常事:没地方睡就睡在场地上;来不及吃饭就啃面包……终于在 2012 年全国电脑鼠走迷宫竞赛总决赛上,首款大陆学生自己设计制作的灵巧电脑鼠出现在赛场上,只见它“快如飞车、稳如磐石”,特别是“创翼人”李京同学首次将“假想法”用在迷宫搜索中,使搜索速度与效率大大提高,得到竞赛组委会特别认可,并专门为此颁发了全国唯一一个创新奖。这就是“敢为天下先”的创翼人!

从 2011 年起创翼科技社在各个比赛里渐露头角,在第一次人工智能掀起浪潮的时候,创翼人已经在全国电脑鼠走迷宫挑战赛中多次获得佳绩,成为了时代的弄潮儿。

在 2012—2016 年间创翼人在“飞思卡尔创意赛”的赛场上也展现出了自己的风采,曾多次斩获全国一等奖的佳绩,其作品球平衡机器人、爬墙机器人等在“启航杯”“五四杯”等多个赛事中都为专家所称赞。

创翼科技社赴北京中国石油大学参加 2017 年 RoboMaster 大赛

“一群机器人如何才能协作呢？机器视觉据说很有意思呀！”带着这样的想法，2014 年，团队中顾衍明、张永奇等同学又将目光瞄准了全国大学生 RoboMaster 机器人大赛。“创翼人”组建的“工程 RM 战队”在小组赛中以第一名成功出线后，紧张的全国总决赛准备工作开始了。队员从平时熬夜到晚上两三点变到了四五点，就在这种高度紧张的环境中，有战友训练中捡着子弹就倒在纸箱里睡着了，子弹还在他手里闪闪发光；有战友疲劳操作大拇指被电锯锯伤了，我们至今无法忘记，他饥伤交迫晕倒，但第二天又持着吊脖大纱布的手出现在实验室的场景；更有战友们风雨中，肩扛沉重的沙袋、手拖厚重的板材，只为搭建的模拟战场更真实。这就是有着军工品质的“创翼人”！

从 2015 年至今，大疆公司掀起了第二次人工智能的浪潮，其举办的“RoboMaster”全国大学生机器人大赛，在全球受到了高度关注。每年共有来自海内外的两百多所高校队伍参与其中，这里面不乏像新加坡南洋理工大学、华盛顿大学、香港科技大学等全球顶尖的学校。时任队长的顾衍明，感到压力很大，进军全国赛的路途十分艰难。可创翼人从不畏难，敢于迎难而上，在备赛的最后几个月，队员们都是白天上课晚上加班加点地干活，累了就窝在纸壳箱里睡一会儿，醒了就继续干活。最终在备赛周期内完成了全部七台机器人的制作调试工作。

在北京为期一周的比赛里，队员们也一直在对机器人进行维护、修理和改进工作，累了就直接睡在赛场的地板上，十分辛苦。功夫不负有心人，在那年比赛里，创翼赢得了北部赛区季军的好成绩。在同年八月份深圳的全国总决赛里，队员们齐心努力，克服了电机损坏、控制电路烧毁等问题，一路杀进十六强，可在十六进八的前夜，意外再次发生，一台机器人的腿发生了断裂，实在无法修复，最终创翼人无缘八强。

在2017年备赛期间，由于学校政策及各种各样情况的发生，老一批的学长们陆续离开了实验室，创翼一下子失去了绝大部分的力量，可是还有执着的队员存在，他就是李帅阳，当时的实验室只剩他一个大三的同学，他一人身兼数职，既是项目管理者，又是队长，带领着为数不多的队员们准备比赛。人少了，可是创翼的精神还在，大家齐心协力，一晚通宵只为修改一个BUG、几个小时不动只为打印出最完美的零件、七八个小时的工作只为及时雕刻出需要的零件。经过了十几个人几个月的辛劳工作，最终在比赛前夕完成了机器人的制作，并在当年的北部分区赛成功出线挺进三十二强

队伍年年换，可是创翼人的精神没变，每年在RoboMaster的赛场上都可以看到创翼人拼搏的身影，一代代的创翼人都在时代的潮流中激流勇进，机器视觉、嵌入式控制系统、人工智能等新型技术在发展，创翼人也在学习、进步，在朝着梦想稳步向前。

（三）创新体会

经历过多年比赛项目，团队每个人对于机器人有了更深入的认识。刚开始大部分同学什么也不会，从零开始学习。从51单片机到32，从流水灯到机器人控制，到最后的每个人都能够在自己擅长的领域里独当一面。写控制程序的同学能够编写一套完整的机器人控制程序；做机械的同学可以设计并制造出符合要求的机械结构；做硬件的同学则可以设计出要求的模块让机器人拥有完整的神经系统。团队成员对彼此也有了更深的了解，成为密不可分的伙伴，同时也让大家明白做项目时最重要的是团队合作，一个人的能力是有限的，很难顾及方方面面，而且成员每个人擅长的方面也不同。合理的任务分配，发挥个人不同的长处，能加快项目的进行。在项目进行过程中，遇到了很多困难，有的时候觉得已经到了崩溃的边缘，但是因为大家相互之间的鼓励以及信任，再一次充满斗志，努力寻找解决方法，最终战胜困难。经过比赛和演出，团队也有了解决突发情况的能力。虽然项目刚开始时困难重重，但是在大家的共同努力下，问题一点一点被攻克，最终成功地制造出了属于自己团队的机器人战队。当全部机器人完成所有要求时的喜悦，每个人都不会忘记。通过这些经历，大家体会到科创整个过程虽然是充满艰难的，但它同时也伴随着欢乐。

（四）获奖情况

2012年，全国电脑鼠走迷宫竞赛总赛区一等奖。

2012年，全国电脑鼠走迷宫竞赛总赛区二等奖。

2013年，第三届“塞佰特杯”全国大学生物联网创新应用设计大赛团体特等奖。

2013 年,中国大学生 iCAN 物联网创新创业大赛东北赛区一等奖。

2013 年,全国电子设计竞赛黑龙江赛区一等奖。

2013 年,全国电子设计竞赛黑龙江赛区三等奖。

2013 年,交通科技大赛全国二等奖。

2015 年,全国电子设计大赛国家一等奖。

2015 年,全国电子设计大赛国家二等奖。

2015 年,全国机器人大赛“RoboMaster”东北赛区一等奖。

2015 年,全国机器人大赛“RoboMaster”全国总决赛二等奖。

2016 年,小平科技创新团队。

2016 年,飞思卡尔智能车竞赛东北赛区一等奖。

2016 年,飞思卡尔智能车竞赛东北赛区二等奖。

2016 年,全国机器人大赛“RoboMaster”北部赛区一等奖。

2016 年,全国机器人大赛“RoboMaster”全国总决赛二等奖。

2017 年,国家大学生创新创业训练计划多项。

2017 年,全国机器人大赛“RoboMaster”北部赛区一等奖。

2017 年,全国机器人大赛“RoboMaster”全国总决赛三等奖。

2018 年,全国机器人大赛“RoboMaster”北部赛区三等奖。

## 三、海洋航行器团队

### (一)团队概况

团队名称:哈尔滨工程大学海洋航行器设计与制作大赛参赛团队。

团队成员:在校两百多位本科生、研究生。

团队介绍:哈尔滨工程大学海洋航行器设计与制作大赛参赛团队成立于 2012 年,是基于全国海洋航行器设计与制作大赛组建的科技创新团队。第一届“全国海洋航行器设计与制作大赛”于 2012 年 8 月 27—28 日在西安市西北工业大学举行,由工业和信息化部支持,中国船舶工业集团公司、中国船舶重工集团公司和中国造船工程学会主办,西北工业大学承办。

目前团队成员已发展到二百余人。参赛团队成员均由在校学生组成(包括本科生、研究生),覆盖面涉及学校船舶与海洋工程学院、航天与建筑工程学院、能源与动力工程学院、自动化学院、水声工程学院、计算机工程学院等多个院系多个学科专业的同学。本着学以致用的原则,同学们都能把自己所学的专业知识应用到实际中来,同时不同学科间的同学们还可以互相交流、相互学习,真正做到学科交叉与合作。参赛团队的指导老师均为本校各个院系的在职教师，凭借多年的经验，指导了大量的学生参加比赛并获得了很好的成绩。

（二）创新历程

1. 航行器大赛的举办——初入正轨

第一届海洋航行器设计与制作大赛包括三个类别，分别为：海洋航行器新概念创意设计；海洋航行器设计制作；海洋航行器智能航行。为了参加本次比赛，我们在学校内进行了广泛的宣传，吸引了来自各个院系同学们的踊跃报名。参赛团队成立之初按照成员的制图、动画、动手实践设立了三个小组，三个小组的成员对应参加海洋航行器新概念创意设计，海洋航行器设计制作，海洋航行器智能航行等三类比赛。除此之外，我们为每一组邀请了相关学科专业教师进行指导。在这样的背景下，我们成立了海洋航行器设计与制作大赛参赛团队。

团队的发展离不开学校的大力支持，在此我们十分感谢学校为我们提供的实验与研究场所、经费支持、指导老师的配备。

2. 国家海洋战略的部署——持续发展

随着国家对海洋的日益重视，国家对海洋的投入越来越大，航行器大赛也在逐步发展，比如在第四届比赛中新加入了智能帆船类，第七届比赛中加入了对岸炮火支援类的比赛。我们的团队也得到了进一步的发展。在六届比赛过程中，我们成立了船舶科技创新实验室，并逐渐形成了师资力量雄厚，成员能力突出，设备专业，门槛低，产出高的科技创新团队。团队成员在一起共同完成了 7 个类别的比赛。

**海洋航行器团队于 2017 年 8 月在西安市参加第六届全国海洋航行器设计与制作大赛**

A. 新概念创意设计类

其要求我们拥有设计的创新点或总体布局创新。对于这一类作品，我们进行了大胆的设计和创新,并通过三维建模、动画制作、说明书和实物模型的方式来展示我们作品的计算过程、实施方案、技术发展途径及显示及潜在应用的可行性分析。

B. 航行器设计与制作

其主要鼓励我们锻炼自己的动手制作能力。我们需要通过雕刻机、3D 打印机等相关设备进行实物的制作,并通过相关程序进行作品的功能演示。我们的作品通过学校老师的指导,紧跟时代步伐,比如说现如今比较热门的能源可持续发展方面,抢滩登陆海军装备方面等等,学生们在这方面研究的作品就更容易比在别的方面的作品获得高分。这类作品除了需要相关的设计制作外,最重要的是作品的调试。尤其是水下航行器作品的调试,其涉及作品重心浮心的调节,整体运动姿态的调试等。在其中我们得到了很多的锻炼。

C. 舰船模型智能航行

这类比赛主要通过在船上添加红外信号或超声波接收器,使之能够通过收到外部信号后,向相应方向运动,成功过信号门。这要求我们的队员选择合适的船型,通过自动控制原理设计实现功能。在比赛中每组航行次数为 3 次,取 3 次中最好成绩为最终成绩。因场地情况(包括有无池壁反射、有无信号盲区、有无太阳光照射干扰等)对 C 类作品所采用方案影响很大。这就要求我们不断调试,更改方案,使我们能够成功过门,并且得到较好的成绩。

D. 名船名舰模型仿真制作

这个类别的比赛对我们的动手能力要求很高,我们需要通过木条粘贴、3D 打印等手段制作一条与现有船舶完全相同的船模。其中包括制作、刮腻子、涂漆等手工加工,可以说这类作品是所有比赛类别中外观最精美的项目。在第六届比赛中,我校的一个作品,除了制作实物模型外,还加入了舵机控制上层建筑运动和灯光效果,在最终评比阶段得到了一等奖,为以后的作品制作提供了有效经验。

E. 船模竞速赛

这类比赛对作品的速度有较高要求,分为常规组和改装组。大家为了更高的速度设计了不同类型的船模外形,甚至自己设计了与电机匹配的螺旋桨,只为得到最小的阻力和更高的动力。我们这组的组员通过集体努力,共同研发快速船型,不断试验,勇于创新,最终确定了相应性能最优的船型,最终在每次的比赛中均能获得较好的成绩。

F. 帆船模型竞速赛

首届帆船模型竞速赛举办于第四届比赛。由于是首届比赛,当时我们的帆船团队做了大量的前期准备,无论是在设计船型、总体布局、帆形、过门策略等方面我们都做了大量的努力。最终采用首部云台设计加顶帆红外对管的方案。其中我们花费了3个月的时间进行调试,对每条船都进行了大量的试验,没日没夜地待在水池旁边,与老师进行了大量的讨论,学习了大量帆船相关的知识,增长了帆船航行的经验。功夫不负有心人,那次比赛我们包揽了所有的特等奖,所有作品都获得了一等奖及以上奖项。

G. 对岸火力支援模拟竞赛

这类比赛是在第七届比赛中新加入的比赛看点。这个比赛要求参赛者控制各型海洋航行器,在规定场地内按预定路线航行,同时完成定点对岸目标射击。我们针对此比赛设计了新的船型,新的推进方式。使得整体航行更平稳,航行速度更高,便于射击及高速航行。

3. 学校学院的支持——美好未来

目前我们又建立了船海智能实验室,制作的作品获得了各类立项资助,搭建了4 m×13 m的新水池,针对相应类别的比赛又安排了比赛的专项经费,并不断地招募了新的成员,增加了教师的数量。越来越多的人员加入我们的团队中,团队内包含动画、建模、自动控制,采取传帮带的教授方式,让更多人加入团队之中,真正实现了低门槛、高产出,共同完成比赛。相信我们的明天会越来越好。

(三)创新体会

全球化的今天,没有与世隔绝的孤岛。习近平总书记提出,建设海洋强国必须大力发展海洋高新技术,重点在深水、绿色和安全。提高海洋资源开发能力,发展海洋经济,海洋科技就是中国这艘巨轮挺进深海的动力和风帆,而海洋科技的发展背后是无数科研人员努力的结果,在建设海洋强国的大时代背景下,党和国家急需大量海洋领域的储备人才。

本着"崇尚科学、实践求知、锐意创新、面向海洋、服务国防"的宗旨与目的,海洋航行器设计与制作大赛积极地响应了国家建设海洋强国的号召。到第六届海洋航行器设计与制作大赛为止,每一届比赛国赛组委会产生大量优秀的比赛作品,在这些作品中,部分作品创意新颖,解决了当前海洋领域的一些难题,具有很好的现实意义与价值。

在构建人类命运共同体的大时代背景下,尤其国家提出"一带一路"实施战略以来,建设海洋强国显得尤为重要。作为当代大学生的我们能做的不只是努力学习科学文化知识,我们应该把眼光放得更远些,格局更高些,胸怀更宽广些。随时关注国家海洋发展动态,瞄准国家急需解决难题的领域,树立一种献身国防的理念,结合自己所学的专业知识,为国家发展做出贡献。海洋航行器设计与制作大赛只是给了我们一个小平台,让我们展示自己的创意作品,我们仍可以把这种比赛成果转化为学术论文或专利,在学术领域去发表,展示当代大学生的本色。

(四)获奖情况

2012 年,第一届全国海洋航行器设计与制作大赛,水下滑翔科考机器人,全国特等奖。

2012 年,第一届全国海洋航行器设计与制作大赛,仿生蝠鲼机器鱼,全国特等奖。

2012 年,第一届全国海洋航行器设计与制作大赛,柔性底推进船,全国特等奖。

2012 年,第一届全国海洋航行器设计与制作大赛,智能水下机器人,全国特等奖。

2012 年,第一届全国海洋航行器设计与制作大赛,多功能水下勘探机器人,全国特等奖。

2012 年,第一届全国海洋航行器设计与制作大赛,哈工程智能航行,全国特等奖。

2013 年,第二届全国海洋航行器设计与制作大赛,一种十字形的抗风浪潮流能发电装置,全国特等奖。

2013 年,第二届全国海洋航行器设计与制作大赛,磁耦合水下机器人自主充电系统,全国特等奖。

2013 年,第二届全国海洋航行器设计与制作大赛,智能水下机器人,全国特等奖。

2014 年,第三届全国海洋航行器设计与制作大赛,新型动力推进装置和凹槽减阻的两栖碟形深潜器,全国特等奖。

2014 年,第三届全国海洋航行器设计与制作大赛,太平号,全国特等奖。

2015 年,第四届全国海洋航行器设计与制作大赛,船舶遇险自动求救报警器,全国特等奖。

2015 年,第四届全国海洋航行器设计与制作大赛,水下智能自主搜救机器人,全国特等奖。

2015 年,第四届全国海洋航行器设计与制作大赛,基于 ROV 的水陆两栖机器人平台,全国特等奖。

2015 年,第四届全国海洋航行器设计与制作大赛,三栖运载器,全国特等奖。

2015 年,第四届全国海洋航行器设计与制作大赛,大工至善号,全国特等奖。

2015 年,第四届全国海洋航行器设计与制作大赛,“HEU 白鲨”智能帆船,全国特等奖。

2015 年,第四届全国海洋航行器设计与制作大赛,“HEU 巨鱿”智能帆船,全国特等奖。

2016 年,第五届全国海洋航行器设计与制作大赛,“Sea Crawler”综合型 ROV 爬行器,全国特等奖。

2016 年,第五届全国海洋航行器设计与制作大赛,线性振荡浮子式波浪能发电装置,全国特等奖。

2016 年,第五届全国海洋航行器设计与制作大赛,两栖登陆艇,全国特等奖。

2016 年,第五届全国海洋航行器设计与制作大赛,新型水空两栖检测机器人,全国特等奖。

2016 年,第五届全国海洋航行器设计与制作大赛,竞速得梅因号,全国特等奖。

2016 年,第五届全国海洋航行器设计与制作大赛,竞速斩风号,全国特等奖。

2016 年,第五届全国海洋航行器设计与制作大赛,东泊祺峪号,全国特等奖。

2016 年,第五届全国海洋航行器设计与制作大赛,世昌_Sailing,全国特等奖。

2016 年,第五届全国海洋航行器设计与制作大赛,郑和_Sailing,全国特等奖。

2017 年,第六届全国海洋航行器设计与制作大赛,“海鸥 II”水空两栖无人艇,全国特等奖。

2017 年,第六届全国海洋航行器设计与制作大赛,仿生型混合驱动水下滑翔机,全国特等奖。

2017 年,第六届全国海洋航行器设计与制作大赛,模块化低成本自主式水下无人航行器,全国特等奖。

2017 年,第六届全国海洋航行器设计与制作大赛,“哈工程 2 号”智能帆船,全国特等奖。

2017 年,第十五届“挑战杯”全国大学生课外学术科技作品竞赛二、三等奖。

2017 年,第三届中国“互联网 +”大学生创新创业大赛银奖两项。

2018 年,第七届全国海洋航行器设计与制作大赛,“支点”水下救援打捞机器人,全国特等奖。

2018 年,第七届全国海洋航行器设计与制作大赛,特种高速快艇,全国特等奖。

2018 年,第七届全国海洋航行器设计与制作大赛,无人水质监测船,全国特等奖。

2018 年,第七届全国海洋航行器设计与制作大赛,“哈工程五号”智能帆船,全国特等奖。

2018 年,第七届全国海洋航行器设计与制作大赛,“哈工程四号”智能帆船,全国特等奖。

## 四、ACM 实验室团队

### (一)团队概况

团队名称:哈工程 ACM 大学生程序设计竞赛代表队。

团队成员:马兴华、魏牧远等三十余位本科生。

团队介绍:ACM 国际大学生程序设计竞赛(ACM - ICPC)是由久负盛名的权威性组织——美国计算机协会主办的一项旨在展示大学生创新能力、团队精神和在压力下编写程序、分析和解决问题能力的年度竞赛,目标是培养新一代科学与信息技术领域的人才。

在 IBM 开展的众多学术活动中,赞助 ACM - ICPC 赛事占有十分重要的位置。此举旨在促进开放源代码编程技巧的发展,培养更具竞争力的 IT 工作人员,从而推动全球创新和经济增长。

竞赛规定每支参赛队伍至多由三名在校大学生组成,选手需要在规定的五个小时内解决八个或更多的复杂实际编程问题。每队使用一台电脑,参赛者争分夺秒,与其他参赛队伍比拼逻辑、策略和心理素质。

竞赛的评判过程十分严格。竞赛分发给选手的是问题陈述,而不是要求须知,选手会收到一个测试数据实例,但无法获得裁判的测试数据和接受标准方面的信息。若每次提交的解决方案出现错误,就会受到加时惩罚。在最短的累计时间内,提交次数最少、解决问题最多的队伍就是最后的胜利者。

我校的 ACM 实验室是基于该比赛,并且隶属于计算机科学与技术学院的科技创新实验室,是我校 ACM - ICPC 代表队的训练地点。我校 ACM - ICPC 代表队自创建以来每年代表我校参加各级 ACM 赛事并在各级赛事中都取得了优异的成绩,曾承办并参加了 2010 年 ICPC 世界总决赛,并在当年亚洲区域预选赛上摘金出线,且参加了次年在美国奥兰多举办的 ICPC 世界总决赛。

### (二)创新历程

哈工程 ACM 大学生程序设计竞赛代表队由我校大一至大三本科生组成,共计三十余人,在役选手以三人为一组,共分为了九组,其中马兴华、魏牧远是团队负责人。起初大家来自各个班级,通过校赛的选拔进入赛队,大家开始了自己的 ACM

生涯。在队员们纷纷成立起小组之后,大家便朝着赢得比赛的目标前进,并积极地做着准备,虽然大家在训练和配合的过程中遇到了很多困难和挫折,但是大家也在通过自己的努力去解决问题。后来,大家彼此渐渐熟悉了起来,和指导的老师们与学长学姐们也越来越亲密无间,团队在大家的指导与彼此的协作间越来越步入正轨。在持续备战比赛的时间里,不仅学长和老师的指导越来越深入,团队间的训练也在不断增加,大家一方面做着网络上的比赛来拓展思维,一方面不断学习新的算法,保持思维高度的活性。在大家不断的训练中,团队配合也越来越默契,每个人都更加明确了自己在团队中的定位,编程的任务一下来大家就投入到积极的设计中去,效率大大提高。

**哈工程 ACM 代表队代表学校参加 ACM－ICPC 中国大学生程序设计竞赛**

团队是一直为各大计算机程序设计竞赛备战的,但每次比赛都有着其个性和特点,有其侧重,就像团队里的九个组一样,也各有自己擅长的优势。这样一来,究竟是哪个组参加哪场比赛的划分重任就落在了每一届团队的队长身上。这一次,根据比赛给出的名额以及各个小组的网络排名和自身优势,马兴华权衡利弊,对小组进行了划分,参赛的小组更加努力地为比赛做准备,而暂时不参赛的小组也会依旧保持训练。对参赛者来说,策略是重中之重,每个队员显然心知肚明,都会根据组内队员的特性及长处来制定最适合自己战队的策略来进行答题,虽然每个队伍的策略不尽相同,但不得不说,每个队伍的策略都很符合队伍本身的特点。例如我校一队,他们备战和比赛都有着个性的策略,他们会在临近比赛前做各大洲的比赛题,去适应各种题型各种难度,并拿出和正式比赛完全相同的五个小时来对自己战队进行模拟训练,以此来让队员在赛前加强自己的能力,拓展团队题型储备,调整好队员的心态,适应比赛的强度,并熟悉自己队伍的答题策略。2018 年 5 月,哈工程 ACM 代表队参加了 ACM－CCPC 东北地区大学生程序设计竞赛,比赛是全英文出题，全英文答题，规定时间共五个小时，题目在10到13道之间，三人队伍需要尽自己最大努力在这段时间内答出尽可能多的题，队伍每提交一次错误答案的话，会在总时长上加20分钟，前四个小时可以看到所有人的进度，最后一个小时是看不到的，最终按照先看正确率后看时间的方法对各个组进行排名，按比例发放10%的金牌、20%的银牌和30%的铜牌。比赛开始，我校一队便按照之前准备的策略开始了答题，由一人来写出编程需要的代码，一人按照从前往后看的顺序答题，遇到会的就直接写上，不会的就暂且搁置，而另外一人则看题目较短的题，同样，也是会的就直接去做，不会的先行放过，在把会的题完成大部分后，两人一组对较难的题目进行讨论，另一人继续完成能做出来的题，按照这样的策略，他们在前四个小时一直位于银牌的上部，但离那10%的金牌线还有一点差距。最后的半个小时，他们没有一丝放弃的想法，经过不断努力和尝试解决了编程设计中的瓶颈，完成了正确的提交。果然，功夫不负有心人，在最后宣布获奖名单的时候，三个人紧张而又兴奋地等待着银牌的名单，银牌的名单宣布完毕后，还没有听到队名，此时虽然还没有念到金牌队，但他们心中早已获知了这个从天而降的巨大喜悦，早已明白靠着团队三人的协作努力他们夺得了属于自己的荣誉，大喜之情不禁溢于言表。策略的重要性是不可忽视的，但努力拼搏和不到最后一刻不认输的坚持亦不可小觑。同样，这个策略在同年6月份参加的ACM－ICPC中国大学生程序设计竞赛中亦发挥了非常重要的作用。与东北赛的境遇类似，最后时刻他们又陷入了一道难题造成的囹圄之中，这一次，他们谨记上次夺得金牌的经验，依旧没有放弃答出问题的可能性，此前提交过的一道题无论怎么提交都不通过，在队员们认真细致地讨论之后，发现了编程上存在的问题，对其编程进行一定的修改后再进行了提交。不出意外，这次规模更大、难度更高的比赛，仍然回报这个奋力拼搏的团队以金牌的赞赏。拼搏的精神令人赞扬，而持之以恒的努力更值得大家敬佩，赛场的成绩靠的不是一时运气，而是整个大团队全体成员一直备战不放弃的训练日常，这是最令人钦佩的地方。哈尔滨工程大学计算机学院ACM程序设计团队经历了刚开始时候的成员招募，然后用一次次比赛协作磨合，到现在亲密无间、高效运作的团队，这个团队中每一个成员都在伴随着团队一起在成长，慢慢变得成熟。曾经，他们都还是举目四顾皆茫然的入学新生，不知大学生活该从哪里迈出脚步；曾经，他们在这个团队中手足无措茫然若失，不知道自己的定位和职责。而如今的他们，早已是团队中不可或缺的一分子，每个人凑在一起，才能组成这个完整的团队。是团队接纳了他们，也是团队在指引着他们，他们一方面被团队所容纳，一方面又在倾尽全力为这个整体争得荣誉来维护这个团队。创新是艰辛的，而团队却让他们无畏一切困难险阻，并从中找到属于自己的那份乐趣，每当程序成功运行的时候，也是他们最开心的瞬间。当比赛任务分配下来时，他们都会有一部分契合他们自身编程特长的程序任务，他们是合作无间的团队，从最开始时的克服困难，到最后大家齐心协力迈向成功，是指导老师和学长们的培养，给予他们充足的锻炼机会，他们才有幸能磨合得真正像一支团队。他们是辛苦的，也是幸运的，虽然前路坎坷，但身旁有志同道合的队友，有贴心的师兄师姐，有和蔼可亲的指导老师，哈工程 ACM 大学生程序设计竞赛代表队将永远信心满满、动力十足地走在这条征战之路上。

（三）创新体会

知识创新和技术创新，是一个国家和民族赖以发展的生命线。创新是一个民族的灵魂，认识创新，理解创新，有创新意识，才会有创新的行动，才会取得创造的成果。大学生需要具备创新能力，其中包括丰富的知识和较强的学习能力，强烈的创新意识和多维的创新思维，科学的批判精神和探索精神，高瞻远瞩的战略思维能力，强烈的实践意识和较强的实践能力。我校计算机与科学学院 ACM－ICPC 程序设计团队致力于创造、发展、交流和应用新的想法，使之转化为市场适销的商品与服务的活动。展开想象的翅膀是创新的前提。创新是人类社会发展进步的动力，时代需要创新型人才，这是事业成功的根本。创新能力的培养是素质教育的核心，它依据人的发展和社会发展的需要，以全面提高学生的能力为根本目的，以尊重学生主体和主动精神，注重开发人的智慧潜能和形成人的健全个性为根本特征，大学生创新能力的培养正需要不断加强，以适应知识经济和社会经济发展的需要。我校 ACM－ICPC 团队通过各种实验和比赛的历练，对创新能力进行了培训，对创新能力的内涵、意义和重要性也有了比较全面的认识，从而获得对于自己工作岗位更强的适应力。

（四）获奖情况

2007—2009 年，ACM－ICPC 亚洲区域预选赛 2 银 6 铜。

2010 年，进入 ACM－ICPC 世界总决赛（第 34 届 ACM－ICPC 世界总决赛在我校举行）。

2010 年，ACM－ICPC 亚洲区域预选赛金奖。

2011 年，进入 ACM－ICPC 世界总决赛（第 34 届 ACM－ICPC 世界总决赛在美国奥兰多举行）。

2011—2014 年，ACM－ICPC 亚洲区域预选赛 7 银 15 铜。

2011—2014 年，ACM－CCPC 东北地区赛 6 金 9 银 11 铜。

2011—2014 年，ACM－CCPC 黑龙江省省赛 10 金 20 银 14 铜。

2015 年，ACM－ICPC 亚洲区域预选赛 1 银 8 铜。

2015 年,ACM - CCPC 中国大学生程序设计竞赛银奖。

2015 年,ACM - CCPC 东北地区赛 1 金 3 银 4 铜。

2015 年,ACM - CCPC 黑龙江省省赛 1 金 5 银 4 铜。

2016 年,ACM - ICPC 亚洲区域预选赛 2 银 4 铜。

2016 年,ACM - CCPC 中国大学生程序设计竞赛银奖。

2016 年,ACM - CCPC 东北地区赛 1 金 3 银 3 铜。

2016 年,ACM - CCPC 黑龙江省省赛 1 金 5 银 3 铜。

2017 年,ACM - ICPC 亚洲区域预选赛 1 银 6 铜。

2017 年,ACM - CCPC 中国大学生程序设计竞赛 3 银 3 铜。

2017 年,ACM - CCPC 东北地区赛 1 金 3 银 3 铜。

2017 年,ACM - CCPC 黑龙江省省赛 3 金 3 银 3 铜。

2018 年,ACM - ICPC 中国大学生程序设计竞赛 1 金 1 银 1 铜。

2018 年,中国大学生程序设计竞赛 - 女生专场铜奖。

2018 年,ACM - CCPC 东北地区赛 1 金 2 银 4 铜。

2018 年,ACM - CCPC 黑龙江省省赛 2 金 6 银 3 铜。

## 五、数学建模创新团队

### (一)团队概况

团队名称:哈尔滨工程大学数学建模创新团队。

团队成员:教师 21 人。

团队介绍:哈尔滨工程大学数学建模创新团队始建于 1999 年,成立至今团队逐渐壮大,现团队拥有教师 21 人,于理学楼 406 房间设立哈尔滨工程大学数学建模创新实验室。实验室现有高性能电脑、激光打印机、各种常用的数学软件以及各类常用的教学工具,为建模提供实战环境。团队承担全校数学建模课程,数学系专业课,以及数学实验等课程的教学任务。同时团队还承担每年 4 月“东北三省数学建模竞赛”、9 月“全国大学生数学建模竞赛”、“全国研究生数学建模竞赛”、2 月份“美国国际数学建模竞赛”等 4 项大型赛事,以及“深圳杯”大学生数学建模挑战赛、“中电十所大学生数学建模竞赛”等一系列相关竞赛指导及组织工作。近年来,团队积极响应学校“平原之上竖高峰,创新基础育创业”的创新理念,始终致力于培养我校大学生运用数学知识、原理分析和解决实际问题的能力,探索人才培养的新机制。团队每年培训参与各类数学建模比赛参赛队达 400 余队,接受数学建模创新训练达 1 000 人次以上,近年来参与人数仍呈上升趋势。据统计,1999 年团队成立至今，截至2018年指导学生获得数学建模各类奖项1 842项，获奖5 500余人次。

（二）创新历程

不论是用数学方法在科技和生产领域解决哪类实际问题，还是与其他学科相结合形成交叉学科，首要的和关键的一步是建立研究对象的数学模型，并加以计算求解。数学建模和计算机技术在知识经济时代的作用可谓是如虎添翼。

数学建模竞赛旨在通过竞赛锻炼大家的数学建模能力，激励同学们学习数学的积极性，提高大家建立数学模型和运用计算机技术解决实际问题的综合能力，鼓励广大同学踊跃参加课外科技活动，开拓知识面，培养创造精神及合作意识。哈尔滨工程大学理学院教师，为推动大学数学教学体系、教学内容和方法的改革，通过逐步探索，层层探究，自主摸索并完善出了一套完整的数学建模创新指导体系。整个体系以高水平教师为主体，学院团委负责学生数学建模竞赛宣传、组织工作，学生创新社团数学林发挥先锋模范作用，将数学建模培训指导工作尽可能地覆盖全校工科范围，让我校更多学生在数学建模竞赛以及学习中受益，为未来工作奠定稳固的数学基础。

1. 高水平教师为主体

理学院作为学校参与培养具有高水平数学基础的院系，需要培养有创新性、挑战性的适应市场需求的卓越人才。搭建卓越的教育、培养卓越的人才是一个系统工程，需要充分发挥高水平教师团队的指导作用，在培养大学生数学建模能力的道路上发挥党员的主体地位和领导作用。

第二届“中电十所”杯哈尔滨工程大学数学建模竞赛决赛暨颁奖仪式

过去几年，随着高校管理体制改革、教育教学改革的逐步深入，其对教学、科研及教师的思想带来的冲击日益显现。如何使数学建模指导团队的全体教师在教学与科研以及数学建模工作上寻求一个平衡点,把各项工作都做得卓有成效,成为一线教师迫切需要解决的问题。理学院用党的优良传统鼓舞人,树立先进指导教师典型,通过“创先争优”等一系列活动,调动了每个教师参与数学建模指导工作的积极性。

理学院数学建模指导团队是一支经验丰富且富有年轻朝气的队伍,在近几年数学建模的教学和指导中成绩斐然。团队由21名高水平教师组成,年龄均在40岁以下,其中有教授6名,副教授8名,讲师7名。

全国大学生数学建模竞赛是教育部高等教育司和中国工业与应用数学学会共同主办的面向全国大学生的科技活动。旨在培养学生的创造精神及合作意识,亦与培养“卓越人才”之精神相吻合。自1999年,哈尔滨工程大学数学建模创新指导团队成立以来,团队教师一直承担我校数学建模竞赛的培训工作,团队教师通过对培训内容和方法的不断探索,已初步形成了一套完整的适合我校学生的数学建模培训模式。为了进一步增强培训效果,团队教师自编了数学建模与数学实验课程讲义;收集制作了综合案例电子课件库;开通了数学建模教学网站,为学生的自主学习和开展研究创造性学习提供有力的保证。

2011年以来,团队每年还组织校内数模竞赛,现已成功举办8届,参赛学生超过1 400人次。通过扎实的培训工作和组织工作,选拔了一批优秀的参赛学生,为我校参加其他高水平数学建模赛事成绩的逐年提高提供了重要的保证。

突出教师团队在数学建模创新指导工作中的主体地位,在开展“创优争先”活动中,以教师骨干带动青年教师,再以青年教师带动全体同学,形成心往一处想,劲往一处使的积极向上的良好氛围。

数模指导团队的良好氛围吸引了优秀的青年教师主动加入,并且增强了团队的战斗力,使整个建模指导团队和谐奋进,共图发展。

长期以来,指导团队把教学质量作为第一生命线,教书育人,真正成为学生的良师益友;努力用自己的丰富知识和发自内心的关爱赢得学生的信任和尊敬;进一步扩大数学建模活动在我校学生中的影响力。不断拓展思路,通过多种手段,比如公选课、兴趣小组、课外活动、培训和竞赛,使学生了解认识数学建模,并能够用数学建模解决实际问题,不断提高我校学生的动手能力和实践能力,为培养大学生数学建模能力奠定了坚实的基础。

通过指导学生参加竞赛,鼓励团队教师积极开展科学和教学研究,鼓励教师主持或参与各类科研项目、课程建设和教改项目,培养教师成为理学院教学和科研的排头兵;数学建模指导团队持之以恒地坚持教学改革,多年来积极探索新的教学模式，以实际问题为主线进行教学内容的安排；开展“请进来、走出去”的学习活动，邀请校外专家介绍数学建模经验，组织青年教师参加全国建模组委会组织的研讨会；建设开放性实践教学园地，为课程教学和学生开展课外科技活动创造了较好的物质条件。

针对我校工科人才的培养目标，团队教师还尝试将数学建模的思想融入传统工程数学课程的教学过程中，推动我校工程数学课程的改革。

近年来，团队教师在科学研究方面也取得了骄人的成绩，在《大学数学》《教育发展研究》等杂志上发表了多篇教学研究论文，主持国家自然科学基金一项及多项科研项目，并在国内外核心期刊和国际会议上先后发表了40余篇论文，其中有多篇被SCI，EI检索。

2. 团委负责组织、宣传工作

组织、宣传工作作为数学建模创新指导工作重要的一部分，一直由理学院团委，协调上级团委与其他各有关单位进行开展。宣传组织工作阵地抓得好，比赛效果才会好。团委教师立足本职工作，争创一流业绩，积极投身到数学建模创新活动组织、宣传工作中去。近三年来，在团队主体老师和团委老师积极配合下，数学建模教学实践与竞赛硕果累累，近5年来，我校共获得全国一等奖4项，二等奖24项；东三省一等奖63项，二等奖59项，三等奖37项。获奖等级和获奖比例不仅在全国同类高校中名列前茅，甚至还超过了部分著名985高校。数模竞赛已成为我校的一大亮点，提高了学校的知名度，为学校争得了荣誉。

今年，我校学生参加了美国数学建模竞赛MCM/ICM，即“美国大学生数学建模竞赛”和“交叉学科建模竞赛”。我校派出215支队伍参赛，比赛期间各团队完成了从建立模型、求解、验证到用英文撰写论文的全部工作。竞赛期间正值我校放寒假，学生和老师放弃休息在奉贤校区竞赛，指导老师全程悉心指导学生竞赛。我校此项国际竞赛获得特等奖提名奖1项，一等奖7项，二等奖71项的傲人成绩。参赛队员和指导老师的共同努力，为今后参加此项竞赛积累了宝贵的经验。

团委老师在促进参与大学生数学建模竞赛宣传、组织的道路上占据了重要地位。积极配合主体指导老师，将高水平教师团队的指导作用发挥到了最佳效果。

3. 切实发挥学生创新社团数学林的先锋模范作用

每年一度的全国大学生数学建模竞赛，是检验我校学生应用数学能力以及团队合作能力的重要赛事，也是展示我校实力的一次机会。三天的竞赛，对我校学生的能力是一次实战检验，对指导老师也是一次严峻的考验。每年竞赛期间，指导教师都是夜以继日地连续工作在第一线。此时就体现了学生创新社团——数学林帮忙执行具体工作的重要性，切实发挥学生创新社团数学林的先锋模范作用。

通过数学林成员的先锋模范作用，社团成员积极组织并参与数学建模教学相关事宜。学生参与水平得到了提高，参与热情得到了提升。数学林社团还曾荣获校“十佳社团”称号。

（三）创新体会

数学建模竞赛是一个涉及多学科的一个赛事，是培养学生知识、能力和素质的赛事。例如2010年全国大学生的赛题B是“2010年上海世博会影响力的定量评估”，需要参赛同学选择感兴趣的某个侧面，建立数学模型，利用互联网数据，定量或定性评估2010年上海世博会的影响力。网上的信息很多，所以需要同学们具有敏锐的洞察力，抓住问题的一个方面对实际问题进行合理分析，把相关的、有影响的、有用的资料整理出来，最后对数据进行统计分析并找出答案。同学运用互联网，查阅了海量信息，弃伪存真，运用数学、统计学和计算机软件知识来解决这个问题，最后写成一篇论文。通过数学建模竞赛，确实拓广参赛同学的知识面，提高解决实际问题的能力。数学建模竞赛活动使学生不再觉得数学无趣和无用，同学们自觉学习数学的兴趣得到提高。

数学建模竞赛是三人一组，协作战斗的比赛。要求三个同学在短短的三天内完成一篇论文，难度确实很大。数学建模的工作量很大，要学习的知识也很多，这就需要他们在竞赛中分工合作，充分发挥每个人的聪明才智，同心协力共同完成竞赛论文。数学建模对于培养学生的团队意识和合作意识起到重要作用。数学建模竞赛只有三天，为了能完成任务，学生需要夜以继日地工作，这对学生的耐力和体力是一个极大的考验，一个队三个人相互支持，相互鼓励，同学们之间相互尊重，相互配合，团队精神得到极好的发挥。在数学建模竞赛的模拟培训中，同学们为了完成任务，必须利用现代网络技术学习课外知识，同学们已具备快速上网查文献的能力，从网上学习和汲取自己想要的东西，利用资料获得自己需要的知识。这种自学能力反过来又促进科研能力的提升。通过竞赛，同学们锻炼了写科技论文的能力。通过参加美国大学生数学建模竞赛，同学们锻炼了英文写作能力，也建立了国际视野。数学建模培训虽然时间较短，但它的影响是深远的。在随后的时间里，我校不少学生参加各种科技活动，取得较好的成绩，不少本科生发表了科研论文。

（四）获奖情况

2016年，美国大学生数学建模竞赛国际一等奖6队，国际二等奖34队。

2016年，全国大学生数学建模竞赛全国一等奖2队，全国二等奖7队。

2016年，东北三省数学建模竞赛一等奖14队，二等奖20队，三等奖14队。

2016年，全国大学生数学竞赛非数学专业国家一等奖41队，国家二等奖48

队,国家三等奖 86 队;数学专业国家二等奖 3 队。

2016 年,全国高校密码数学挑战赛三等奖 1 队。

2016 年,工信创新创业奖学金获奖人数 6 人。

2017 年,美国大学生数学建模竞赛国际一等奖 9 队,国际二等奖 42 队。

2017 年,全国大学生数学建模竞赛全国二等奖 4 队。

2017 年,东北三省数学建模竞赛一等奖 27 队,二等奖 25 队,三等奖 20 队。

2017 年,深圳杯数学建模挑战赛特等奖 1 队。

2017 年,工信创新创业奖学金获奖人数 2 人。

## 六、机器人仿真协会团队

### (一)团队概况

团队名称:机器人格斗联盟。

团队成员:张跃威、赵佳旭、李婧雯、李佳鹏、刘晓宇、郭兴召、王姮力。

团队介绍:机器人格斗联盟项目的创意来源于美国科幻电影《铁甲钢拳》,在电影中,我们现实生活中的拳击运动被高科技的仿人形机器人互搏所取代。根据该电影的启发,团队开始进行仿人形格斗机器人的研究与制作,打造一款由团队自主研发的格斗机器人。我们对机器人方面的技术进行研究与探索,将传统机器人与人工智能相结合,发展智能机器人。项目开始时团队主要进行仿人形机器人的制作,打造一款价格适中,便于团队使用的机器人。随着研究的进行,团队成员发现发展机器人联盟不仅仅可以发展仿人机器人在格斗方面的功能,还在娱乐方面有许多的发展空间,比如舞蹈、话剧等,于是开始进行对机器人娱乐方面的探索,形成了机器人舞蹈表演模块,同时发展计算机博弈项目。目前团队把针对仿人形机器人的研究作为自己的技术核心,对其关键技术进行进一步的探索,同时结合机器人仿真进行研究。现团队的主要研究方向为仿人与仿生机器人的研究开发(机器人控制设计、机器人开发软件、机器人机械结构)、嵌入式系统应用、机器学习在计算机博弈上的应用。

### (二)创新历程

机器人仿真协会成立于 2009 年,是深受哈工程广大学生欢迎的科技创新社团之一。在大一时,抱着对机器人的好奇以及热爱,团队成员陆续地加入这个以研究仿真、仿人及仿生机器人为主的社团。在社团刚开始的培训期间,他们努力学习与机器人有关的基础知识,如了解机器人的结构,认识舵机、控制板并学习单片机的相关知识等,在考核时表现突出,成为实验室的正式成员。虽然刚开始大家并没有在同一个方向,但是由于仿真、仿人和仿生之间经常有合作,同时一起跟随社团参加各类省级、国家级竞赛,经过一段时间的相处,团队成员渐渐熟悉,逐步开始一起合作完成社团的任务。

在社团的一次交流会中,有人提出了一个大胆的想法——现如今社团内的仿人机器人是学校购买的,能否做一款属于团队自行设计研发的仿人形机器人?这个想法提出后,引起了社团内同学们的热议,大家开始进行资料查找及可行性分析,并咨询了社团的指导老师赵国冬老师。听说了这个想法后,老师结合社团现有的资料以及成员能力,认为可以尝试,并给他们提供了许多资料和专业指导。在进行了近两周的资料查询后,团队成员和老师决定开始进行自主机器人的设计及开发。团队遇到的第一个问题便是材料的选择。市面上传统机器人的外壳及舵机连接件材料大部分都是以金属为主,造价比较昂贵。而且对于其形状制作,螺丝打孔等,若不进行批量机械生产,纯手工制作非常困难,对于当时团队的经济水平和技术水平而言无法实现。在阅读了大量的资料以及根据前期修理机器人的经验总结之后,团队成员发现利用合适的塑料材料通过3D打印技术打印出来的机器人零件质量和精度都符合标准,并且团队中有学习过3D建模的同学。经过一番商议之后,决定采用此方法制造机器人外壳及舵机连接件。团队先后购入了三台3D打印机进行学习使用。负责建模的同学们开始学习构建机器人的零件,根据社团内已有的机器人,模仿其零件的形状,根据尺寸设计好机器人所需的零件。同时,其他的成员负责学习3D打印机的使用,学习相关英语词汇,根据说明书学习装料、打印以及故障处理等。在刚开始打印零件时会经常出现残品,于是开始调整打印机的设计,并更换了用料的种类,同时对建模的零件进行调整。经过一段时间的摸索,终于成功打印出了一整套机器人的配件,开始进行机器人的组装。刚开始安装时很不熟练,舵机有时候会安反;安装螺丝的孔打印得偏小,拧螺丝时比较费力;安装好后发现机器人重心不稳,需要调整外壳,于是开始新一轮的制作。将资料与实际情况相结合,调整零件的大小及形状。一遍遍地安装,发现问题,调整不合适的地方,用了近两个半月的时间,终于成功做出了一个符合标准的机器人。经过简单的测试,它可以基本完成行走、挥手等动作。至此,团队最重要的第一步,迈出来了。

在随后的时间里,我们不断完善机器人的性能,例如进行抗摔打能力测试。因为格斗机器人就是一直在进行激烈的格斗,而且经常会因为对方的攻击而摔倒,所以抗摔打能力对于这款机器人显得极为重要。对用三种不同材料制作出的零件组装而成的机器人进行搏击比赛,通过大量的实验,选择出此期间零件损坏数量较少而且价格较低的材料－PLA。将此材料作为此款机器人零件主要材料。同时学习关于机器人控制板的知识,逐渐将买来的成品板换为团队成员自己制作的控制板。

机器人硬件的完成只能算成功了一半。因为它还需要有相应的上位机来编写对应的程序,使机器人可以完成复杂的动作。有部分成员来自计算机科学与技术学院,他们利用专业课知识,编写上位机。上位机是一种编写机器人动作程序的软件,类似于 roboBASIC。刚开始时同学们都一筹莫展,因为对于 C + + 、java 等语言的了解有限,还不能熟练运用,同时软件设计的基础为零,不知该从何处做起。于是大家开始上网查询相关资料,购买语言类的书籍开始自学,并寻求学长学姐及自己的老师进行帮助和指导。同时研究同类型软件,模仿其模式进行设计制作。那一段时间,大家几乎是天天挑灯夜战,聚在一张桌子前研究代码如何编写、界面如何设计、需要的功能等。有时程序出现错误,大家便一起研究解决方案;有时难题一直无法解决,大家便互相鼓励。经过了一个月的学习、摸索及修改,终于成功编写出了最初版的控制软件。对于每个人而言,这都是一次难忘的经历。通过上位机的编写,极大地提升了自身编程能力。在接下来的时间里,同学们不断优化程序代码,经过了两周的修改,软件最终敲定完成。

将近用了半年的时间,团队成员成功做出了仿人形格斗机器人,并配有相应的上位机。之后,他们开始渐渐用自己做的机器人来代替社团原有的机器人,并开发全视觉机器人和体感机器人。在这个过程中,同学们没有满足于当时的成绩,而是一直严格要求自己,寻找不足之处,不断调整,进行更多方向的拓展和已有程序的优化。

2017 年夏季,社团参加了第十九届全国机器人锦标赛暨第八届国际仿人机器人奥林匹克大赛。这是团队第一次作为主力参与国家级比赛。团队成员都既兴奋又紧张。在出发前每个人都对自己负责的参赛项目进行不断地测试,希望取得好成绩。许多项目的动作都需要一遍遍进行微调,以便顺利完成整套动作。例如翻滚比赛,机器人翻滚的轨迹需是一条直线。有时前几个翻滚的轨迹是一条直线,但是到后面就偏离了,所以需要不断地进行调试。在比赛前的半个月,总能见到大家一起在 11 号楼的小教室通宵调整动作程序的场景。虽然在出发前准备的比较充分,但总有意外发生。在比赛前一天进行场地测试时,由于疏忽,一台机器人从一个比较高的台阶上摔下,导致机器人的腿部舵机受损。还有一台机器人胳膊的舵机突然出现故障。在测试过程中发现,一台机器人舵机连接线断了。还有一台机器人因为参与项目过多、开机时间过长导致主板烧坏了。虽然在平日里这些问题也有出现,但是必须在一个晚上处理完的情况还是第一次出现。回到宾馆经过简单的商讨后,团队成员决定分成两队,一队负责换舵机连接线和控制板,一队负责换舵机。大家开始忙着拆下坏掉的舵机、控制板,换上备用的,并导入程序进行测试。控制板坏了,换上新的,导入程序运行没有问题的话便算是大功告成了。但是舵机坏了的处理却没有这么简单。因为每个舵机的参数都会有些许差异,所以在换完舵机后,必须对程序内动作参数进行调整,以确保动作的稳定性动作之间的连贯性。改程序的工作量非常大,但团队成员没有别的选择。他们一队负责一台机器人程序的修改,一遍遍的进行测试。修改完毕时已经将近凌晨四点,而五点就要出发比赛,大家只是简单地休息了一下便出发去比赛了。虽然这次比赛过程中遇到了不少麻烦,但最终还是顺利地完成了比赛,并取得了优异的成绩。

(三)创新体会

经历过机器人格斗联盟项目,团队每个人对于仿人形机器人有了更深入的认识。刚开始大部分同学只是能用已有的上位机编写简单的动作程序,使机器人动起来。而现在,每个人都了解机器人的构造,能组装一台完整的机器人,还能编写一整套动作程序,并且在机器人发生故障时能快速地查找故障部位,进行修理;同时还学会了使用3D打印机打印所需的零件、部位。负责编写上位机的同学,刚开始只会写一些简单的代码,如今已经可以熟练地写出一个小程序。每个人都在这个过程中收获了很多知识。团队成员对彼此也有了更深的了解,成为密不可分的伙伴。同时这个过程也让大家明白做项目时最重要的是团队合作。一个人的能力是有限的,很难顾及方方面面。而且成员每个人擅长的方面也不同。合理的任务分配,发挥个人不同的长处,能加快项目的进行。在项目进行过程中,遇到了很多困难,有的时候觉得已经到了一个崩溃的边缘,但是因为大家相互之间的鼓励以及信任,成员再一次充满斗志,努力寻找解决方法,最终战胜困难。经过比赛和演出,团队也有了解决突发情况的能力。虽然项目刚开始时困难重重,但是在大家的共同努力下,问题一点一点地被攻克,最终成功地制造出了属于自己团队的仿人形机器人。第一台机器人成功完成行走时的喜悦,每个人都不会忘记。通过这次经历,大家体会到科创整个过程虽然是充满艰难的,但它同时也伴随着欢乐。

(四)获奖情况

2017年,中国大学生计算机博弈大赛暨第十一届中国计算机博弈锦标赛一等奖1项、二等奖5项、三等奖5项。

2017年,第十九届全国机器人锦标赛暨第八届国际仿人机器人奥林匹克大赛一等奖11项、二等奖7项、三等奖3项。

2017年,第六届全国创意机器人大赛一等奖1项、二等奖3项、三等奖8项。

2017年,国际水中机器人大赛一等奖1项、二等奖1项、三等奖4项。

2017年,中国机器人大赛一等奖1项、二等奖1项、三等奖2项。

2017年,第十九届全国机器人锦标赛暨第八届国际仿人机器人奥林匹克大赛多个项目获奖。

## 七、电子科技协会团队

### (一)团队概况

团队名称:电子科技协会。

团队成员:30 余人。

团队介绍:电子科技创新团队,依托于哈尔滨工程大学创新学生社团——电子科技协会(原成立于 1995 年的哈尔滨工程大学信通学院大学生科技协会,即信通电子科技协会)。团队以课外科技创新活动、科研立项、国家级创新训练计划为主要导向,以培养专业基础扎实、思维开阔、专业能力过硬的卓越科技创新能力人才为目标。

电子科技协会设立办公室、技术部、宣传部,各部门分工明确,相互之间团结配合,保障了实验室的正常运作。设立实验室:21B 293,295,296 为学生提供科技创新的场所,并提供仪器设备供学生使用。从 2015 年开始,电子科技协会开始接管哈尔滨工程大学口袋实验室 21B 258,它是哈尔滨工程大学和美国德州仪器公司联合成立的一个面向全体学生的开放型实验室,是一个真正意义上的全开放、全共享、课内外一体化的自主学习实践平台。

协会以电子信息工程、通信工程的理论知识指导创新实践,以学生发展为重心进行发展;同时学生针对自己的兴趣实践创新,探索发明。

### (二)创新历程

首先从电赛准备阶段开始说起,我们正式开始准备电赛大约是四月下旬,因为那时候学校马上要开始校内二轮测评了,虽然这个比赛仅仅是校内的比赛,但我和队友还是决定好好做,也没想过奖品或者荣誉,只是觉得,这是一个很重要的比赛,可以磨合我们三个节奏的比赛!

现在来看我们当初的选择是很正确的,因为就是这次校内测评,我们发现了一个锁相分频芯片,也就是凭借这个芯片,我们在国赛中频率测量范围超出了题目要求的 300%,测评的时候评委很惊讶地问我们用的什么芯片,为什么增益带宽积这么大。由此可见,多做做比赛,增长一些视野还是非常有必要的!

说到这个芯片,不得不提一提,因为这个芯片最先是由翟命鑫发现,我最先写出来的驱动程序。开始我们调试这个芯片的时候,系统运行很稳定,但是之后,大家想用这个芯片的时候,他们调试起来却都不正常。在检查完电路之后,我确定这是我程序的问题,我们的成功肯定是因为侥幸。于是我花了一晚上时间把这个芯片数据手册通读了一遍,一个一个写下寄存器的作用,又简单看了一遍锁相环。重新写了一遍程序，这才解决了问题，在任何单片机上运行都正常，屡试不爽。

我说这个是因为我发现，调试板子或者程序的很多时候，成功会是偶然的，当我们发现 bug 之后不能因为看着系统目前运行正常就忽略他们，这样做会在将来付出惨痛的代价。我们需要去除那些偶然因素，保证每一个自己手下出去的程序都是完美无 bug。对自己要求越高，你才能爬得越高。

以后的准备就是枯燥的做板子，调程序。我们究竟调了多少板子，我都记不清了。我只知道整个暑假都是队友扔给我一块板子，说："浩哲，调一调这块板子。"然后我就是看数据手册，写程序。整个过程很枯燥，我就不多说了。这些对我最大的收获就是，这些过程带给了我自信，让我相信一切困难都是可以解决的，只要你不放弃，并且冷静。

说一说国赛吧，国赛整个过程是非常煎熬的，一共四天三夜，需要你制订方案，调试模块电路，然后纠正方案，调试模块，直到最后调试系统。整个过程，包括我在内的很多人就像火山一样，动不动就会大喊大叫，这点希望大家都要理解，因为在那么压力大并且连续几天几夜不睡觉的情况下，还要保持神智去写程序调电路，人很难再保持稳定的情绪。大家都要理解自己的队友，保持住整个队伍的和谐稳定。强者并不是不会沮丧或者抓狂，只是他们能最快的稳定自己，冷静的做出判断。

经过这么多测评，给我留下的一个最深刻的印象就是，细节决定成败。细节太重要了，然而当我们在那种几天几夜不睡，头脑都已经昏沉的状况下，很难再费心思去完善这些细节，有些人能强忍住再坚持一下，有些人将就着停止调试，于是成败分明了。

国赛真的是一场意志的较量，我不敢说自己水平多高，反而觉得我就是一个不折不扣的菜鸟。但是我却敢说，我的意志力绝对是顽强的，整个国赛四天三夜一共睡了不超过八个小时，第二天晚上的时候，湿疹犯了，浑身上下疼，走路都困难，到了最后一个晚上的时候身上长湿疹的几处地方都跟火烤似的疼。我还是开开玩笑说，正好，就当使我清醒了。继续写程序调试系统。我相信或许我水平不是最高的，但是只要我够细心，够坚强，我也会成为站到最后的那一个。

接下来就是准备综合测试了，综合测试并不是很容易，首先态度上要认清，综合测试不是为了检验你作品是否是自己做的，假如你抱着他就是随便测测，能做出来东西就行，反正我作品是我自己做的，我运放玩的挺厉害的，这种心态其实是不可取的。因为这个综合测试是一个选拔性质的测试，占了 30 分，是实实在在的 30 分。想想你测试的时候多一分也难拿，这个你少做出来一路就要了亲命了。所以综合测试一定要重视，对 555 定时器、通用运放、简单逻辑器件一定要从大一就加强练习。在综合测试前一定要来一次模拟测试。其实综合测试对你各方面都有考察,甚至你查资料的能力、对自己设计电路的自信心、焊功,这些平时忽略的问题,都会在短短的6个小时内放大,使这些原本不是问题的问题都成了问题。在这里劝大家一句,555定时器这种东西结实的很,你不上错电就烧不了,自信点直接上,电位器拧一拧就出来了。别用洞洞板验证了,用面包板看下能出来波就行了,波丑点也没事儿。在整个测试过程中,你最大的敌人就是时间。电路本身考察的不难,每个人都能做出来。

（三）创新体会

最后想说的是,队友之间,信任非常重要。队友就是你的战友,在战场上可以把后背交给对方的那种。敢把后背交给别人不仅仅是信任你们的关系,更是信任对方的战斗水平。比赛的时候,你要认识到,你们三个人就是一个人,不要因为一个人写不出程序或者调不通电路就埋怨对方,给队友足够的时间和信任,能调通固然是好事,调不通就一起去想别的办法,这样才能最大的发挥你们每个人的能力,才能实现一个团队力量最大化。很荣幸能获得全国一等奖,但我明白,我的成功包含了太多侥幸,我也还有很多东西需要去摸索去学习。在今后的路中,愿与大家共勉,继续在技术的路上走得更远。我们相聚于科协,不是为了拿国奖、保研和找工作,而是为了技术,因为对技术的热爱,才能支撑我们熬过几年寂寞的实验室生活,也因为对技术的热爱,我们互相帮助,团结一致。

（四）获奖情况

2008年,全国电子设计竞赛 国家一等奖2项、国家二等奖2项。

2009年,全国电子设计竞赛国家一等奖2项、国家二等奖2项,省奖较多。

2010年,黑龙江省电子设计竞赛省一等奖3项、省二等奖7项。

2011年,全国电子设计竞赛国家一等奖1项、国家二等奖4项、省奖较多。

2011年,全国全国高校电子信息创新作品评比本科组全国一等奖。

2012年,黑龙江省电子设计竞赛省一等奖3项、省二等奖7项。

2012年,英特尔杯嵌入式系统邀请赛国家三等奖。

2012年,TI杯模拟专题邀请赛国家二等奖。

2012年,全国物联网应用设计大赛全国二等奖1项。

2013年,全国电子设计竞赛国家一等奖1项、国家二等奖4项、省奖较多。

2014年,黑龙江省电子设计竞赛省一等奖4项、省二等奖3项。

2014年,TI杯模拟电子系统设计专题邀请赛国家一等奖1项。

2015年,“毕昇杯”电子创新设计竞赛国家一等奖2项、国家二等奖2项。

2015年,全国电子设计竞赛国家一等奖1项、国家二等奖3项、省奖较多。

2016 年,黑龙江省电子设计竞赛省一等奖 4 项、省二等奖 3 项。

2016 年,全国大学生物联网设计竞赛东北赛区特等奖 2 项。

2017 年,全国电子设计竞赛国家二等奖 3 项、省一等奖 3 项。

## 八、力学应用与结构创新俱乐部团队

### (一)团队概况

团队名称:力学应用与结构创新俱乐部。

团队成员:刘泰山、王振河、胡雨传、陈瑞凯、张赛、李子祺、沈财旭、张心博、刘旭畅、张九翔、舒瑶、刘欣、栾正坤、何毅翔、刘月聪。

团队介绍:全国大学生结构设计竞赛是由高等学校土木工程学科专业指导委员会和中国土木工程学会联合主办、由高校轮流承办的一项活动,是土木工程学科培养大学生创新精神、团队意识和实践能力的最高水平学科竞赛。

竞赛确立了“3C”,即创造(Creativity)、协作(Cooperation)、实践(Construction)宗旨;遵循“公平、公正、公开”原则;践行“展示才华、提升能力、培养协作、享受过程”理念,为大学生科技创新活动起到了积极示范与推动作用。竞赛进一步推进高校实践教育教学改革,培养大学生创意创新创业意识和团队挑战、协作和工程实践能力,实现“以赛促学、以赛促教、以赛促建、以赛促改”,提高人才培养质量。为扩大参与面,主办方逐步推进在分区赛基础上的全国总决赛。

俱乐部的主要工作方向就是培养结构设计人才,并通过参加结构设计竞赛锻炼成员的综合素质。在校内,通过每年举办的航建杯结构设计竞赛选拔人才代表学校参加省赛、国赛,也促进了学生对于结构设计的认知,增加了结构设计竞赛的影响力知名度,使更多的同学能够了解、参与到这一赛事并获得锻炼。在校外,每年派出的参赛队通过经历比赛的过程学习到的很多最新的设计思路、设计理念,也会总结分享给俱乐部其他成员,取长补短保持俱乐部的总体水平与国内前沿接轨。此外,通过比赛中的交流,我们也与不同学校的参赛队伍建立了联系,通过交流分享以共同提高。

### (二)创新历程

我最初了解到力学应用与结构创新俱乐部和结构设计竞赛是在大学入学前的新生 QQ 群里,看到学长说与科创相关的俱乐部都可以参加,还能参加竞赛。我个人比较喜欢做科创,也经常动手做些小作品,因而从那时起就对结构设计产生了兴趣。还记得在百团大战招新的时候,我在招新现场尝试着做了我的第一件结构设计作品——一个正四面体,也从此便一发不可收拾地爱上了科创设计。

加入俱乐部以后，通过参加俱乐部的培训和练习活动，我对结构设计竞赛也有了一定的认识。尤其是在大一第一学期就参与完成了一项国家大学生创新训练项目——冰质复合桥，从此对于科创我有了更深刻的理解。做科创不仅是理论知识的学习和应用，还要有做实验的能力、分析的能力、动手能力、团队合作能力等等，只有几个方面都具备才能做好一个科创项目，缺一不可。在这个项目完成的过程中我也结识了很多优秀的学长，从他们那里学到了很多经验、技巧和知识。这些东西大多都是看不见摸不着的，无法通过自学来获取，只有通过实践才能总结抽象出来。而优秀学长们的言传身教无疑就是一个捷径。

有了一定的基础，我开始跟随学长参加竞赛，也慢慢地开始独立组队参加省级、国家级竞赛，并获得了一些不错奖项和名次。参加了这么多的竞赛后，这些宝贵的经历为我总结一些心得体会提供了平台，也能对学弟学妹有所启示吧。

全国大学生结构设计竞赛作为一项极具启发性、创造性和挑战性的国家级科技竞赛，对大学生来说还是有一定的难度的。不仅要求参赛者有结构设计知识，还需要一定的动手实践能力，在竞赛过程中，也十分考验参赛者的综合素质。

对于初次接触结构设计竞赛的同学，全国比赛的标准可能有些过高，可先着眼于校内的结构设计比赛。我们哈尔滨工程大学每年都会举办校内结构设计比赛，我校校内结构设计竞赛素质已经达到全省同类院校中的一流水平。建议有兴趣的同学从大一就开始报名参加。初次参加此类比赛，不必在乎比赛成绩，即使不具备什么理论基础也无所谓，就按照自己的想法完成模型，要大胆去想大胆去做。而且，从历届比赛中我们发现，很多具有创造性的作品都出自低年级的同学之手。初次参加比赛，不仅可以熟悉此类比赛的过程，对此类比赛有一个初步的认识，而且在比赛的过程中也可以学到不少东西，锻炼手工制作能力。从历届比赛可以看出，参加过一次结构设计比赛的同学们会普遍认为结构设计比赛没有想象中那么难了。而这种收获和体会必须自己亲自经历过才能得到，这种收获和体会越早获得越好，对以后的参赛有很大帮助。到了大二，再参加此项比赛就得心应手了，虽然理论基础还并不完善，但已经可以小试牛刀。建议大二的同学可以试着模仿校内往届比赛或者全国往届比赛中的优秀作品，结构设计比赛就像学书法一样，要从模仿做起，在模仿中能发现很多问题，然后自己在摸索中解决这些问题。这整个过程下来，我们的能力就会得到提高，最终达到超越。第二次参加比赛就不能像初次比赛一样走马观花，要悉心总结和反复比较，争取通过参加比赛来初步掌握如 ANSYS、midas 等有限元分析软件。大三的时候，经过前两次的比赛历练和积累，加之理论基础基本到位，再参加比赛应该就轻车熟路了。这时候的作品应当在理论基础上通过大量的实验得到完善，在制作工艺上精益求精，力求得到最完美的成绩！

针对竞赛审题,我认为从拿到赛题的那一刻比赛就已经开始了,比赛的第一步就是审题。参赛者应该多花一些工夫在审题上面,不要急于下手开始做方案做模型。全国大学生结构设计竞赛要求选手在给定的时间内利用指定的材料,通过设计构思及现场制作,呈现出一个符合赛题要求的理想结构模型,并通过现场加载测试。这里所说的"理想结构模型"主要是指结构造型完美、使用功能完备、受理合理,即能充分满足使用功能和承载力要求的结构模型。值得注意的是,这两个要求通常是相互制约、相互影响的,如何在这个矛盾中找到最佳的平衡点,就是突破的关键了。而解决上述问题,第一关就是审题。审阅赛题,应当像做阅读理解一样,不仅要仔仔细细反复阅读,而且要咬文嚼字!这样才能读出赛题中的精髓,找出赛题中的陷阱,一定要注意赛题中隐藏的限制条件。队员相互之间进行讨论,集思广益,使团队对于赛题的把握做到一致。

审题第一步,了解模型尺寸、功能要求、几何净空、加载方式、评分标准、制作材料及规格、加载形式、承载形式等基本信息。第二步,仔细推敲"评分标准",找出关键因素,如2017年国赛的关键因素是"模型自重"和"输水效率",那么就要思考如何平衡这些因素从而得到最优组合。第三步,从咬文嚼字的审阅中找出题目里设置的陷阱,因为一个题目往往不可能很直白,通常都有许多限制条件,这就需要我们细心找出它设置的条件,并避开陷阱。

此外,团队合作的重要性不用多说,结构设计竞赛中强调的是"一个核心"和"团队意识"。所谓"一个核心"就是在参加比赛的队伍中要有一个人或一个共同思路作为主导。一个优秀的作品源于一个理念,这个理念源于一个思路。如果参赛队员的思路和理念南辕北辙,那么即使想法再完美,所产生出来的作品也很有可能是畸形的。所以参赛作品应该以一个主导思路为基础,然后团队成员在这个思路和想法的基础上积极地配合,不断地去完善作品,这也就是所谓的"团队意识"。只有这样一个团队才能齐心协力,完成一个完整且合理的作品。

团队不单单是参赛学生,还有指导老师。老师的指导不是万能的,但他往往能给学生很多提示,给学生提供更深的理论支持。作为参赛学生,不要认为老师会给予太多压力,而要积极寻求老师的指导意见。老师丰富的理论研究、工程实践经验是学生自行查阅资料、测试实验所不能比拟的。准备过程中的一些瓶颈和关键问题往往就是工程实践中问题的缩影,这时候征求老师的意见,就会取得事半功倍的效果。

(三)创新体会

首先态度很重要。其一要非常仔细,包括仔细研究细则、仔细观察、仔细制作;

其二要坚持,从比赛到交作品之间有近一月时间,我们不能因为小麻烦而放弃,在结构确定以后要坚持自己的想法做下去。

对于整个流程,有五方面要注意:一是细研细则,二是结构选型,三是实验测试,四是制作工艺,五是细部调整。首先,仔细研究规则对比赛至关重要。在读细则时,我们要充分理解题目意思,找出限制条件。之后要选择满足条件的结构体系,选择合适的模型体系是很重要的,可以参考历届以来好的作品,或借助网络,或独立思考。选型确定以后,我们会有很多种结构的雏形了,接下来就是通过理论分析筛选一个最优、最创新的结构。可以利用软件建立一个模型进行模拟加载和破坏分析。由于电脑创建的是理想模型,还要手工计算和实验分析,之后便可以获得一个合适的结构。其次制作,其实它和第五步是同时进行的。制作时要特别注意材料各尽其用。还有就是节点的处理,直接关系到实际情况与理论计算的符合度,一定要自己思考。而细部调整就是在制作过程中根据实际情况进行的结构的细微调整,但一定要三思而后行,一定不能做大的改动。

从一个小白到现在带领团队参加竞赛,这两年多回想起来五味杂陈。搞科创原本是我的一项兴趣爱好,到现在成了我大学生活无法分割的一部分。希望有越来越多的同学能够参与结构设计并且热爱结构设计,努力学习、锻炼自己,将来取得更优异的成绩。

(四)获奖情况

2013 年,第五届黑龙江省大学生结构设计大赛特等奖 1 项、一等奖 4 项、二三等奖若干项。

2014 年,第八届全国大学生结构设计大赛三等奖。

2014 年,“龙顺杯”第六届黑龙江省大学生结构设计大赛特等奖 1 项,一等奖 3 项,二三等奖若干。

2015 年,第九届全国大学生结构设计大赛三等奖。

2015 年,第六届黑龙江省大学生结构设计大赛特等奖 1 项、一等奖 3 项、二三等奖若干项。

2016 年,第七届黑龙江省大学生结构设计竞赛一等奖 3 项、二三等奖若干项。

2017 年,第八届黑龙江省大学生结构设计大赛二等奖 3 项、三等奖 2 项。

2018 年,第十二届全国大学生结构设计竞赛分区赛(黑龙江)三等奖。

## 九、SAE 发动机技术创新实验室团队

(一)团队概况

团队名称:基于逆向工程与 CFD 仿真的新型化油器团队。

团队成员:李加兴、周功杰、郭凡浩、郭桐、代政。

团队介绍:本作品基于 Honda 节能车研发,在调试过程中发现燃油利用率低、传统化油器对空燃比的调整能力差等问题。为了提高燃油利用率,现决定通过利用逆向工程的方法对化油器三维建模,改变内部泡沫管的具体结构,从而提高燃油的雾化程度,降低节能车的燃油消耗率。

通过三个主要步骤对化油器内部结构进行理论分析:第一步,对主量孔理论分析计算燃油流量;第二步,计算泡沫孔的流速来判断泡沫管的雾化程度;第三步,建立数字化化油器以及化油器内部求解域,数值模拟化油器油气混合过程对理论进行检验。化油器的主要结构改变在于泡沫管的突破性创新,将泡沫孔倾斜,空气通过倾斜的泡沫孔时,在孔内增加对油的冲击面,延长冲击距离,加快空气与油的初次混合。增加局部阻力系数,改善雾化效果。把泡沫管的内孔壁改为螺纹结构,燃油颗粒在泡沫管内上升时与内壁螺纹多次碰撞,燃油颗粒被撞击粉碎,雾化效果明显改善。将该化油器应用到 Honda 节能车上,每升的里程数可增加 60 km ~ 70 km,效果显著。此外,该化油器的市场应用前景广阔,可用于摩托车发动机上由机械式化油器到电喷系统的过渡产品。

### (二)创新历程

**就是这个突破口**

SAE 发动机技术创新实验室自成立以来,致力于参加 Honda 中国节能竞技大赛,这群年轻人需要根据主办方提供的发动机自行设计研发整个赛车结构。其中,发动机系统是整个赛车结构的核心,化油器作为喷油系统的关键更像是核心里的心脏。他们一直在费心竭力地研究如何能使发动机更节油,于是才有了想在化油器上做大文章的念头。这也是他们做项目的初衷。有一次,他们一行几人在车架上打孔,突然发现螺纹孔中有好多碎铝屑,于是就突发奇想,这种现象是否与螺纹结构的本身有关系呢?于是,这几个人就照着这个思路一直走下去,并最终使之成为一个创新项目。也就是这样一个突破口,成为李加兴等人做这个实验的小线索。

**我们这一队**

至于团队成员嘛,也都是实验室新生代的主力军,每个人的创新历程不尽相同。李加兴,也就是现在实验室的负责人,在项目中负责理论推导及可行性分析,同时也是这个项目的组织者。据他自己所说,“我认为科技创新活动是对学生综合能力的考验和挑战,我热爱挑战,所以我也喜欢参加一系列的比赛。”当初,他是因为动力与能源工程学院中学长们的科创公开课而对科技创新有所兴趣,并逐渐被 SAE 发动机技术创新实验室所吸收,成为其中的一名新成员。他在实验室主要是负责整车的虚拟装配与仿真分析。在一次偶然的机会中,他和几个老成员收获了化油器的改装灵感,于是,他就想着要找一些新成员,让他们能在老成员的带领下一起做好这件工作。就这样,李加兴就开始在新一届的成员中寻找吃苦耐劳、勤劳认真的同学。

周功杰是在2016年第二学期,通过招新进入到实验室中的。基于对科创的兴趣,和为了开发出更多有用的软件,他积极地报名参加实验室,并幸运地通过了面试成为了仿真组组员。在学长们的组织下,开始学习三维建模的软件。仿真的基础便是三维建模,良好的建模能力对该项目来说十分有必要。起初的学习尤为艰难,刚开始他甚至连建模里各个功能的位置都不知道,二维草绘经常画错,对完全定义如何达到也是一无所知,更不用说建模思维了。慢慢地经过学长们的教导以及不断地练习,他逐渐对三维建模也逐渐得心应手起来,对于同样的模型也开始有了多种建模的思路,对软件的使用能力超出了同期的其他同学。然而实验室培训的内容仅仅是将他们带到建模这条路上,在建模的学习中很大一部分需要靠自学以及自我的思考与理解。每一个会三维建模的人都有自己独到的建模思维,而这东西是需要在看书自学以及练习之中慢慢积累而成的。而在有了自己独到的建模思路后,即便是学习之前自己完全没接触过的功能也能十分迅速地学会并应用。周功杰在整个项目中负责部分模型的建立以及零件的加工,而零件的加工对于他来说从没接触过。最令李加兴印象深刻的是当他要周功杰将模型导出工图拿去加工时,他仅仅是看了短短5分钟的教学视频后就很快地学会了如何导出工图,以及如何通过建模软件进行标注,很快便将所有模型导出工图并打印。这令李加兴深刻体验到了三维建模最重要的是建模的思维。他认为三维建模也极大地提高了他的空间想象能力,对他的工程图学的学习也有较大的帮助。

另一位成员郭凡浩是在2016年第二学期,学院的SAE发动机技术实验室招新时进入组里的,这是他第一次接触到发动机。起初他感觉很新颖,因为从小只见过成品的车辆,从来没有亲眼看见过单纯的发动机。所以他积极地报名,进入发动机调试组,努力并且最终成为实验室的生力军。在实验室里,他主要负责发动机线路的连接和调试。线路的连接是困难的,因为这项工作需要细心和耐心。当他看到之前的队员们连接好的成品摆放在那里,映入眼帘的却全是密密麻麻的线路和各种电路元件,心里不由得产生了畏难情绪:“这得多长时间才能自如地连接线路并且保证无误啊!”于是老队员们便耐心地为他排解情绪,说的还是那句老话,“世上无难事,只怕有心人呐。”并且教给了他快速连接线路的方法和经验,这也为他以后学习《电工基础》这门课程奠定了基础。在这个项目中,郭凡浩负责发动机线路的连接以及化油器的测试阶段。经过老队员的教导后,郭凡浩同学对线路连接有了初步的认识。周六周日休息时他便待在实验室,静下心来研究这些器械。起初是他自己在纸上画出电路图,梳理各类元件连接关系,后来渐渐变成动手实际连接线路,经过不断的练习,郭凡浩最后已经可以熟练地自己连接项目中所需的电路了。

不畏困苦的郭桐同学是在科创导航员的一次科创公开课上,对 SAE 发动创新技术实验室有了了解,经过面试后他加入了一个注重团队合作富有创造力的团队。自此便开始了他在 SAE 的学习创作“生涯”。经过每周的培训,他逐渐学习到了许多专业知识,他认为这是他应有的大学生活,去实际动手操作,将学到的知识灵活运用而不是只死板地记在脑子里。与同学和学长多次共同的学习和创作使他渐渐融入这个集体当中,这是他们取得成功的旅途上不可或缺的一部分。为了快速掌握知识,团队经常到实验室,去拆解发动机了解它的构造;画电路图去掌握电喷系统的原理;学习 pro 软件等等。在项目的研究过程中,郭桐主要负责结构的加工,和后期实车数据的测试。进入试车阶段的队员们是最为忙碌的,因为试车场地要求较高,所以只能选择北体操场,但北体的占用率较高,不是有踢足球的就是有打棒球的同学,他们往往等上一天就只能试一会车。在试车过程中,郭桐同学始终在操场上和寒风打着交道,有时只能在北体随便找个地方吃盒饭填饱肚子。这吃苦耐劳的精神使队长李加兴非常感动。在十一长假收尾的 9 天北体生涯中,队员们终于验证完了所有的化油器数据,这与郭桐的不懈努力是分不开的。

还有一位成员是代政,他在 2016 年学院组织的一次宣讲中第一次接触到了 SAE 发动机技术创新实验室,他认为这是实现他儿时梦想的机会。后来他通过动力与能源工程学院组织的斯特林比赛认识了实验室的一位学长,通过与学长的深入交流,他更加深入地了解了实验室的特色和资源,更加坚定了要加入实验室的决心。经过面试以及一系列的考核,他成功加入实验室的机械装配组,学习科创相关的知识与技术。在项目中代政主要负责化油器的机械装配以及实验论证。他埋头苦干,每天都是在寝室熄灯闭寝之前匆匆赶回寝室。在制作的过程中他遇到了很多问题,但是他总是十分冷静,在老师的帮助下解决了一系列疑难杂症。在后期测试阶段中,每天早上都是六点起床到实验室把车推到北体育场,开始对车进行油耗测试,并解决在试车过程中发生的故障,对整车的机械装配进行调整,使车能够更好地完成相关的数据测试。

### (三)创新体会

在建模的过程中,团队成员不仅学到了建模所需的知识,还学到了如何考虑一个零件的功能、所处位置、它所要受到的力来进行设计与改进。对于化油器方面数据的测试,有必要寻找出其中的规律并对其中的数据进行量化。此外,这次项目的研究还锻炼了成员们的动手能力以及对一个项目的整体设计能力。

在创新过程中,技术是关键,知识是基础。如何将理论知识应用在实际的创新活动中去是当代大学生急需锻炼的能力。在此次项目研究过程中,这一队的队员们应用到了很多专业知识,他们都觉得自己收获了这一种能力,相信这已经为他们日后跟随老师做科研项目做了一次很好的过渡。

经过此次项目,这些年轻人们明白了团队的力量是巨大的。在自己一筹莫展时,队友可以提出自己独到的见解来解决困难,群力群策。并且对发动机有了全面深刻的了解,能够熟悉整体流程,为以后研读更深的教程奠定了基础。而对软件的使用可以为以后的数据分析提供途径。对发动机启动,化油器空燃比,化油器故障有了一定的经验。这是很多成员第一次完全地投入到一个项目中去,在团队中发挥自己的作用,最后得到了良好的成绩。更重要的是,大家已然组成了一个可以共同进步的团队。相信他们会度过一个不是只有书本的大学生活,科创是他们人生中重要的记忆。回首挥洒下的汗水,每个人都可以说一句,这一切都是值得的。

(四)获奖情况

2016 年,哈尔滨工程大学第十届大学生节能减排社会实践与科技竞赛节能减排校赛一等奖。

2016 年,“五四杯”大学生创新创业竞赛一等奖。

2017 年,Honda 中国节能竞技大赛“优秀车队”奖。

## 十、跃渊智能团队

### (一)团队概况

团队名称:跃渊智能团队。

团队成员:团队现有博士后、博士、硕士研究生核心研发团队 22 人,其中博士 15 人、硕士 7 人,9 人有海外背景,包含人工智能、智能机器人、模式识别与智能系统等领域。

团队介绍:哈尔滨跃渊智能科技有限责任公司,是专门从事环保、水务行业智能装备、系统及自动化解决方案的高新技术企业,主要业务涉及人工智能领域、机器人技术、多媒体设备技术、安防设备技术、环保设备技术、软件设计与开发等高精尖技术领域。在专业级无人机、水下机器人、机器人换人、设备自动化改造及智能检测、大数据平台构建及分析等领域均有建树。

团队技术功底扎实,成员多为国内外顶尖学府的专业高技术人才。自 2008 年起就与哈尔滨工程大学、哈尔滨工业大学、英国牛津大学、加拿大卡尔顿大学等高校实验室深度合作,并与其重点领域研究所签署战略合作协议。技术积累厚重,科研结果显著,参与“863”国家级重点项目等技术研发,承接过各类特种机器人、专业机器人、工业自动化升级等工程项目。同时为进一步提升专业技术能力,团队于国内外环保领域、机器人技术领域的专家教授有着紧密的联系,与哈尔滨工业大学精密仪器研究所、智能平台研究所、储能技术与应用研究所、模式识别与智能系统实验室,加拿大 Carleton University,中国船舶重工集团第七一九研究所,哈尔滨船舶众创科技园,哈尔滨工业大学工业研究院等院所深度合作,作为战略合作伙伴,长期共建科研研发、技术共享及人才培养平台。

(二)创业历程

**让梦想起飞**

说起跃渊智能团队,有一个人不得不提,那就是它的创始人李杰。李杰,1981年出生,中共党员,本科毕业于哈尔滨工程大学机电工程学院机电一体化专业,硕士研究生毕业于本校自动化学院导航、制导与控制专业硕士研究生学位,博士就读于本校自动化学院导航、制导与控制专业。主要研究方向为机器人及其相关技术,在国内外期刊会议发表学术论文 8 篇,获得创新创业大赛奖项 20 余项。2010 年曾担任江淮汽车股份有限公司工作生产技术部副总工程师。2017 年创办哈尔滨跃渊智能科技有限责任公司。曾带团队参加中国大学生“互联网 +”创新创业大赛,获国家级银奖、铜奖各 1 项,省赛金奖 2 项,获“创青春”挑战杯创业策划大赛国家级铜奖 1 项,省赛金奖 2 项,带领团队代表黑龙江省参加中国创新创业大赛并晋级总决赛,带领学生团队参加各类创新创业大赛获奖 50 余项。

是一次偶然的机会让李杰开始了他的创业之旅。2012 年,他作为程天科技团队核心成员成立哈尔滨程天科技发展有限公司;2016 年,帮助团队争取天使轮 1 080万元融资。然而,程天科技的科技与医疗相结合的方向并不是他喜欢的,他比较热衷于环保事业,想在我国环保领域干出自己的一番事业,做环保领域智能设备的领军人。当程天科技开始进入稳步高速期时,他也萌生了实现自己梦想的想法,而在程天科技的这些年创业经验也为他接下来的发展打下了深厚基础,于是李杰在 2017 年创办哈尔滨跃渊智能科技有限责任公司,主要面对中国污水处理市场。这也是因为我国是世界人均水资源贫乏的国家之一,由此而生的污水处理工作尤为关键,而国内污水处理智能装备的市场还存着大空白。基于现实和梦想,他开始了自己的创业之路。

人的一生中总有偶然的事情让你去了解一件事,接着便热衷于它,最终能做到极致。李杰便是这样,经过了这件事之后,从此他和他的团队便与创业结缘。

在跃渊智能团队中，很多成员知识渊博，能力超群。这个团队一共分为博士研究团队、硕士研究团队和顾问团队。在博士研究团队中，刘世超，是加拿大 Carleton 大学电气与计算机工程专业博士、博士后，北京交通大学教授、博导。曾发表高水平论文 10 余篇，其中 SCI 一区论文 3 篇、二区 4 篇、三区 3 篇，并成为多个国际期刊的审稿编辑，在团队中主要负责机器人系统建模与控制方法研究。王雷精通 C/C++(QT)/C#/JAVA(android)/Matlab 语言，熟练运用 SQL 数据库，有丰富的软件结构设计及编写经验。精通 OpenCV/EmguCV、机械结构设计与分析、机械设计软件 AutoCAD/Solidworks(PROE)，熟悉 PLC 编程以及 ANSYS 等分析软件，在团队中主要负责整体技术解决方案及步态检测算法研究。温宏凯是工学博士，英国华威(Warwick)大学副教授，博士生导师。博士毕业于牛津大学计算机专业，牛津大学助理研究员，英国 Navenio 公司联合创始人，主要从事于室内导航、传感器数据融合、移动计算领域研究。团队成员大部分是哈尔滨工程大学的优秀毕业生，每位成员都为团队的建设而竭尽全力，也是每一位成员的努力才成就了今日跃渊智能团队的辉煌。

**挑战与机遇并存**

俗话说得好，众人拾柴火焰高，一个有凝聚力的团队，和互相交心的合伙人，是创业中最宝贵的财富。有一次，产品加工件非常大，并且运送的货车，无法送达目的地。当时团队的产品经理就说，不行大家一起抬过去，因为非常着急用这个加工件，外面正逢三九天，寒风冷的刺骨，这时大家就一股脑地冲上去，没有一个退缩的，愣是抬着几百斤的加工件走了近一公里，回来后看到大家累得浑身是汗，却都乐呵呵地讨论着加工件。正是这种敢于拼搏、甘于付出的精神，鼓舞着团队中的每个人。

一个团队的成长，注定要面对种种的机遇与挑战。在机遇面前，要有舍我其谁的勇气；在挑战面前，要有并肩作战的战友情谊。从开始到完善，是一个考验团队协作力的过程。民谚有云："万事开头难。"创业伊始，大家在惊喜的同时也预感到了挑战的来临，资金短缺是其中的一个大问题。由于项目启动资金紧张，前期在合同资金没到位的情况下，需要提前采购元器件，创业团队的成员就纷纷自掏腰包，把自己工作范围内要用到的元器件买回来。有时有一些技术难点，甚至是目前行业内技术难点，团队就每周抽时间开一个研讨会，在研讨会上，提出近期遇到的问题，大家讨论解决办法，各专业之间沟通交流，然后分头查找资料，从中找出一个从管理到技术对项目最优的解决方案。

**梦想的苦与甜**

这是一群有活力有干劲的青年，团队成员均为 80、90 后，更有 60 后资深教授在其背后作为咨询顾问。创业初期难免出现各种问题,最大的就是资金问题,启动资金不足,影响前期科研投入。与甲方谈判经验不足,导致在合同上一些本应该算作合同内容的问题,免费为人服务。项目研发过程中,各配件厂家嫌用料体量小、合同额小、不重视,因此加工件延期交付,从而导致,项目整体进度延后,甚至有时还不能在规定时间内交付产品。

正是拥有这些技术功底扎实、国内外顶尖学府的专业高技术人才,团队才能逐渐成长。团队成员分工鲜明,配合有条不紊,各自任务明确,为公司的正常运行提供强有力的保障。在团队的合作和配合下,一个全面的公司形成了。以下就是他们在团队中的作用。

李杰为哈尔滨跃渊智能科技有限责任公司创始人。刘世超在团队中主要负责机器人系统建模与控制方法研究。王雷在团队中主要负责整体技术解决方案及步态检测算法研究。李天成在团队中主要针对机器视觉、加密等关键技术进行研究。冯斌在团队中主要负责针对人机交互、机体优化的复合材料及功能性材料研究和开发。温宏凯在团队中负责机器视觉、大数据计算方面技术的研发。韩亚潼在团队中主要作为外派人员做国际交流并医学生物工程方面的研究。李传龙在团队中主要负责人工智能深度学习方面领域的研究。孙相宇从 2012 年起便开始参与创新创业项目,具有丰富的创新技术实践经验。李施佳在团队中主要负责通信系统和地理信息系统的标定。颜海在团队中主要负责产品设计和工艺设计。王天2013 年 3 月创立哈尔滨程天科技发展有限公司,任公司总经理、技术总监,全面负责公司经营管理工作与重点产品研制工作。郭书祥,目前担任 IEEE ICMA 国际会议的创始大会主席、《IJMA》国际杂志的主编等社会职务,讲授《医学机器人学》等课程。叶秀芬,IEEE ICIA 2010(信息与自动化国际会议)程序委员会主席;IEEE/ICME CME 2010(复杂医学工程国际会议)程序委员会主席;黑龙江省神经科学学会副秘书长;黑龙江省博士学术研究会理事、理科专业委员会委员。

**跃渊智能团队大事记**

2010 年李杰曾担任江淮汽车股份有限公司工作生产技术部副总工程师。

2012 年李杰作为程天科技团队核心成员成立哈尔滨程天科技发展有限公司。

2016 年李杰团队争取天使轮 1 080 万元融资。

2017 年李杰创办哈尔滨跃渊智能科技有限责任公司。

2017 年盾牌无人机通过前期技术积累及方案成型,成功与甲方达成合作。生化池巡检机器人成功设计并交付甲方使用。智能化验机器人设计方案通过,并且第一代原型设计制造成功。

创始团队留念

（三）创业体会

一定要思考好大公司的产品路线图，不要螳臂当车。基本有两大规律：第一是，越是底层的东西，巨头越会去做。人工智能产业链中，基础层是构建生态的基础，价值最高，大公司会长期进行战略布局。在基础计算能力、数据、通用算法、框架和技术方面布局，聚集大量开发者和用户，这基本是兵家必争之地。

第二是，越是通用型的产品，越是大公司会做的。对于通用型的产品，大公司会贯彻人工智能优先的策略，来提升效率、改善用户体验，对于通用技术层，这是构建大公司护城河的基础，大公司也一定会布局。这也导向了一个新的结论，也是顺为资本副总裁及入驻企业家孟醒总结的，越是纯互联网的产品，越是大公司会做的。这背后的逻辑是互联网产品具有网络效应，也更通用。所以从这个角度上看，面向大众的纯互联网产品并不是人工智能初创公司创业的好方向。实际上重投入和一眼就能看得见巨大价值的项目，都不是初创公司的最佳选择。

互联网大公司都在发力人工智能，依靠强大的实力做平台，做入口，把持流量和服务，连接关键节点。庆幸的是巨头也有局限，它很难在每个垂直领域都做得非常深，因为这未必是他们的核心业务。创业公司可以选择做垂直领域的先行者，积累用户和数据，结合技术和算法优势，成为垂直领域的颠覆者。不过即使是做垂直领域，也不建议和传统公司硬碰硬，而是迂回包抄，边缘突破。创业公司也可以专注于细分场景应用，做窄品类的应用，提供解决方案，直戳行业痛点。总结一下，创业公司应该不断从边缘创新，在巨头看不见或者不屑的地方进行创新，不断扩大创新的边界，从而成长为一个价值中心，走农村包围城市的路线。

追求技术也要重视产品体验和经济效益。即使是在人工智能领域，技术在很多场合也不是最重要的东西，一方面是大家的技术都差不多，没有显著差异，另一方面是有众多其他的因素影响用户体验和购买选择。

要摸清谁会为你的产品买单。人工智能创业者一定要谨慎痛点低的伪需求，满足谁的需求是一定要思考好的问题，在人工智能领域，要么是2B(面向企业)，要么2C(面向消费者)的方向，各有利弊。2C的优势在于可以打造自主品牌，而且用户购买决策是在相对市场化的竞争环境中，一旦成功容易形成规模效应，成长为巨头。2C的劣势在于可能需要更长时间的积累，需要更庞大的团队，而且竞争更激烈，因为要消费者掏出真金白银。无论做2B还是2C，都要想好壁垒在哪里，优势在哪里。如果优势是行业资源，如何找到合适方向切入。如果壁垒在于数据，第一波数据从哪里来，如何把数据优势滚动起来，都是要思考的问题。

人员结构要合理。把握好研发团队和产品工程团队的比例，也是在初创公司里不断涌现的一个问题。很多人工智能初创企业由于团队基因等原因，一味地追求算法和技术上的领先，招募大批科研人才，而工程人才欠缺。拥有大量科研人才有利于做公关，也利于吸引VC的投资，但这一方面可能带来过高的成本，牛人扎堆后更难管理，谁也不服谁，可能会因为学术兴趣不同而造成“神仙打架”，导致产品方向的偏差。毕竟初创公司不是研究院，不以促进学术发展为目的，而是要以产品为核心的商业机构。需要创始团队非常有产品思维，而这往往是科学家出生的团队最缺乏的，而做垂直领域的应用，也要求创始团队有行业资源。这些都需要寻找合作伙伴来补齐。

要懂得如何把握节奏。在互联网和移动互联网创业的时代，都有窗口期的概念，错过了窗口期会很难做大，进入过早也会死得快。在人工智能领域，时机和节奏感的把握都很重要。时机的判断非常关键，比如在当前语音的发展已经完全可以商业化的时候应该做些什么，比如对视觉领域的技术发展的判断，又比如对无人车领域前景的判断，找准时机点及其关键，不同阶段要做不同的事情。而节奏感的控制除了来自对人工智能技术发展程度的判断，还有来自对融资环境的判断，对市场发展速度和变化的判断，对竞争对手的判断。有这几个方向的判断，就大概能知道是否步子应该迈得大一些。

### (四)获奖情况

2016年，第二届中国“互联网+”大学生创新创业大赛全国银奖、全国铜奖。

2017年，第十五届“挑战杯”全国大学生课外学术科技作品竞赛国家级铜奖、省一等奖。

2018年，第十一届“挑战杯”大学生创业大赛省金奖。

2018 年,全国机器人大赛机器人创业赛国家二等奖。

2018 年,"TRIZ"杯全国创新方法大赛创业组国家特等奖。

## 十一、丁牛辅导团队

### (一)团队概况

团队名称:丁牛辅导团队。

团队成员:现有全职员工 31 人,包括技术开发工程师 6 人,教研团队 9 人,全职教师 11 人,合作兼职教师上百名,技术团队拥有来自华为、腾讯的开发工程师,正大证券的资深后台架构师等。

团队概况:团队于 2016 年 05 月 27 日注册哈尔滨学泰教育科技有限公司。注册地址:南岗区护军街 54 号。注册资本:100 万。吸纳用户:学生注册用户达 13 254人。教师注册用户达 1 431 人,付费用户共 1 014 人,项目盈利:月营业额达 36 万。法定代表人:杨春波。总经理杨春波,负责公司大战略制定和外部联系。市场经理吕少平,负责产品推广和市场开拓运营。产品经理陈捷,负责线上产品开发运营和平台功能模块的设计。

公司开发的主要产品"丁牛辅导",是一款服务于中小学生的在线智能辅导软件,采用线上 + 线下的新型模式,互动直播辅导与双名师连锁培训学校相结合,平台可以实现约课、支付、直播授课、评价和回访五大功能。从 2011 年开始线下开拓调研到 2017 年软件平台全面上线,六年时间内,已经有 13 000 余名学生用户和 1 300多名老师在"丁牛"平台注册,平台的月营业额达到 36 万元。与此同时,这个年轻的创业团队还获得"工信部大学生创业一等奖""哈尔滨大学生优秀创业项目"称号,并被中央电视台、黑龙江电视台、黑龙江晨报、新浪网、搜狐教育等多家媒体报道。

### (二)创业历程

1. 志同道合,结缘创业

所有看上去了不起的事情其实都来自持之以恒,创业团队的成立就是几个爱好并一直坚持创业的大学生的结缘。在团队成立之前,甚至在高中阶段,吕少平等团队创始人就开始有了个人创业的经历,并且一直坚持关注和开拓新的领域。他们有的熟悉和了解市场的运营,有的持续关注着网络领域的动态,有的还自己办过培训班,成员的不同技能和丰富的创业实践经验为"丁牛"的诞生打下充分基础。

在敏锐地察觉到中小学生教育市场的巨大发展前景,并经过一系列的调研后,杨春波、吕少平等人达成一致,瞄准 3 ~5 线城市的 K12(kindergarten through twelfth grade)市场,在县城做起了培训机构——“丁牛课堂”。创业的前期总是很艰难,为了推广机构的知名度,他们街头巷尾地发传单、口干舌燥地向潜在客户介绍产品,有时一整天下来也没有太大成效,让他们一度怀疑这种地面推广是否能够成功,但是功夫不负有心人,随着一点点的积累,机构还是慢慢在几个县级城市打开了它的一片市场。四年时间里,他们建立起三所线下的培训机构,“丁牛课堂”的蓝色招牌在街头巷尾挂了起来。随着一定范围内品牌知名度提高,覆盖用户人数逐步上升,团队成员也初尝了胜利果实。

2. 转型发展,突破瓶颈

设立的四家培训机构都运营顺利,营业额稳步增加,换作一些别的创业者说不定就会满足现状、选择止步于此了,但这个年轻的创业团队显然不会。在经营的过程中,杨春波他们不禁开始产生新的思考——市面上能看到的培训机构这么多,我们有什么不一样的地方呢?我们怎样才能有长足的发展呢?

他们开始研究行业内各类教育产品,发现线上实时辅导是一个好方向。我国互联网领域正在蓬勃发展,而国家又在大力地提倡“互联网+”新常态。互联网+教育,似乎是个值得考虑的模式。虽然市场上已经有一些公司在线辅导平台,但还存在很多“用户痛点”,比如线上教学效率低、缺乏数据化支撑、价格不够普惠大众等等。于是团队开始招兵买马,吸纳了一些懂技术的新成员,着手自主研发互联网在线智能辅导平台。在建设线上直播互动授课平台和题库系统的同时,“丁牛”也没有落下线下市场的开拓,2017年,“丁牛”创建了1个教研中心与13家实体店。就这样,“丁牛”从一个县城连锁培训学校成功转型,成为一家采用线上+线下的运营模式,提供互联网实时辅导平台,同时运营三四线城市互动课堂的教育机构。

3. 用技术改变教育

创业的过程虽然艰辛但也充满了惊喜。披荆斩棘一路走来,从一个小小几人的团队,到2016年注册资金100万元的教育科技公司,“丁牛”团队吸引了众多用户的信赖和支持,获得了稳定的营业额,也斩获了一些奖项。团队成员之间也已经不仅仅是普通的创业同伴关系,在困难的时候,他们一起咬牙坚持,在迷茫不知道方向的时候,一起商议,做出取舍,调整策略重新启航。他们对于这个团队投入的精力和心血,对于产品的专注,已让他们紧紧联结了起来。

如果说团队成员一路创业的历程里,有什么是一直贯穿的,大概是“改变传统教育方式”的目标。近些年来提“改变教育”的人越来越多,而“丁牛”选择了一个直接且高效的方式——技术。最早做线下连锁机构“丁牛课堂”时,他们就十分重视“因材施教”的理念,老师注重和孩子与家长的沟通,针对不同的孩子制定不同特色的课程。再到线上辅导平台上线,“丁牛”开始研究深度神经机器学习,直接推出了"个性化定制教育"的卖点，联手哈尔滨工程大学计算机学院研究室，成功研发了一套为线上辅导服务的深度学习系统。"我们的目的，就是用技术去改变教学效率，提升教学体验，最终能让每个孩子学习能力有大幅提高。"杨春波这样说。"用技术改变教育"，这大概是从学生群体里走出来的创业团队，才能孕育的一种人文关怀。

4. 丁牛辅导大事记

2015 年成立三家线下连锁培训机构"丁牛课堂"。

2016 年 5 月份公司注册，全名为哈尔滨学泰教育科技有限公司。

2016 年 12 月 21 日"丁牛辅导"软件平台上线内测。

2017 年 1 月 13 日软件平台全面上线。

学泰捐赠教育发展基金签约合影

(三)创业体会

几年的创业经历，让成员们对于"创业"二字都有了很深的体悟。在被问到如何抓住创业机会时，陈捷说，能抓住创业机会是因为大家当时有一些共同的想法，最后恰好碰上了几个志同道合的人，所以就走到了一起，倒不算什么太不可思议的过程。的确，市场瞬息万变，市场中的角力者众多，创建"丁牛"之于团队成员们来说，不是什么机缘巧合。灵光一现的想法来源于对于市场动向的敏锐嗅觉，而抓住灵感并实现这一个想法，则依靠于成员们的共同经营。全面的调研分析、繁重的宣传推广、产品的研发、目标的准确制定，这一系列的工作，都不轻松。但有志同道合的人陪伴，一起在创业的道路上行走，旅程虽曲折却不再那么孤独寂寞。

"丁牛辅导"的成功鼓舞了许多刚起步的创业者，但吕少平说，"一个团队，最重要的东西还是好的产品。""你用心去对产品，他自然会回报你。"这一点陈捷也深有体会,实时辅导平台上线前,他全情地投入到研发工作,软件的一个功能一个页面,都是他无数个日夜耗费精力仔细琢磨出来的。就是这样不放过每一个细节,注重提高用户体验的毅力,才成就了受到众多用户信赖的"丁牛"平台。在浮躁的市场竞争中搁置杂念,用心做出好的产品,这也是"丁牛"给后来的创业者们留下的启发。

(四)获奖情况

2016 年,工信创新创业奖学金一等奖。

2017 年,"大学生优秀创业项目"称号。

2017 年,"阿里巴巴诸神之战"二等奖。

2017 年,"深圳创新创业大赛"全国总决赛二等奖。

2017 年,哈尔滨"女大学生创业大赛"一等奖。

2017 年,"赢在南京创业大赛"三等奖。

2018 年,"中国创新创业大赛"黑龙江省金奖。

2018 年,创青春"挑战杯"黑龙江省金奖。

2018 年,第四届"互联网 +"大学生创新创业大赛黑龙江省金奖。

## 十二、深蓝 JDI 团队

(一)团队概况

团队名称:深蓝 JDI 团队。

团队成员:团队现有博士生 1 名,硕士生 3 名和本科生 3 名。

团队介绍:团队领导人为哈尔滨工程大学 2013 级船舶工程学院学生邹俊攀。团队主要研究方向是以水下焊接机器人为代表的多功能水下维修机器人。目前,团队成员共获国家级奖项 23 项,省级奖项 12 项,发表国内核心期刊论文 7 篇。团队已入驻哈尔滨工程大学"创立方"创客工场(产品研发区),并与中集海洋工程研究院有限公司达成合作框架协议,向山东省申报创新创业扶持计划,享有山东省政府三千万元福利支持。

由于目前海底焊接技术的不完善,深蓝 JDI 团队针对采油平台、输油管线以及深海压力容器等海洋结构服役中面临和亟待解决的焊接维修技术问题,设计出一款适用于 200 米水深海洋环境下局部干法焊接机器人。项目基本思路是分别在机器人垂向和纵向布置两组推进器,艏部布置一组侧向推进器,实现六个自由度的灵活运动。焊接部分则采用局部干法水下焊接。水下作业则使用水密型机械手以便携带多种类作业设备并实现多角度作业。该水下焊接机器人采用开放式框架式结构，自身具备动力装置，可实现水下灵活运动，并且可通过脐带电缆进行实时遥控，其作业水深大，使用局部干法水下焊接技术进行水下焊接。

（二）创业历程

**万事开头难——科创之路坎坷不平**

深蓝 JDI 团队的邹俊攀出身贫寒，从小就培养迎难而上，严格要求自己的优秀品质。他很清楚地知道自己想要改变命运，除了在学校刻苦学习以外，还要抓住正在到来的“互联网 +”时代的机遇，投入到创新创业中。他说：“自从习总书记上台以后，国家对创新创业的扶植力度明显加强，对海洋开发更加重视，我们的机会也明显增多，所以我决定在科创这方面好好下一番功夫。”邹俊攀的主要研究方向是船舶与工程结构物质与制造，他很清楚地知道，目前的海下船体及其他海洋装置的修复大部分还是靠人工去完成，而这种修复面临低效益和高风险的问题。邹俊攀针对这个现象日思夜想，最终决定研究出一种能代替人工完成这个作业的智能机器人，也就是后来我们所了解的水下焊接机器人。但是这个项目很复杂，涉及学科交叉，需要不同专业取长补短，由于经验不足，还需要老师指点。邹俊攀在同一个哈尔滨工程大学水声学院的朋友商量后决定面向全校招聘人手一起来完成这个项目，深蓝 JDI 团队随之诞生。团队合作之初，由于队员们是不同院系、不同年级的学生，各自课程不同，自然会遇到课程时间上的冲突，邹俊攀便通过几次开会，在熟悉各成员的课表后认真协调各方，在尽量不耽搁大家的课程的基础上安排实验与研讨的时间，基本完美地解决这个问题。但问题不仅仅只有这一个，任何一个科创项目的完成离不开资金支持，邹俊攀等人也面临资金上的困境。邹俊攀很着急，因为资金不到位，项目研发进程就要滞后，这会大大打击团队的士气。为此，邹俊攀将个人大部分生活费及奖学金都奉献了出来，但仅靠这点钱还是不够的。在向老师求助后，他得知大学生双创可以向学校申请资金支持，同时，还可以向银行申请资金贷款。邹俊攀很高兴，在经过自己的解释说明后得到了学校与银行的经费支持，给团队喂了一颗定心丸。除此之外，在最开始的团队合作中，队员们之间会出现沟通上的小毛病。每位队员们都是各学院最优秀的学生，都具有很强的主见，不会轻易接受他人意见，谁也不服谁。邹俊攀在发现这个问题后，感到事态严紧，这样下去肯定要拖累研发进度。邹俊攀便自掏腰包，在学校请大家吃饭，在饭桌上，邹俊攀语重心长地对大家说：“我们如今是一个团队，这里没有一个庸才。我真心希望各位能谦虚上进，取长补短，协同合作。你擅长编程，我擅长建模。但是单靠一个人解决不了咱这项目，这也是我邀请大家加入我的团队的原因。”在邹俊攀的耐心劝导下，队员们的关系缓和许多，研发进度也步入正轨。

### 攻坚克难——在实践中不断前行

在项目研发过程中，邹俊攀团队每一步都走得很谨慎，每一个细节都要经过研讨会反复推敲，意见达成一致后方能通过。但即便如此，团队仍然在技术上碰到了难题。针对机器人水下作业是否灵活、是否能克服复杂的海下环境等问题，团队讨论了半个月之久也一直未能得出可行的方案。邹俊攀甚至因此茶饭不思，多日废寝忘食。看到队长这个样子，团队其他成员们既担心又着急，纷纷劝他休息几个小时。邹俊攀婉言谢绝队员们的好意，仍然坚持拼在研发第一线。一次研讨会上，邹俊攀突然大喊“我知道了，我知道了”。他建议在机器人上安装一个动力装置，通过脐带电缆进行实时遥控，分别在机器人垂向和纵向布置两组推进器，艏部布置一组侧向推进器，实现六个自由度的灵活运动，同时，使用220V电源直接给底板供电，大大降低线缆电流负担，且硬件模块化，极大降低维护成本。在经过半天讨论后，该方案获得队员们的一致认可，数月后，该方案的显著效果完美地在机器人身上体现出来。通过这件事，邹俊攀也获得了团队成员们的认可，真正成为这支队伍的领袖。在对其他成员的采访中，队员们都表示自己从心底里佩服邹俊攀，被他那股不服输、坚持不懈的劲头深深感染。这也为团队日后更进一步的合作打下一个坚实的基础。在2017年团队推出第一代和第二代机器人后，产品在海洋实践中受到社会一致好评，然而仍然存在一些关键的问题。2018年，针对上一代水下焊接机器人使用水下湿法工艺带来的焊缝质量问题，邹俊攀团队决定采用局部干法水下焊接工艺，并设计一款专用的排水罩以满足实验室水池的实验需要。由于还要提高排水罩的排水功能，近期新设计的排水罩体积更小，周向通气，单孔排气，比以前的排水罩简洁稳定，令人兴奋的是该排水罩已具备初步海试能力。谈到此处，邹俊攀很开心地跟记者分享道：“这个项目做了接近两年，我们在研发过程中并不能把一切技术都做到完美无瑕，但是在每一次实践后，我们都能发现它的不足，然后去改进，驱使它朝着更好的方向进步。这个过程虽包含知道它仍有不足时的失望，但更多的是改进后的愉悦。”他有点脸红但骄傲地说，他已经把这个水下焊接机器人当成自己的孩子，这是他的心血，也是团队的心血。

### 初具雏形的创业公司

在完成水下焊接机器人项目后，邹俊攀萌生出以该项目为核心进行创业的念头。邹俊攀的水下焊接机器人的样机在山东太阳岛船舶科技有限公司和中集海洋研究院有限公司得到实验应用，两家公司反馈的文件都表明该机器人工作状态很好，效果不错，愿意和邹俊攀达成合作协议。邹俊攀表示，目前公司还在注册当中，故而公司更多内容不方便透露。但初步拟定公司CEO为他自己，CTO为水声学院科技协会主席陆胤亨，项目团队技术顾问为船舶与海洋工程学院副教授苗玉刚，企业技术顾问为烟台中集来福士海洋工程有限公司高级工程师夏广印。邹俊攀说，他有信心把这项技术推广至全国，也相信将来自己的公司能在海洋工程技术方面取得更多突破。

(三)创业体会

邹俊攀说，第一，做科创首先要有足够的专业知识，知识是科创的基石。然后要技术——单片机，编程，数学建模等，他们是知识的搬运工，没技术，知识也用不出来；第二，高效的协调合作很重要。科创不是孤军奋战，科创需要团队合作，目前的科创基本上都是学科交叉类型的，单靠一个人干不了。他说他的深蓝 JDI 团队里没有所谓的全才，他们精通自己的学科，他把他们聚集到一起，拧成一股绳，就像“核聚变”一样，爆发出无穷的力量与智慧，科创的高效与品质都是需要团队集体来维护的：第三，劈波斩浪，迎难而上。他提到，科技创新是一件很难的事，简单的科创不是科创，是小聪明。你在做一个项目的过程中，必然要遇到各种各样的问题与麻烦，这些问题与麻烦是避不了的，我们要坚持不懈地去挑战他们，迎难而上，正如校歌中的一句歌词：“丹心铸剑，何惧大洋深和远”。

他说，他很庆幸自己生活在 21 世纪这样一个开放的年代，这个年代让自己有梦想就敢去努力实现。科创不仅仅是他个人热爱的，更是国家需要的。一个项目的研发，便是一个新的想法得到证实。当无数个想法碰撞在一起，便能汇聚成一个大的创意，这个创意便能为国家赢得大的利益。当今社会，创新是一个民族进步的源泉。在未来，他希望靠着自己在学校学到的专业知识，为国家的海洋事业奉献出自己的力量，如此也算是不辱没母校的名声。

(四)获奖情况

2017 年，第十五届“挑战杯”全国大学生课外学术科技作品竞赛国家级铜奖一项，省一等奖一项。

2017 年，第三届“互联网 +”大学生创新创业大赛全国银奖一项，省金奖一项。

2017 年，工信创新创业奖学金一等奖。

2018 年，首届中俄工业创新大赛三等奖。

## 十三、深度科技团队

(一)团队概况

团队名称：深度科技团队。

团队成员：李晗生、路阳、张维鹏、吴虹明、苍玖阳、王嘉欣、迟子涵。

团队介绍：哈尔滨深度科技团队，简称“哈船深度科技”，是“哈船众创联盟”发起者之一,由时任黑龙江省省长陆昊同志亲自揭牌成立。公司已加入“哈工程校友企业联盟”,是联盟 50 余所企业中最年轻的一员。公司由 7 名学生股东众筹五十万元人民币成立,团队依托于哈尔滨工程大学科技园,成员由哈尔滨工程大学博士生、硕士生、本科生组成,融合多项专业制造技术,以海洋技术与文化为核心,专注于海洋工程产品的研发与销售。

公司与中船重工集团、哈船集团以及多家国内知名潜水工程企业等客户进行合作,联合研发销售海洋工程新产品,并参与过中国国际潜水展、中国国际海事展览会、国际创新创业博览会、国内首届军民融合人工智能产业发展高峰论坛等大型国际国内展览会或论坛,得到了相关专家的高度认可与评价。

(二)创业历程

**披荆斩棘,拓创新之路**

入学后,李晗生对科技创新有着浓厚的兴趣,乐于钻研船舶原理,在没有专业功底的情况下自己摸索学习,进入当时有“全国十佳科技社团”之称的哈尔滨工程大学 E 唯协会,在海洋航行器设计专家的指点下,李晗生独立带队设计制作了第一个科创作品——穿浪双体远洋太阳能帆船,首战便获得“北斗杯”全国青少年科技创新大赛三等奖,为同学树立了科创榜样。然而,科创生涯并不顺利,他在参加海洋航行器大赛的过程中遇到了困难,制作的水陆两栖机器人没有得到专家的认可,一度感到沮丧。“梦想是现在和未来之间的事情,踏实的行走才能靠近”。面对困难,从小就不服输的李晗生总结了这次经验与教训,更加努力踏实地学习专业知识,几乎每天都去实验室为下一次比赛做准备。天道酬勤,他代表哈尔滨工程大学在第四届全国海洋航行器大赛中斩获特等奖的好成绩,为校争光,获得了辅导教师与参赛同学的一致认可。次年,在中国机器人大赛水下机器人作业组比赛中,他带领的团队以优异的成绩夺得了全国季军。这使他深刻认识到,科创并不是一个人能做到的,需要一个强大的团队。

于是,在提升自己的同时,李晗生也乐于带动身边的同学参加科研。李晗生积极参与科技创新管理工作,担任了学院科技创新协会的学生干部,同时兼职班级科委、科创导航员等职务,通过努力工作来为船舶工程学院科技创新平台的搭建奉献出自己的力量。

**卓绝奋进,转型向创业**

在科技创新领域硕果累累的李晗生团队,开始了一场大胆的转型——创业。在担任船舶工程学院科协副主席之时,李晗生曾组织承办“2015 全国青少年高校科学营”的船模竞速项目。第一次举办科学营并不顺利,许多意想不到的问题来了。但是这些困难并没有击倒李晗生和他的团队，李晗生与同为学院科技创新骨干的路阳和张维鹏二人，展开了“中国合伙人”式的合作，共同开发专业级的船模比赛教具。李晗生团队总结出了第一次的经验教训，在一年后，将“DIY 遥控船模”开发完成。它是国内首个采用“模块化”设计，从拼装制作到下水比赛一气呵成的船模教具，同时还配套完整的授课、教学、竞赛体系，在第二次的科学营上表现得非常优秀，得到了参加科学营的广大营员认可，为公司捞下了第一桶金。

李晗生曾携带科技创新作品参加了 2015 年中国国际海事展，这也是他走出大学科研环境，放眼观望世界船舶市场的第一次。展会上壮观的船舶科技产业化成果让李晗生大开眼界，更加坚定了他从创新向创业发展的决心。自此他心中树立了这样的观念：“科技创新作品只有走出实验室，真正经历市场化和客户的考验后，才能体现出实用价值，为海洋行业输出新的力量”。

**艰苦奋斗，扬创业之风**

2016 年 9 月，在李晗生团队的七名核心成员展开众筹后，哈尔滨深度科技发展有限公司挂牌成立，与我校另外 12 家科技类公司共同组成“哈船众创生态园”，由省长陆昊同志亲自揭牌剪裁。在得到了学校团委及科技园在政策上的大力支持后，李晗生的创业团队蒸蒸日上，在 2017 年初期形成了自己的产业体系——“一海三船”，以海洋科技文化为核心，从事小型海洋航行器产品研发，海洋科普教具研发及授课，以及高中时期的老本行——船模工艺品制作。

2017 年全国青少年高校科学营船模竞速活动

在深度科技公司的 2017 年计划中，一个高端产品被列入了重中之重——蛙人水中推进器产品的系列研发。早在 2016 年时，李晗生通过大量市场调研得知，虽然我国在水下无人机领域达到了世界水平，却忽视了传统的蛙人部队的装备研发。于是，李晗生制作了第一代泵喷式蛙人水中推进器样机，专程前往大连考取了潜水员证件,并在学校的船模拖曳水池进行蛙人推进器的亲身测试。缩小精简的二代产品也提上了开发日程,开展了流体力学分析、人体工学分析、工业设计外型等高级研发环节。该产品还得到了我国最大的民用水下机器人公司天津深之蓝的认可,后者表示也有意共同投资开发娱乐休闲级潜水员推进器,共同组建中国潜水员推进器产品的大家庭。

### (三)创业体会

展望未来,随着创业的进行,李晗生慢慢意识到本科生对深层次专业知识的匮乏与局限。于是在发展公司的同时,他开始进行研究生阶段的学习,团队也开始努力撰写专利、论文等“干货”。近期团队获得了工信部创新创业一等奖学金,用于公司基础设施的搭建和完善,打造一个更舒适的研发、生产环境。

在双创的大海撑起一片白帆,不仅是李晗生一个人的梦想,也是众多哈尔滨工程大学莘莘学子的海洋强国梦。李晗生从创新到创业的转变,更是向这个梦想的进一步前进,哈尔滨深度科技发展有限公司的壮大发展,也将会吸引更多成员加入,共同在大众创新,万众创业的茫茫大海上扬帆起航!

### (四)获奖情况

2017 年,第三届中国“互联网 +”大学生创业大赛省赛全省第二、国赛银奖。

2017 年,“挑战杯”全国大学生课外学术科技作品竞赛二等奖。

## 十四、万创科技团队

### (一)团队概况

团队名称:万创科技团队。

团队成员:赵春恩、黄湘庭、邓旭东、赵国波、金文学、陈凯旋、张亚会、孟思源、宋鹏、姜硕、周忠臣、张舒源、孙永刚、曲志超。

团队介绍:万创科技团队成立于 2014 年 3 月,于 2015 年 11 月正式注册公司,注册资本 30 万元。团队自成立以来,充分吸纳了全校不同专业、不同年级的成员 28 人,成员涵盖了机械电子、自动化、计算机工程、软件工程、经济管理等不同专业的博士、硕士、本科生等不同教育层次的精英人才。

哈尔滨万创科技发展有限公司主营桌面级及工业级 3D 打印设备研发、生产、销售及技术服务,公司主要服务教育培训、科研院所等企业用户及有个性化定制需求的个人用户,目标是让 3D 打印走进人们的生活,让 3D 打印变得简单,做国内领先的 3D 打印设备和技术提供商,在未来将通过建设面向用户的 3D 打印设备和技术资源共享平台,实现 3D 打印的普及化。

（二）创业历程

1. 创新，我们是认真的

2013 年，机电创新实验室的张永锐老师在学生赵春恩的建议下购买了哈尔滨工程大学第一台桌面级 3D 打印机。实验室所有成员都期待这台从大洋彼岸过来的 3D 打印机可以发挥神奇的“功效”。但是几万元的设备并没有想象中的美好，堵头、翘边、打印粗糙。随着使用的深入，问题一个接一个地出现。半年之后，这台进口的 3D 打印机开始在实验室吃灰了。

2014 年春节，刚刚个性化保送硕士研究生的赵春恩凌晨给实验室两位师弟黄湘庭、邓旭东发消息：“兄弟，想自己研发一台高精度的 3D 打印机，有没有兴趣一起做？”“必须做呀，初几回学校？”“明天就买票。”三人一拍即合，大年初七就回到了冰城哈尔滨。经过几天的讨论和调查，第一个结构方案诞生了。确定方案后，三个人决定自掏腰包从网上采购定制零部件、电路板。大年初七，食堂基本都没有开门，走在空荡荡的校园里面，他们感到无比的激动与期待。几天后，他们采购的零部件陆续到货，原本期待的心情开始变得焦虑起来，一个关键部件的规格出了差错，所有的测试工作可能都要延后。“与其等几天的时间，咱们不如在哈尔滨本地找一找吧。”虽然大家心里都知道这种零部件线下鲜有销售，但还是抱着一丝希望开始分头寻找。零下 20 多度的天气下，他们一家一家的寻找，功夫不负有心人，最后终于找到了需要的零件。

在启航 014 经历了三个月“暗无天日的地下生活”后，他们终于做出了自己的第一台 3D 打印机样机。打印完第一个测试零件后，三个人露出不可思议的眼神。眼前这台简陋的初代样机的精度竟然这么高，而核算后的成本仅仅是以前购买的进口 3D 打印机的十分之一。

2. 创业，在刀尖上起舞

在张永锐老师的指导下，团队获得了国家级创新创业训练项目和特殊资助项目的支持。有了资金的支撑，项目开始快速的推进，1 个月内就完成了 6 次迭代，迈向了产品化的过程。团队也开始迅速壮大，越来越多的人才加入了这个团队。

得到了学校支持，以桌面级及专业级 3D 打印设备的研发、生产、销售及其技术服务为主的哈尔滨万创科技发展有限公司 2015 年 11 月成立，注册资金 30 万元。从创新到创业，身份在改变，观念也要跟着变化，原先靠兴趣做支撑的创新精神也要向市场导向的创业精神转变。

原来一天到晚泡在实验室的他们开始走出校园跑市场，一次一次的碰壁没有让他们气馁。他们一次又一次拜访高校的每一个研究所、实验室，获得了越来越多的老师和同学的信任,他们的3D打印机开始销往各个城市。

为了把技术推广出去,把市场做开,他们还走出校门,到中、小学校去免费推广。在这个过程中,他们意识到当前的3D打印教育市场最缺少的是配套的课程体系,于是又开始自主编写了一套《3D打印技术与创客教育》系列课程,现该课程已被多家中、小学校认定为创新指定课程。

3. 成就源自团队的力量

如今,公司已经申请了专利7项,更新了5代产品,形成了3个系列,打印体积从家用微波炉大小的桌面级到单人床大小的专业级设备。几年中,公司累积销售打印机近400台,客户遍布黑龙江省、浙江省、西藏自治区等7个省份的20余个城市,近百家中小学校,公司与一些高校还建立了长期合作关系。原黑龙江省长陆昊曾三次莅临公司指导,并为哈尔滨万创科技发展有限公司揭牌。

扁平化的团队管理模式让他们拥有极高的创造力和执行力。他们正在研发的基于互联网的3D打印平台,为3D打印设备提供互联网技术,实现设备资源共享、推动技术普及,也获得了2016年"创青春"全国大学生创新创业大赛银奖、2016年第二届黑龙江省"互联网+"大学生创新创业大赛金奖等奖项。万创科技团队因此获得第一届工信部创业奖学金一等奖。

**万创科技团队接受腾讯新闻采访**

(三)创业体会

公司总经理赵春恩说:"万创科技之所以发展到今天,最重要的一点是当面对困难时我们选择的是直面困难,当面对问题时我们选择的是解决问题。我们始终相信团队的力量和团结的力量,让每一位成员充分发挥自己的能力,才能让团队迸发出最强大的能量。"

"创业的三年里,我经历了一年的休学,经历了无数备货、研发、攻克难题的日日夜夜,从技术总监转型到总经理,肩上的责任变得更重了。这三年里除了收获成功与经验外,最幸运的就是与团队并肩作战,收获一群共同战斗过的兄弟姐妹"。

(四)获奖情况

2016 年,"创青春"全国大学生创新创业大赛银奖。

2016 年,第二届黑龙江省"互联网+"大学生创新创业大赛金奖。

2017 年,首届工信创新创业奖学金一等奖。

## 十五、能汇团队

(一)团队概况

团队名称:能汇团队。

团队成员:团队分为5个部门即运营部、技术部、行政部、财务部、配送部,受总经理和董事长管理和支配,每个部门有2~5个人不等,团队规模大概有15~20人。

团队介绍:团队于2016年9月6日注册哈尔滨能汇网络科技有限公司,注册地址:哈尔滨市南岗区南通大街258号船舶电子大世界西区4层410-7号。注册资本:6万元,法定代表人:刘宇。主营产品包括日用品、体育用品、办公用品、服装、鞋帽、化妆品、计算机软硬件、通信设备、电子产品、箱包、工艺品、家具、厨房设备、照明设备、针纺织品、家用电器。公司完成上海一家互联网公司"布料物流"的安卓APP开发项目,实现了数万元收入。在失物招领方面,现已有十余人志愿者团队,3个月内共归还丢失物品600余件,探索C2B模式,创新性地提出针对社区的水果套餐化预购模式,打造优质实惠的水果电商平台——工程果林。

(二)创业历程

对资深水果吃货来说,工程果林并不陌生,在工程果林上挑选好吃不贵的水果已成为校园的潮流。工程果林是一个完善、便捷、实惠的水果购物平台,只需在微信上完成支付,就有专人送货上门。打造这一平台的正是哈尔滨能汇网络科技有限公司成员,来自理学院2014级本科生刘宇。

1. 让梦想生根发芽

谈起创业的最初动机与想法,刘宇是这样回答的,"我觉得现代生活应该是更方便、更快捷、更智能。"经过刘宇团队分析发现校园现状并不方便智能快捷,存在着诸多不便,如丢了东西找不回,想要学习创业经验无从下手,想要查询成绩、课表、实验不能快捷地实现。总的来说,校园是一个相对封闭的小社会,已有成型的互联网产品对校园的“兼容性”不高。高校的通性问题，也基本已被各个互联网产品渗透，导致校园内信息化程度很不平衡，整合校园信息、营造智慧校园，难度大。校园是“一个相对封闭的小社会”，市场需求有很多，似乎可以开展的事项很多，但进一步分析却发现问题很多。拥有刚性需求的“失物招领”需求使用频率不高；拥有高频刚性需求的“外卖、电商”已被其他的互联网＋公司渗透；符合校园特色的“课表、查课”，各个平台都在做。

能汇团队针对校园的这种“大杂居、小聚居”的特点，推出了“智慧工程圈”公众号，重点去做“失物招领”，在这过程中不断探讨公益事业的商业价值。旨在形成社会化、网络化的校园技术服务体系，培养自己的技术能力、法律意识、管理经验和经营策略，使团队逐渐向复合型高素质的专业化科技服务队伍靠拢。注重培养自己的创新意识，勇于尝试一切新鲜技术和手段，不断尝试开发了微网站、微主页、小程序、H5 等诸多作品；团队中的人通过创业活动得到很多锻炼，并且为跨界复合。在失物招领方面，现已有十余人志愿者团队，3 个月内共归还丢失物品 600 余件，记录在案的物品归还记录 300 余份。

团队结合自身条件，经过对现实情况的多番考察，在本身精力有限、资源有限的情况下，初步致力于打造优质实惠的水果电商平台。从十月份开始，刘宇开始尝试实际运营。在一般的水果电商之外，一方面，着重打造了苹果这一平价爆款水果，本校师生反响良好，平台运营逐步上升。尤其是圣诞节前夕，团队主抓两种礼品装平安果，仅这一次校园活动，销售额达到一万三千元左右。这初步体现了生鲜电商打造爆款的商业价值。另一方面，团队逐步探索 C2B 模式，创新性地提出针对社区的水果套餐化预购模式，线上预购水果套餐，线下物流定时配送，预计这一模式将很好地降低水果成本，保障新鲜度，提升购买体验。线上订单三个月内成交近 4 000 笔，营业额 7 万左右。另外，圣诞节的平安果活动，普通装平安果和精装贴字平安果合计营业额一万三千余元。

在“互联网＋”的时代背景下，公司负责人刘宇根据自身创业经历和与多家企业的沟通调查，发现企业职业需求和学生工作能力的不匹配、学生创业热情和实践经验的不匹配可归因于学生实践经验和实践能力的欠缺。为此，刘宇带领团队成员开展了第二个创业项目：“树苗计划”——大学生自主实践平台。该平台旨在抓住高校人才输出端，以互联网运营和技术为基础，打造大学生自主实践平台，带动校内学生亲身参与创业实践，增加经验，提升能力。

首先，团队以“智慧工程圈”和“工程果林”作为实践项目。智慧工程圈是基于微信小程序而开发的服务网站，此项目侧重于学生在软件开发方面的实践；工程果林是一个电商平台，侧重于学生在供应链管理和电商运营等方面的实践。

其次，团队搭建了学生企业对接平台，让企业需求进高校，学生能得到充分锻炼。第一个子项目是针对互联网企业的学生实习，包含技术、运营、市场和人力资源等实习方向。通过学习企业实际工作流程，学生可有针对性地学习，减少企业培训成本，增加学生履历竞争力。第二个子项目是项目外包，旨在匹配企业的碎片化需求和学生的零散时间。学生利用零散时间完成平台发布的企业公开在线项目。在这方面，国内已有一些先行者，如清华发起的“清帆远航”项目。目前，团队完成了上海一家互联网公司“布料物流”的安卓 APP 开发项目，实现了数万元收入。

2. 有趣的灵魂终将相遇

团队成员相遇的契机是因为他们发现校园有诸多不便，例如丢了东西找不回，想要查齐成绩、课表、实验东凑齐凑，想要购买便宜好吃的水果还要跑很远。通过老师的介绍，团队认识其他志同道合的成员，他们都想为在校学生们做一些力所能及的事情，在这过程中也能积攒创业经验，可谓一举两得。就这样能汇团队踏上了属于他们自己的创业之路。

2016 年研究生入学考试左右是圣诞节，因为团队两名核心成员准备考研，刘宇提前为这两位成员放了假。而其他成员去水果市场买来好吃的苹果，苹果单价也不便宜，为了节省成本，剩下 5 人只要有空余时间就在包装苹果，圣诞节前夜刘宇包了整整一夜，第二天发货继续包。欣慰的是圣诞节当晚包装好的苹果全部卖出，他们从中感受到莫大的幸福，后来得到买苹果的同学们的反馈就是既便宜还好吃，这件事可能是他们团队印象最深刻的事情，拥有有趣的灵魂的成员一起携手渡过难关。

3. 不忘初心，携手共进

俗话说，万事开头难。这句话形容能汇团队的创业经历是最恰当不过。刚开始的每天晚上，团队成员都要开会商谈商业模式与运营模式。晚上开会，白天上整天的课。学习工作两头抓，哪一方面都没有放松。

当被笔者问到创业最艰难的时段是怎样度过的。刘宇说是团队成员的初心支持他们一起走下去。团队的初心就是想为同学们做一些事情。做工程果林与智慧工程圈都是为了方便同学。同时每一次的推广活动也是对团队的提升与挑战。虽然会遇到困难，但团队成员也乐在其中。团队取得的成就都是靠后期摸索，不断改进才建立起来的。创业听起来很容易，实际上，它需要团队付出很大的努力，要有恒心与毅力。

懂用户，对用户的需求了如指掌也是刘宇团队成功的原因之一。因为成员做过技术和产品，也懂性能优化，同时也在技术方面有一定的积累，团队的最大优势在于懂用户，并且用心做产品。这是创业最重要的前提。懂产品归根结底是要懂用户,因为产品只是一种工具,服务才是目的,服务的目的还是要给用户带来真正的价值,如果不懂用户,一切都毫无意义。此外,产品的质量也得保证。刘宇表示团队接下来会继续保持自己的初心,做出更多方便大众的产品。

4. 能汇团队大事记

2016 年 9 月 6 日注册成立公司。

2016 年 9 月上线智慧工程圈。

2016 年 10 月上线工程果林。

### (三)创业体会

刘宇谈到创业体会时,有自己的见解。他认为读万卷书,不如行万里路;行万里路,不如阅人无数;阅人无数,不如面壁思故;面壁思故,不如明师指路;明师指路,不如自己领悟。别对自己说不可能,没有做不到的事,只有想不想做的事。

创业很多时候要看个人的灵感,想法迸发出来,要尽快抓住稍纵即逝的灵感,让它变为现实,很多时候,时间就是机遇,错过了这个时间,就错过了机遇,就很难在商场上立于不败之地。总结来说商场打拼成功与否在于是否能快速将灵感转换为现实。

### (四)获奖情况

2016 年,工信创新创业一等奖学金。

2017 年,工信创新创业二等奖学金。

2017 年,“建行杯”第三届黑龙江省“互联网 + ”大学生创新创业大赛三等奖。

## 十六、同趣团队

### (一)团队概况

团队名称:同趣团队。

团队成员:已有 9 名核心成员,并有 80 名兼职学生。

团队介绍:团队于 2016 年 6 月注册哈尔滨同趣网络科技有限公司。注册地址:哈尔滨市。注册资本:50 万元。法定代表人:廉松霖。哈尔滨网络科技有限公司是一家完全由在校大学生创办的互联网公司,专注于校园社交领域。2016 年 10 月,公司主打产品【校酷 APP】1. 0 版本登陆各大应用平台。首周,哈尔滨工程大学注册学生便超过 1 700 人。首月注册用户超过 5 000 人。11 月,获得 200 万天使轮投资,办理了商标及软件著作权。12 月,全体研发成员随创始人从北京回到哈尔滨。2017 年 3 月,获得“挑战杯”大学生创新创业三等奖,进入“TRIZ 杯”创新创业竞赛决赛,省教育厅将项目收录为创业实践课程案例。8 月,获“互联网 + ”大学生创新创业三等奖。2017 年 9 月，公司全部成员进驻哈工程创业街区。2017 年 10 月，【校酷 2.0】版本上线，覆盖哈尔滨 20 余所主要高校，注册用户超过 3 万人。11 月，哈尔滨人力资源和社会保障厅选为"2017 年度哈尔滨市大学生重点创业项目"，获得奖金 5 万元。12 月，【校酷 3.0】版本推出，并启动全国推广。

公司每年招聘 25 到 30 个在校大学生在团队内实习，传授他们互联网相关知识。从 2016 年到 2017 年短短一年的时间，公司得到了初步发展。形成了明确的市场定位，完善的软件开发能力，资金流水超过 80 万元。至如今，公司已有 9 名核心成员，并有 80 名兼职学生。核心人员均具备三年以上软件开发经验。公司虽人数不多，但团队实力与默契程度不可同日而语，公司软件研发能力大幅增强。稳定的团队、优秀的能力、持续的学习、年轻的创造是这家公司的发展基石。

### （二）创业历程

#### 1. 一闪而现的创意

廉松霖本科就读于黑龙江大学，曾就职于上市公司和互联网金融公司长达三年。现在是一名经济管理专业二年级研究生，有着扎实的专业基础，这对于他的自主创业是一个很大的帮助。在本科生时代，廉松霖便经常会去参加一些双创讲座以及一些创新创业的活动与比赛。听着各位前辈的创业故事，看着学长学姐们自己去创业，一步一步实现着自己的人生理想，廉松霖心动了。哈尔滨工程大学对学生自主创业及其支持，制定了一系列政策与方案帮助和引导学生自主创业。并且廉松霖当时结识了几位志同道合的同学，他们想法一致，再加上当时学校里学生自主创业之风正浓，廉松霖本身便有过三年职业经历。在天时、地利、人和三者俱佳的情况下，廉松霖一帮人便开始了他们的创业之路。

创业之初，廉松霖便遇到了麻烦，创业的方向有很多，如何选一个正确的方向呢？为此，廉松霖可谓是想破了头皮，自己与合伙人商量，询问了老师、前辈，始终还是未找到令他自己满意的东西。有一天，他在参加一个创业宣讲会上发现很多同学没有认真听讲，而是在用 QQ、微信聊天。他顿时萌发了要创建一个大学生校园社交平台的想法，这个平台也就是后来诞生的 SNS 社交网络平台。互联网企业是区别于传统企业的新型企业，也是当今全世界企业的主流。正身处互联网发展的潮流之中，自己的想法又与这契合，他立即找到几位合伙人，开始了这方面的工作。

**克服困难　坚定决心**

既然选择了要做社交软件这一方面，那么初期准备的首要任务便是要找到软件技术的开发人员，这样的人很多，但符合廉松霖胃口的又比较少。廉松霖需要几位成熟但又具有很大发展潜力,能够与自己即将创建的公司较匹配的IT职员,而这样的人廉松霖去哪找呢?他直接锁定了北京中关村地带。在经过一个月的努力后,廉松霖找到了四位技术人员,并以此组成了公司创业的核心人员。基本人员已经配齐,下一步便是重要的资金问题。廉松霖清楚地知道,创业的现实很残酷,没有钱,空有一身本事与团队,什么也做不了。廉松霖首先想到的自然是家里支持,但怎样说服家里人支持自己去创业呢?廉松霖花费了挺大一番功夫。家里人起初并不太支持,廉松霖给父母说了很多关于创业好处,但父母还是不太放心。最终父母听到他说他喜欢创业,想做出点东西给他们看看时,他父母才同意。廉松霖得到了50万的注册资金。

七月,公司在北京首开智慧社,立刻在北京中关村招募技术研发人员,组建成立技术开发部,其人员也是今哈尔滨研发部主要人员。公司成立之后,由于起初团队不大,很多活都要廉松霖亲力亲为。特别是公司刚成立,知名度不高,公司的产品也无人问津,廉松霖和几位合伙人在哈工程到处推广自己的产品,并寻找各种营销渠道、运营线上平台、产品售后服务等。十天半个月廉松霖会觉得没什么,虽然忙,但也是应该的。可时间一长,公司与公司的产品在校园内小有名气后,业务增多,各种麻烦与问题也接踵而至。廉松霖在心理和生理上都感到特别的累,甚至一度想过要放弃。但最终在几位伙伴和公司全体人员的共同努力下,公司逐步走上正轨,廉松霖首次收获到成功的喜悦。这份喜悦也让他坚定了自己要把自己的这份事业进行到底的决心。

廉松霖之后一年半的时间里,将公司规模做大。公司自2016年6月创立起初,仅是一个六人的小团队,但就这样一批志同道合的人开启了他们的创业之路,并沿着这条路越走越远,越走越高。他们如今致力于将公司全面推向全国,并制定了严密的发展计划。廉松霖谈到,自己真的开心,因为自己学习成绩不太好,但一直想做出点成绩来证明自己,让父母高兴。如今他做到了,从他泛红的双眼中,我们能亲切地体会到他心中的情感。

当谈及对未来他有什么打算时,他很官方地说:本公司始终将打造最卓越的校园社交品牌作为企业的唯一使命。经过近两年发展,公司形成明确的市场定位,完善的软件研发能力,资金流水超过80万元,口碑传播及用户黏性也显著提高。公司会在2018年上半年筹备A轮融资。现阶段,公司由于发展规模和资源的限制,产品市场主要集于哈尔滨各大高校,但这将成为我们商业模式形成的第一个根据地,公司将同时不断挖掘用户需求,持续提升产品体验,使“校酷”成为一款全国性校园社交软件。

**同趣团队大事记**

2016 年 2 月，项目进驻哈尔滨工程大学创业基地孵化，主营业务为社交网络。

2016 年 6 月，哈尔滨同趣网络科技有限公司成立，廉松霖担任董事长。

2016 年 10 月，公司主打产品【校酷 APP】1.0 版本登陆各大应用平台，首周，哈尔滨工程大学注册学生便超过 1 700 人。

2016 年 11 月，获得 200 万天使轮投资，办理了商标及软件著作权。

2016 年 12 月，北京全体研发成员随创始人回到哈尔滨。

2017 年 9 月，公司全部成员进驻哈工程创业街区。同年 10 月，【校酷 2.0】版本上线，覆盖哈尔滨 20 余所主要高校，注册用户超过 3 万人。

2017 年 11 月，哈尔滨人力资源和社会保障局选为"2017 年度哈尔滨市大学生重点创业项目"，获得奖金 5 万元。

2017 年 12 月，【校酷 3.0】版本推出，并启动全国推广。

（三）创业体会

当我们请他给我们谈一谈他的创业感悟时，他笑了笑，说自己感悟挺深的。他说："首先，你得是个有想法的人。创业就是一种创新，创新自然要有想法。想法不同，走的方向就不一样。对于创业而言，你的想法既要大胆，也要切合实际，纸上谈兵是搞不出名堂的。当初在选定做"校酷"时，便是看中了校园环境这个特殊的社会环境。大学生相比白领而言拥有更多的空闲时间，社交也是大学生活所必需的。考虑到这些，我们相信我们的创业有成功的可能，事实也证明了。很多人会说没有好的想法，好的点子，其实可以做的东西真的很多。创造一款伟大的产品或者服务的最直接、最简单的方法就是去做你自己想用的。因为自己是最了解需求是什么，怎样可以满足，并能立即明白你做的东西是否靠谱，价值多大。其次，团队很重要。个人网络创业，由于势单力薄，力量和能力有限，想要成功是很难的。所以我们需要一个可靠的、高效的团队，而高效的团队促进公司高效运转。高效的团队成员之间应该是平等的，不应该有上下级之分，不应该有审批，各自负责一部分任务并且承担起来。很简单的道理，分工合作，事半功倍。"

我们谈及创业对他个人的影响时，他说，这两年的创业经历让他对自己有一个清楚的认识，明确自己在社会上的一个定位，自己能够更专注去做一件事，并且坚持很重要。

（四）获奖情况

2017 年，"挑战杯"大学生创新创业三等奖，进入"TRIZ 杯"创新创业竞赛决赛，省教育厅将项目收录为创业实践课程案例。

2017年,"互联网+"大学生创新创业大赛三等奖。

2017年,哈尔滨人力资源和社会保障厅选为"2017年度哈尔滨市大学生重点创业项目",获得奖金5万元。

## 第二节　学生创新创业优秀个人

### 一、周泽才

#### (一)周泽才概况

周泽才,男,汉族,中共党员,哈尔滨工程大学船舶工程学院船舶与海洋工程专业2014级本科生。英国皇家造船师学会会员,国际仿生工程学会会员。曾任船舶工程学院114班党支部书记,船舶工程学院团委副书记。获哈尔滨工程大学陈赓奖学金、工信部创新创业奖学金特等奖等各类总额超过10万元;获黑龙江省三好学生、哈尔滨工程大学年度生涯明星人物等各项荣誉称号13次。大学以来,他积极响应国家"建设海洋强国"的号召,依托学校"三海一核"的学科优势,在海洋无人系统领域积极开展科研创新工作。本科期间,相关成果在省、国家级以上学术科技竞赛中获奖21项,在国内外期刊会议上发表学术论文8篇,以第一发明人申请发明专利4项。

#### (二)创新历程

水空两栖水质监测无人机的项目背景:近年来海域漏油事件已经造成了严重的生态灾难,我国大部分江河湖泊都存在水域富营养化、重金属元素超标等严重问题,直接危害人们的身体健康,严重制约了我国经济的可持续发展。

水环境的实时检测技术已经提上了环境保护科学的日程安排,人们迫切需要一种实时自动检测湖泊或河流水质污染的技术,省去烦琐的人力物力,增强智能性与可靠性,同时可以在更广阔的水域中执行水质监测工作。现如今的无人水质监测设备存在如下一些问题:

(1)国内有专门的无人水质监测船,但是对于船来讲,它的航行区域受到限制,在一些沼泽、滩涂等地,水质监测船完全不能工作。

(2)国外目前使用较多的是无人机水质监测设备,其可以在沼泽或是高山峡谷等复杂的水域环境中进行作业,但是无人机空中飞行的续航力限制了它的活动区域。

基于此背景,创新性地提出水空两栖水质监测无人机的项目思路,以求解决以上问题。

项目的整体设计研发工作从水面航行系统、旋翼升力系统、水样采集系统、水质监测传感器系统、能源系统和通信及控制系统六大部分开展，涉及结构强度、流体力学、机械结构、自动控制、信息通信等多学科专业的知识。

从2016年3月份立项开始，周泽才带领团队开展了材料选取、机械结构设计、控制算法实现及优化、程序编写、用户界面开发等一系列工作，克服了诸如材料强度和重量的权衡，旋翼升力计算，艇型选择，减重优化设计和控制算法的稳定性等诸多问题，最终于2016年8月份完成了水空两栖水质监测无人机的第一型样机。该样机可实现升空5米，空中飞行续航15分钟，水面航行续航2小时，实现单点机械臂式水样采集。该样机的主要缺点在于其电机及旋翼提供的升力不够，升力裕量不足，表现为样机飞行时的操纵性较差，姿态难以稳定保持，升空高度较低；此外该样机由于采用机械臂式采集水样，控制较为复杂。

基于第一型样机的设计研制经验，针对其不足，于2017年3月份开始第二型水空两栖水质监测无人机的设计开发工作。由于充分汲取了第一型样机研制过程中的一些经验教训，第二型研制较为顺利，但仍然经历了多次结构设计的大幅度改动，起落架设计不合理导致应力集中而被剪断，电流过大烧毁线缆插头等问题。第二型样机的研制过程中尤其注意旋翼升力系统的设计，采用大功率电机和更大直径的旋翼。理论升力达到20kg而样机总重为10kg，实现了较大的升力裕量。同时，第二型样机研制过程中采用了全新的水样采集方案，实现了多点定点定量的可控采集。

先后两型样机的研制过程历时接近两年，期间为赶进度，团队成员假期里在实验室通宵达旦，连续两三天不睡是常态。每每遇到重大困难问题，团队成员相互鼓励，最终都很好地克服了难题，最终稳定的实现了全部预期功能。目前样机实现的主要功能参数：主尺度：1 100mm × 900mm × 600mm，排水量：10kg，水面航速：≤3节，空中飞行速度：待测，升空最大高度：30m，动力电池容量：25Ah，最大遥控距离：3km，作业功能：多点采集水样，每点采集60ml，水质监测参数实时回传。

在此项目中，周泽才的个人的工作主要包括：作为项目负责人，主持项目的提出、总体协调项目进度和人员安排；旋翼和电机的设计选型，旋翼理论升力的计算，设计旋翼升力试验；双体船阻力的计算，螺旋桨和电机的选型以及推力计算；片体间连接横梁等关键部件的有限元强度计算；部分机械结构设计、实物制作等。

**周泽才入围创新标兵候选人**

(三)创新体会

回想三年历程,为了多方面兼顾,在科创的同时不影响自己的课程成绩,不知度过了多少个不眠之夜,每逢假期在实验室连续几天不睡曾经是我和我的团队成员的常态。

勤于学业使我理论基础扎实,而科技创新则把我引向真正的科研与工程实践,使我培养了每周坚持阅读一定数量论文的习惯,使我看问题的角度、理解问题的能力更加深刻,使我锻炼了坐得住、吃得苦的品质,使我很早就确立了立志科研与工程的志向。

(四)获奖情况

2016 年,第四届全国"TRIZ"杯大学生创新方法大赛二等奖。

2016 年,东北三省数学建模联赛一等奖。

2016 年,第五届全国海洋航行器设计与制作大赛一等奖和二等奖各一项。

2016 年,第七届中国大学生游艇设计大赛一等奖。

2016 年,"太阳鸟杯"全国大学生游艇设计大赛优秀奖。

2016 年,OI 中国水下机器人大赛总评三等奖和最佳人气奖。

2016 年,全国大学生数学建模竞赛黑龙江赛区一等奖。

2017 年,美国国际大学生数学建模竞赛二等奖。

2017 年,第五届全国"TRIZ"杯大学生创新方法大赛特等奖两项。

2017 年,第六届全国海洋航行器设计与制作大赛特等奖两项。

2017 年,第十五届"挑战杯"黑龙江省大学生课外学术科技作品竞赛二等奖两项。

2017年,获评哈尔滨工程大学2014级本科生学业榜样"十大明星人物"(科技创新型)。

## 二、黄玉龙

### (一)黄玉龙概况

黄玉龙,男,汉族,中共党员,哈尔滨工程大学自动化学院控制科学与工程专业2014级博士研究生,研究方向为导航系统理论与技术。在研究生在读期间,他以第一作者或者通信作者发表或录用学术论文44篇,包括SCI论文27篇(本学科顶级期刊论文10篇,1区SCI论文18篇),国内顶级控制期刊《自动化学报》6篇,A类国际会议4篇。已经授权的发明专利2项。相关研究成果被应用于我国海军导航装备的自主定位和姿态测量。Google引用次数300余次。曾荣获研究生国家奖学金4次、工信部创新创业奖学金特等奖和一等奖、第十二届中国大学生年度人物入围奖、中国船级社最佳论文奖学金、黑龙江省三好学生荣誉称号、CASC奖学金、哈尔滨工程大学博士研究生科研创新基金(资助金额10万)、哈尔滨工程大学学术之星大赛冠军、哈尔滨工程大学创新标兵、黑龙江省三好学生荣誉称号、黑龙江省学生联合会第九次代表大会哈尔滨工程大学博士代表、第829期阳光论坛嘉宾、校三好学生荣誉称号、校优秀共青团员荣誉称号。2017年曾前往美国哥伦比亚大学联合培养,入围《自动化学报》年度最佳论文评选,初试排名第三。

### (二)创新历程

黄玉龙从小立志从事海洋研究。为了实现海洋梦,2008年,黄玉龙考入以"三海一核"特色扬名的哈尔滨工程大学。2012年,他更是以优异的成绩被保送为本校硕士研究生,师从张勇刚教授从事船舶导航和状态估计理论研究。

然而,追求梦想的道路并不是一帆风顺的。读博期间,他经历过很多挫折,文章投稿屡屡被拒、研究的问题长时间没有成果等等。然而,不服输的性格让他并没有就此消沉下去,反而以更加勤奋刻苦的态度继续学习。他放弃了几乎所有的闲暇时间,每天7点进实验室,一直研究到晚上10点多,从来没有过休息日。黄玉龙除了专心吸收课堂上的知识外,他还大量阅读各种文献,全面及时地把握研究方向。每年他都要粗读一千余篇文献、精读一百余篇文献。这样持续广泛地摄取知识,让黄玉龙积累了丰富的专业知识,打下了扎实的理论基础。在导师张勇刚教授的鼓励和帮助下,黄玉龙不再惧怕投稿被拒的失败,而是一点点汇总问题,讨论创新点,反复修改打磨文章,直至满意再投。这些年里黄玉龙写的每篇文章几乎都经过二三十遍的修改,光修改的稿件摞起来都有一人多高。

在复杂的海洋环境下，水下无人潜航器容易受到未知干扰，从而降低水下自主导航的精度和可靠性，导致无人潜航器无法完成预定任务，甚至有丢失的潜在危险。设计可靠的、高精度的组合导航信息融合算法是解决这一难题的主要技术手段。2017 年黄玉龙借鉴机器学习中的一些重要思想，提出新型组合导航算法，成功解决水下无人潜航器自主导航中存在的未知干扰问题。与传统的组合导航算法相比，黄玉龙提出的新型组合导航算法能更好地抵制外界干扰，并将水下无人潜航器自主导航的精度提高至少 20%，保证了水下自主导航的精度和可靠性。

黄玉龙做出的这些原创性成果，被应用于我国海军导航装备的自主定位和姿态测量，为提高海军装备性能、提升海军战斗力作出了贡献。

作为师兄，他也经常协助导师带领学生进行学习和研究，给他们上课，带着他们一起学习基本专业知识，帮助他们打好基础。2017 年他曾前往美国哥伦比亚大学学习一年，在这一年里，他仍然坚持每周与学生们开视频会议，关注他们的学习情况，解答他们提出的问题。他很乐意将自己的科研经验分享给学弟学妹，帮助他们成长。他积极为新生普及科研工作的基本知识，带领他们迈入科研的门槛。黄玉龙的分享与帮助并不仅限于本校学生，其他学校的同学向他请教问题，他同样毫无保留地分享自己的意见，帮助他们解决问题。这是因为，对于黄玉龙来说，一个人的进步是有限的，和大家共同进步才能成长更快。除此之外，他也很注重与行业内其他学者交流。他每年会参加多个国际学术会议，了解国际学术大腕们的最新学术观点，近距离与他们进行交流。学院每年都会邀请许多著名国内外学者访问哈尔滨工程大学。每次遇到这些学者的讲座，他都会认真聆听，积极吸取报告内容；报告结束后，他会抓住难得的机会与国内外专家直接探讨科研问题。2015 年 7 月，著名的信号处理理论学者、英国皇家工程院院士、纽卡斯尔大学 Jonathon Chambers 教授访问哈尔滨工程大学，并在自动化学院授课一个月。利用这次机会，他与 Jonathon 教授深入交流了鲁棒状态估计问题，特别是带厚尾系统和量测噪声的状态估计问题。此次交流不仅开拓了他的研究视野，也为后来他在鲁棒自适应状态估计方面的研究指明了方向，对他影响十分深远。2016 年至今，他和 Jonathon 教授合作在《IEEE Transactions on Automatic Control》《IEEE - ASME Transactions on Mechatronics》《IEEE Transactions on Aerospace and Electronic Systems》《IEEE Transactions on Systems, Man and Cybernetics: Systems》《IEEE Signal Processing Letters》等国际著名学术期刊上发表 SCI 论文 6 篇，A 类国际会议论文 3 篇。如今，他仍然与 Jonathon 教授保持着联系，并且在鲁棒自适应状态估计和组合导航方面开展了进一步的合作。

在主动吸收先进知识的同时，他还积极地寻找交流机会，走出哈尔滨工程大学。2015 年 12 月他赴日本大阪参加了第 54 届《IEEE Conference on Decision and Control》国际顶级控制会议,2016 年 3 月他赴上海参加了第 41 届《IEEE International Conference on Acoustics, Speech and Signal Processing》国际顶级信号处理会议,2016 年 7 月他赴德国海德堡参加了第 19 届《International Conference on Information Fusion》国际顶级信息融合会议。会议期间,除了在分会场介绍他的工作并为听众解答他们的疑问之外,他还积极参加各类主题报告,了解最新研究方向和学术动态。在海报展览区,与来自世界不同学校的专家和同学进行学术交流,吸收新的学术知识和学术思想。在第 54 届国际控制与决策会议期间,他与美国加州大学圣地亚哥分校的 Raymond A. de Callafon 教授就非线性联合状态和未知输入估计问题进行了详细交流;在第 41 届国际声学、语音和信号处理会议期间,他与芬兰坦佩雷理工大学的 Robert Piche 教授讨论了带偏斜厚尾量测噪声状态估计理论以及其在室内导航与定位中应用问题,此次交流对他后续鲁棒自适应状态估计方面的研究产生了深远的影响;在第 19 届国际信息融合会议期间,他与德国波恩大学的 Felix Govaers 教授就带厚尾系统和量测噪声鲁棒状态估计理论问题进行了深入交流,同时 Felix 教授对他的工作表示高度肯定,并对他的工作提出了一些新的建议,对他后续的科研工作产生了很好的促进。2016 年 8 月他代表哈尔滨市惯性技术学会参加了洛阳惯性技术学会第 28 次学术交流会,会议期间他与海军工程大学的常路宾老师就惯性导航系统的机动对准问题进行了深入交流,此次交流加深了他对这方面研究的理解。

2016 年 11 月,他受哥伦比亚大学 Xiaodong Wang 教授的邀请和国家留学基金委资助,前往哥伦比亚大学进行为期 1 年的联合培养。在联合培养期间,他首先旁听了 Wang 教授讲授的"Information Theory"和"Statistical signal processing: detection and estimation"课程,为期三个月。这段课程为他能很快适应和融入到国外的学习和研究生活起到了很好的铺垫作用,同时也为后续的课题研究做了基础准备工作。2017 年 3 月,他与 Wang 教授和张勇刚教授就载体强机动情况下机动对准问题进行了为期一个月的深入讨论,他们一致认为现有处理这一问题的方法计算复杂度过高,并且精度低。在 Wang 教授和张勇刚教授的指导下,黄玉龙首次提出利用闭环方法估计从当前载体系到初始载体系的姿态矩阵这一新颖思想,提出了基于卡尔曼滤波的机动对准方法,该工作于 2017 年 10 月在顶级导航期刊《IEEE Transactions on Instrumentation and Measurement》上发表。2017 年 7 月,他与 Wang 教授和张勇刚教授就带厚尾或偏斜噪声状态估计理论问题进行了深入的讨论。在 Wang 教授和张勇刚教授的指导下,黄玉龙启发式地利用高斯比例混合分布来建模厚尾或偏斜非高斯噪声,并将状态估计问题巧妙转变为未知参数估计问题。Wang 教授对这一工作评价极高,他说“黄玉龙利用巧妙的方法解决了非高斯噪声情况下状态估计问题,提出的算法简单有效,具有很好的工程实用性”。该工作已经投往顶级导航期刊《IEEE Transactions on Aerospace and Electronic Systems》,正在进行同行评审。

黄玉龙荣获第十一届中国青少年科技创新奖

## (三)创新体会

黄玉龙性格开朗,积极进取,勤奋刻苦,具备较强的自学能力、独立开展学术科研工作的能力和创新精神,参与多项实际科研项目,具有良好的团队合作精神。本人能够灵活利用所学知识思考并解决学术和工程中遇到的问题,具备较强的发现问题和解决问题的能力。

党的十九大报告指出,要加快建设海洋强国。这一目标让黄玉龙对“海洋梦”更加坚定。黄玉龙说,“海洋梦”归根结底是“强国梦”,他将以饱满斗志迎接科研路上的每一个挑战,继续“把论文写在海洋里”,用科研的力量为国家的海防建设添砖加瓦。

国家海军装备研制正处于蓬勃发展时期,船舶导航是我国海军装备建设急需解决的瓶颈问题之一。哈尔滨工程大学是我国“三海一核”领域重要的人才培养和科学研究基地,作为哈尔滨工程大学海洋运载器导航设备研究所的学子,黄玉龙将秉承“大工至善,大学至真”的哈工程信条,以更加饱满的热情去迎接科研道路上的每一个挑战,为国家海防建设贡献更大的力量。

### （四）获奖情况

2013 年，CASC 社会公益奖学金。

2013 年，哈尔滨工程大学校优秀共青团员。

2013 年，哈尔滨工程大学校三好学生。

2013 年，硕士研究生国家奖学金。

2014 年，黑龙江省三好学生。

2015 年，哈尔滨工程大学学术之星大赛冠军。

2015 年，博士研究生国家奖学金。

2016 年，中国船级社最佳论文奖。

2016 年，博士研究生国家奖学金。

2017 年，工信创新创业奖学金一等奖。

2017 年，第十二届中国大学生年度人物候选人。

2017 年，哈尔滨工程大学博士研究生科研创新基金。

2017 年，博士研究生国家奖学金。

2017 年，哈尔滨工程大学创新标兵。

2018 年，工信部创新创业奖学金特等奖。

## 三、刘小龙

### （一）刘小龙概况

刘小龙，男，汉族，中共党员，2016 级控制科学与工程专业博士研究生。曾获国家级励志奖学金、多次校级奖学金；曾获校三好学生、“校 60 周年优秀志愿者”等荣誉称号。研究生期间组建的众志科技团队，在第二十二届校“五四杯”中荣获特等奖。目前参与的科创项目有：国家自然科学基金一项，省科技攻关项目一项，教育部高等学校博士学科点专项科研基金一项；国家发明专利受理两项。

众志科技团队主要科研项目是基于三维成像、空间定位和图像处理等技术的针对骨折手术的规划及导航系统。骨科是目前外科领域中应用新技术、新器械较多的学科之一。传统骨科手术通常需要手术暴露，这可能会引起严重并发症，包括创口感染、大血管或神经损伤、外展肌的去神经或去血管化及异位骨化等。为减小手术创伤，加快康复速度，微创骨科手术应运而生，成为骨科手术的未来发展方向。微创骨科手术通常需要图像引导，它是通过实时显示三维图像引导的一种微创手术。由于其定位精确、手术损伤小、可执行复杂外科操作及较高手术成功率等方面的卓越表现，已成为未来骨科微创治疗的标准手术。目前，骨科微创手术中多采用二维C型臂来引导,能够实时地监测断骨复位、钢钉或植入物的位置。然而,C型臂引导的骨折整复手术存在以下弊端:1)X光给医生和患者造成辐射;2)C型臂形成的是二维透视图像,没有深度信息;3)术前无制定手术计划,术中不确定因素多。因此,临床上急需一种安全无辐射、立体直观以及可规划定制的骨折整复引导系统。

为解决以上问题,本项目采用三维成像技术、空间定位技术和图像处理技术等开发针对骨折手术的规划及导航系统。该系统能够利用术前三维图像建立骨骼模型及规划手术流程。利用空间配准技术实现术中骨骼及术具的实时定位。凭借虚拟现实环境下骨骼及术具模型的位置关系引导医生实施骨折整复,并给出操作提示。

骨折整复术前模拟及术中智能导航系统主要包括术前模拟和术中导航两大模块,术前模拟模块实现断骨的三维重建、3D打印和预整复位置计算;术中导航模块实现了外固定架接骨导航和髓内针接骨导航。本系统优势主要包括两点:一是不用术中X光,避免对医生及患者的辐射,二是利用术前三维图像引导术中骨折整复,三维图像包含更多的信息,能够准确、直观地完成骨折整复。

(二)创新历程

为响应李克强总理“大众创新,万众创业”的号召,也为将实验室产品推广宣传开来,正赶上学校和学院创新创业赛事最活跃的时期,我于2016年十月份组建了众志科技团队,起初团队成员由实验室同学组成,包括五名硕士生,两名博士研究生,随即在16年末的校“五四杯”上崭露头角,取得了全校第三的优异成绩。17年初,由于实验室同学需要忙于课题,而比赛规模却越来越大,所以团队亟须吸纳精力充沛时间充裕的新成员加入进来。17年三月份,我组织了本科生宣讲,主要介绍实验室科技成果,招募有共同兴趣的同学加入,至此,团队又吸纳了七名本科生,主要负责视频剪辑、易拉宝制作、海报设计和宣传手册设计等。

我感觉,创新的核心在于好点子,多思多想,脑洞要大,创业的关键在于产品是否能落地,切切实实解决现实中的问题,是否符合市场需要。大学生无疑已成为创新创业的主力军,因为年轻所以敢想敢拼敢干,知识储备够,自学能力强,接纳新事物快。另外在高校中,有各种各样的比赛会针对各个专业的人才提供施展才华的平台。对于学生创业,学校也提供了一系列的资金,场地,政策支持,引导产品研发。从孵化到培育再到产业化全程帮扶,这是我们学生创业的巨大优势。但囿于大学生未踏上社会,对市场需求调研不够,往往会导致产品技术逻辑太强,实用性太差。

**刘小龙向工信部部长苗圩演示**

在校团委和院团委的大力支持下，我所负责的项目经过院赛、校赛成功进入省赛，7 月份黑龙江省“互联网 +”大赛在东北农业大学举办，初赛是以小组赛的形式进行的，答完辩非常忐忑，当天晚上通知取得一等奖进入第二天角逐金奖的答辩，并通知当晚返回东农熟悉复赛答辩场地，测试 PPT 播放等。第二天比赛以路演形式进行，所有评委老师现场打分，20 组一等奖团队前十名将成为金奖得主，当场就可以计算自己项目的名次，氛围特别紧张，这也是我参赛以来，最有压力的一次，没有之一。最终以全省第七的名次获得本届“互联网 +”大赛金奖，并进入全国“互联网 +”总决赛，获得铜奖。项目的技术成熟度已经可以了，但是没有进行过动物实验更没有进行临床试验，所以应用成熟度还是有一定差异的，我和我的指导老师也一直积极寻求在产品落地上的支持与合作。

现在的研发主要是针对骨折整复，通过对患者的断骨进行 CT 扫描，形成 CT 断层图像，然后对这些图像进行三维重建并用 3D 打印机进行 3D 建模，在术前模拟这一模块中，医生可以通过观察断骨的模型，对断骨的断裂情况、断裂位置有一个初步的了解。同时也在术中导航时，可以让医生通过观察屏幕上两块断骨图像之间的相对位置来进行接骨，从而起到引导医生接骨的作用。而现有的 C 型臂图像引导接骨的方式，使用二维图像的方法不仅不够直观，术中 C 型臂 X 光机产生的 X 射线也将会对医生和患者造成辐射伤害。这样看来，骨折整复系统的研发，就更具有实际意义了。

创业的最本质需求还是能够解决实际问题，能够为用户创造利润，这是对创业者的最根本的要求，参加比赛告一段落，一路走来，学到的经验是很宝贵的，我们是初创团队，而我又是第一次创建团队，有很多问题，分工不明确，不好意思去“协调”工作，绝大部分工作都是一个人完成，劳心劳力，没有充分将团队运作好，把工作分配好是我所吸取到的教训,曾参加校友宋超师兄的宣讲会,目前他是杭州微触科技有限公司的董事长,他讲,不要轻易接触创业,因为很累,他是技术出身,从学生时代开始创业,从创业小白到创业成功,中间经历了被人坑钱坑股份,踩坑爬坑,终于成功。所以,现在我想结合实际需求,潜心技术,研发一款能落地的产品出来,再结合上一段时间带团队的经验教训,推广产品,而不会轻谈创业。创业很难,希望大家尽可能做足准备再上路。

最初由于骨折整复导航系统这一课题本身就是省公关项目,恰好实验室买进的仪器可以做相关的研究,临床上也有着相应的需求。于是我们就开始了对骨折整复导航系统的研发。而众志科技现有的团队组成,又并不是最初研发的这一班人马:在研究进行了一年多后,以给实验室做宣传为由,我和几个同门的研究生就参加了院“五四杯”比赛,形成了最初的众志科技。而由于个人时间不足等原因,团队在逐渐发展过程中,人数也在逐渐减少。为了研发的顺利进行,我来到了导师所在的班级进行宣讲并招募到了“几个挺不错的小伙儿”。同时,在“五四杯”比赛的进行中,我又遇到了“特别优秀的几个小伙儿”,就也吸纳了进来,这也就构成了我们现有的团队——2 名博士生,5 名硕士生,8 名本科生。

(三)创新体会

每一个这样高端的研究背后,都存在着不少的难题。当时接受哈尔滨工程大学创业联盟的采访时当,问到在研究过程中遇到的困难,我非常实诚地回答了他们两个字:“差钱(儿)”(笑)。除此之外,我们所进行的这一研究,需要医院进行配合。但在和省医院几次技术交流中,却进展得并不顺利。我们希望得到更多的临床上问题的反馈,却没有相应的渠道。

是的,科技研发的过程从来都不是一帆风顺的,而作为科研人员,又需要具备怎样的品质呢?我认为是这样的:“要扛得住压力,不管遇到什么问题,就算很长时间都没有进展也能不放弃地去查文献,能够坚持下。不是有这样一句话嘛,‘念念不忘,必有回响’。坚持,不放弃,就总会有办法克服的。”

整体来讲,职业规划真的越早越好,尽快想明白自己想要什么;学习方面,高数要学好,基础要夯实;生活方面,不要宅,好的生活作息习惯特别重要。

创新创业,不要自个单干,尽早找到适合自己的实验室或者科创社团,有老师和前辈指导,有项目,有参赛经验,成长会快一些。

(四)获奖情况

2016 年,骨折整复术前模拟及术中智能导航系统院“五四杯”一等奖。

2016 年,骨折整复术前模拟及术中智能导航系统校“五四杯”特等奖。

2017 年,骨折整复术前模拟及术中智能导航系统,入驻大学生创新创业培育室。

2017 年,骨折整复术前模拟及术中智能导航系统,代表学校在第一届工信部创新创业表彰大会上布展。

2017 年,骨折整复术前模拟及术中智能导航系统,在哈尔滨国际智能博览会上布展。

2017 年,骨折整复术前模拟及术中智能导航系统,入驻创立方大学生创新创业培育室。

2017 年,骨折整复术前模拟及术中智能导航系统申报省级创新创业立项。

2017 年,骨折整复术前模拟及术中智能导航系统获第十五届“挑战杯”黑龙江省大学生课外学术科技作品竞赛一等奖。

2017 年,骨折整复术前模拟及术中智能导航系统获第三届黑龙江省“互联网 +”大学生创新创业大赛金奖。

2017 年,骨折整复术前模拟及术中智能导航系统获第三届中国“互联网 +”大学生创新创业大赛铜奖。

2017 年,骨折整复术前模拟及术中智能导航系统获“创客中国”创新创业大赛前 200 强,并代表学校在第十四届全国中小企业博览会上布展。

2017 年,骨折整复术前模拟及术中智能导航系统获第十五届全国“挑战杯”中国银行全国大学生课外学术科技作品竞赛三等奖。

2017 年,众志科技团队荣获第二届工信创新创业奖学金二等奖。

## 四、马兴华

### (一)马兴华概况

马兴华,男,2016 级计算机科学与技术学院物联网工程专业本科生,现任哈尔滨工程大学 ACM 校队队长、实验室负责人、算法学社主席以及系科技协会副主席。

ACM 国际大学生程序设计竞赛(ACM – ICPC)是由久负盛名的权威性组织——美国计算机协会主办的一项旨在展示大学生创新能力、团队精神和在压力下编写程序、分析和解决问题能力的年度竞赛,目标是培养新一代科学与信息技术领域的人才。该项赛事目前已经发展成为世界著名的、历史悠久的、最具影响力的大学生计算机竞赛。在 IBM 开展的众多学术活动中,ACM – ICPC 赛事占有十分重要的位置。此举旨在促进开放源代码编程技巧的发展,培养更具竞争力的 IT 工作人员,从而推动全球创新和经济增长。

我校的 ACM 实验室是基于该比赛，并且隶属于计算机科学与技术学院的科技创新实验室，是我校 ACM - ICPC 代表队的训练地点。我校 ACM - ICPC 代表队自创建以来每年代表我校参加各级 ACM 赛事并在各级赛事中都取得了优异的成绩，曾承办并参加了 2010 年 ICPC 世界总决赛，并在当年亚洲区域预选赛上摘金出线，且参加了次年在美国奥兰多举办的 ICPC 世界总决赛。

马兴华

作为现任实验室负责人及 ACM 校队队长，马兴华在任期间负责校队各项活动的组织及外出比赛的各项事务，并带领哈工程 ACM 赛队在各级赛事中取得优异的成绩。

（二）创新历程

自小一直热爱计算机的我在初中毕业时，通过教练的宣传了解到了信息学奥林匹克竞赛。兴趣使然，我参加并投入到了信息学竞赛的学习中，开始了兼顾文化课与信息学竞赛的学习生活。一起学习竞赛的人都因压力过大等因素放弃了信息学竞赛，周围坚持的人越来越少，但是我凭借着自己的热爱一直坚持学习，从最初的零基础开始学习，到现在语言和算法的掌握已经较为精通了。即便在学习的过程中吃了很多苦，有时可能一晚上只能睡一两个小时，有时可能需要通过暂缓文化课的学习进程来参加比赛，但是我依然热爱它并认真学习，做着一点一滴的努力和积累。在通过一年多的学习和对知识的整合后，我在 2014 年全国青少年信息学奥林匹克联赛（NOIP）提高组的比赛中取得了一等奖，在高考时也通过自主招生考试进入了我校计算机科学与技术学院物联网工程专业。

高中的竞赛经历以及自身兴趣的驱使，使我在大学期间依然想继续进行算法方向的学习。所以我大一入学在社团纳新时便加入了算法学社，而后又因为语言、算法及数据结构方面的基础，没有经过校赛的选拔便直接进入了哈工程 ACM 代表队，并在 2017 年度 ACM 校赛上取得了一等奖，亦是同届参赛人员中的第一名。在此期间一方面巩固高中学习的语言及算法知识，学习新的算法并通过网络比赛开拓自己的思维，另一方面也跟随学长参与了信息学竞赛等众多比赛和算法学社寒假培训等训练的组织工作，提高了自己的综合能力，开阔了眼界，同时也结识了许多志同道合的朋友，也成长了许多。这期间既经历了很多困难与阻碍，例如队友的更变、比赛的失利,也收获了喜悦与成长。一年的积累和学习,使我的编程能力及处事能力相比入学时有了很大的进步,在计算机专业知识的广度上也有了很大的拓展。可以说,这一年是对于我来说至关重要的一年,收获的不仅仅是专业上的能力,更是宝贵的人生经历和感悟,让我感受到算法不仅可以有深度,更可以有温度。

2017 年暑假期间,我把主要精力投入到了校队的训练上,包括有规划的知识学习、高难度题目的分析与钻研、参加了多校联赛及网络比赛,为几个月后的区域预选赛做了充足的准备。并在闲暇之余负责了面向全校的 CSP 暑期培训的授课以及高中生信息学竞赛夏令营的管理。

2017 秋季学期开学我本着向全校师生普及算法知识的思想进行了算法学社的宣传与纳新工作,很好地调动了新生学习编程的积极性,而后组织了算法学社定期培训,帮助新生熟悉计算机学习知识体系并做基础知识的梳理与掌握。在更变队友之后,和队友在比赛中的配合上我们也出现了诸多问题,但是我们积极应对,通过不断的磨合与协调,加深了对彼此的了解,培养了不俗的默契,我们应对问题的能力有了显著的提高。我想:专业的理论知识对于比赛固然重要,但是队友间独一无二的默契和配合更是取得胜利的关键。在当年亚洲区域预选赛西安站上我队就是因为出现了配合上的问题,很遗憾在该场比赛与银奖失之交臂,最终取得铜牌而归。在赛后队内也针对我们的问题进行了反思,并制定了有针对性的方案进行调整。

2018 年寒假期间我和队友策划并组织了算法学社的寒假培训,将大一有意向深入学习算法的同学,在学校进行系统的培训,由简到难,由浅入深的将知识分享给他们。随后我与我的队友奔赴深圳参加了寒武纪 ACM 金牌集训营,在此期间我们与各个 985、211 双一流大学的 ACM 选手比赛并进行了友好交流,并有幸听取了中国 ACM 顶尖选手的经验分享。我队在学习期间学到了超现实数、动态树等还没有涉猎过的算法,通过高强度的比赛及复盘发现了众多比赛中已经或可能出现的问题,并且讨论出了比较有效,切实可行的解决方法,在日后的赛程中也起到了很大的作用。

2018 年春季学期初我开始担任 ACM 校队队长以及算法学社社长,开始与学长交接校队和学社的各项事务。在 2018 年 ACM 校赛上取得了一等奖第二名,并且组织举办了 ACM 校赛的复赛,根据两场比赛的综合数据选拔了新一届的赛队预备队员,为 ACM 实验室注入了新鲜的血液。在完成队员选拔后,我们利用周末和假期积极组织队员训练,指导和教授算法知识并讲解题目,让刚刚入门的队员们对比赛有了一定的认知,也为日后的比赛打下坚实的基础。4 月下旬,我担任了信息学竞赛省队选拔赛的监考,与作为此次比赛命题人的来自清华大学的亚洲区域预选赛冠军队队员进行了方法与经验上的深入交流。5月下旬,我作为赛队队长带领我校派出的13支代表队参加了第十三届黑龙江省大学生程序设计竞赛,并取得了2金6银3铜的好成绩。由于我队细节上的失误,在此次比赛取得了银奖第二名的成绩,与金奖失之交臂。而后我队在次日举办的第十二届东北地区大学生程序设计竞赛摘得金奖,也带领我校取得了1金2银4铜的优异成绩。赛后我带领全体队员对比赛进行了分析,包括队友间的配合、解题策略等比赛技巧上的总结以及经验的分享,也希望通过比赛的回顾能够让整个赛队在日后的比赛中少走弯路。在赛后我队并没有松懈,而是针对省赛及东北赛中的不足进行训练,积极地做沟通和配合,为以后的比赛奠定了良好的基础。六月初,我队飞往宁夏参加了ACM-ICPC亚洲区委员会和教育部计算机教学指导委员会联合主办的2018 ACM-ICPC中国大学生程序设计竞赛,并在此次比赛获得了金奖。

自担任队长及算法学社主席至今,我主要负责ACM校队和算法学社的运营。在今年暑假我将带领队员进行暑期集训,使得刚进入实验室的队员对竞赛有更进一步的认知,对知识有更加全面的学习。同时完善自己的知识结构,开拓自己的思维宽度,争取在即将到来的区域赛上取得更加优异的成绩。

"路漫漫其修远兮,吾将上下而求索"。ACM校队队长在整个赛队的建设与发展上扮演着至关重要的角色,所以我必须不断努力更加严格要求自己,同时担负起这份责任,在队员管理中考虑到各方面因素,照顾每一位队员的想法。各种活动及各类赛事的组织上要做到尽善尽美,追求完美,不断创新,为赛队新一年的辉煌做出自己的贡献。

### (三)创新体会

从高中初学C语言到现在知识体系的完善,从最初的奥林匹克竞赛到如今的ACM大学生程序设计竞赛,这中间虽然遇到了很多阻碍,但是在兼顾学习和竞赛的过程中我收获了很多。这不单单是所获奖项上的收获,更为重要的是知识、人脉和能力上的收获。

在这个过程中,我相对于同专业的同龄人更早地建立起了自己的计算机的知识体系。同时认识了很多志同道合的朋友和优秀的人,这对于我的个人规划和方向目标有很积极的影响,在我迷茫的时候总会为我指明了正确的方向。而在一路走来的过程中,虽然遇到了很多坎坷和阻碍,但也让我的成长更加快速。

如今在作为队长在组织训练、带队比赛的过程中我深刻认识到ACM竞赛的核心问题在培训而不是比赛。如何组织、如何训练、如何提升训练质量并通过ACM竞赛培养出高水平的学生是我在任期间的工作重点。我也会践行这个理念,将面向全校的算法学社培训和面向校队的赛队培训做到有规模、有体系。同时在役期间不断提高自己的综合能力，在日后的比赛取得更加优异的成绩。

（四）获奖情况

2014 年，全国青少年信息学奥林匹克联赛（NOIP）提高组一等奖等。

2017 年，年度 ACM 哈尔滨工程大学大学生程序设计竞赛一等奖第九名。

2018 年，年度 ACM 哈尔滨工程大学大学生程序设计竞赛一等奖第二名。

2018 年，ACM－ICPC 亚洲区域预选赛西安站铜奖。

2018 年，ACM－ICPC 中国大学生程序设计竞赛金奖。

2018 年，ACM－CCPC 黑龙江省大学生程序设计竞赛银奖。

2018 年，ACM－CCPC 东北地区大学生程序设计竞赛金奖。

2018 年，蓝桥杯黑龙江省赛二等奖第六名。

## 五、兰金楷

（一）兰金楷概况

兰金楷，男，哈尔滨工程大学理学院 2015 级光电信息科学与工程专业本科生，现任哈尔滨工程大学 20151163 班班长，曾任理学院学生会办公室主任、校党委宣传部学生编辑。曾获 2018 年美国大学生数学建模竞赛（MCM/ICM）Finalist 奖，2017 年第九届全国大学生数学竞赛（非数学类）黑龙江省级一等奖，2017 年东北三省数学建模联赛一等奖，2016 年全国大学生数学建模竞赛本科组二等奖。共获校优秀学生奖学金 5 次，曾获校优秀学生干部、校优秀共青团员、校优秀学生会干部称号。

美国大学生数学建模竞赛（mathematical contest in modeling/interdisciplinary contest in modeling，MCM/ICM），由美国数学及其应用联合会主办，是唯一的国际性数学建模竞赛，也是世界范围内最具影响力的数学建模竞赛，赛题内容涉及众多领域。竞赛要求三人（本科生）为一组，在四天时间内，就指定的问题完成从建立模型、求解、验证到论文撰写的全部工作。

全国大学生数学建模竞赛，是由中国工业与应用数学学会（CSIAM）主办的全国规模最大的高校基础性学科竞赛，也是世界上规模最大的数学建模竞赛。竞赛要求三人（本科生）为一组，在三天时间内，完成所有比赛内容。

（二）创新历程

1. 初遇科创

上大学是我第一次远离家乡，第一次真正的独立生活，第一次住宿。从福建到黑龙江，由南到北，两天的火车旅途也见识到沿途窗外不一样的风景。来到哈尔滨，站立在校门之外，对于未来的一切也很是迷茫，不知道以后何去何从。自己的专业是光电信息科学与工程，虽然名字看起来非常高大上，可是我却对它一无所知。

在大一时很幸运的通过面试加入了理学院学生会，在日常的学生工作和日常接触中，开始逐渐了解了科创的形式、内容以及它所带来的乐趣。在大一时，跟随自己的部长参加了“五四杯”创新比赛的院赛，制作的是一个特斯拉线圈，可以实现电能的无线传输。当无连接电源的电灯泡靠近特斯拉线圈时，电灯泡会被点亮。该作品通过了院系初赛，最终在学校第二十一届“五四杯”大学生学术科技创新作品竞赛中荣获三等奖。虽然这个比赛并不是非常重要，这个奖项也不是非常好，但是对于一个大一新生，一个科创小白，一个萌新，可以说是一次非常大的鼓舞和激励。

兰金楷

在大一下时，通过微积分老师的宣传知道了数学竞赛，后期通过了解，发现学科竞赛也属于创新的一部分，于是就报名参加校数学竞赛，并在其中获得了三等奖。通过这次比赛，让我明白学术竞赛也是创新，也是学校所认可的，在创新的道路上，我又向前迈出了一步。同时，学长学姐们也鼓励我在课余时间多参加一些比赛，开拓一下眼界，锻炼一下自己，这也是我了解科创的缘由。

2. 首获国奖

大一下，通过偶然的机会得知全国数学建模竞赛的比赛信息，但苦于没有找到合适的队友，在纠结于是否参加时，遇到了自己院系的学长学姐发来的参赛邀请，于是，三个毫无数学建模参赛经验的人，就这样走到了一起。

在暑假的竞赛培训中，老师们讲解了数学建模简介、参赛系统的使用、对数学建模的基本认识、数学建模论文写作要求、相关软件的学习导引、部分数学模型的讲解、真题分析等。期间，我阅读了关于数学建模、数学建模基本模型、数学建模软件编程等与比赛有关的书籍及资料。

在九月全国数学建模比赛开始的第一天，我们三个对于题目的选择有着一定的争议，一开始选定的题目在经过半天多的苦苦挣扎之后，我们觉得难度有点大，我们三人恐怕在比赛时间内难以完成，于是选择了放弃，进行换题，进而选择了小区开放对道路通行的影响的题目。我们查阅及对比了大量数据、报道、文献等资料，希望能够找到对于我们在这次比赛中有帮助的资料，构思数学建模及比赛论文的整体框架。

第二天，我们根据题目要求开始逐步对比赛的题目依次进行论文的写作。题目要求我们，建立关于小区开放对周边道路影响的评价指标体系，我们通过查询统计局统计数据、道路拥堵影响因子、相关研究文献后，根据相关统计数据和影响因子，确定各个评价指标的权重，进行汇总后制定了我们自己论文的小区开放对道路通行的影响的评价指标体系。在进行比赛的第二问时，我们遇到了难题。我们三个人经过阅读大量的文献资料，共同讨论也没有找到较为合适的数学模型，在经过很长时间的探讨之后，我们决定由一人先行撰写第四问——向政府部门提出我们关于小区开放的合理化建议。

第三天，通过查阅文献资料，我们确定采用图论里的有关知识内容来解决比赛中数学模型的问题，但是我们三个人都没有学习过图论的有关课程，缺乏对于图论知识的理解与应用，于是我们从图书馆中查找到了图论教科书的影印电子版，立即进行学习。经过短时间的拣取重点的学习，最终采用图论的知识，使用 Matlab 程序进行编程运算，得到运算的结果，根据结果我们可以判断出不同种类的小区对于周边道路影响的不同。在离比赛结束还有 8 小时的时候，我们才完成了建模的编程、绘图等工作，开始最后的论文撰写。

经过五十多小时不间断的努力，我们终于在比赛截止时间前两小时完成了论文的撰写并成功上传至比赛服务器，完成了比赛。比赛结果公布后，我们组获得了本科生组二等奖的成绩，也不枉两天多不间断的努力。

3. 稳中求进

在 2017 年 5 月份，我和另外的一名学长和一名学姐组成一支队伍参加东北三省数学建模联赛。在有之前参加全国数学建模竞赛的基础上，我对于数学建模比赛有了一定的认识和了解，正好其余两位队员也有一定的数学建模比赛经验，其中一名成员来自数学专业，可以为我们提供一些关于数学专业问题上的解决方案。

在这一次的选题上，我们更加谨慎，我们选择了时事热点有关的一道题目——全面二孩政策对中国人口的影响。之所以选择这道题是因为这一题的各项子问题和我之前参加的全国数学建模竞赛所选题目的子问题相似，均是建立合适的评价指标体系，建立数学模型评估影响。有了之前的经验，我们这次建模的过程就较为顺利了很多。

在建模中，我们假设不考虑生存空间等自然资源的制约，不考虑意外灾难对人口变化的影响，不考虑我国人口的迁入迁出，假设生育率和存活率仅与年龄段有关，死亡率和性别比将长期处于稳定的阶段，基于 Leslie 矩阵模型建立我们比赛的评价指标模型。Leslie 模型的优势在于将人口系统按年龄分段，将人口数量看作是一个随时间 t 连续变化的过程，具有较好的长期预测效果，利用出生率和死亡率来预测人口变化趋势，所用矩阵简单。我们使用 Matlab 程序，根据所建立的数学模型，预估不实施二胎政策和实施二胎政策下的人口。

东北三省数学建模联赛的比赛时间较长，比赛压力较小，论文撰写的也比较轻松，评比结果是我们组在这次比赛中取得了一等奖的成绩。

4. 再获佳绩

在 2018 年，我同一名大二学弟，一名大一学弟组成一队参加 2018 年的美国大学生数学建模竞赛，最终获得 Finalist 奖。由于比赛是在寒假期间进行，我们各自是在家中通过即时通信软件完成了比赛期间的沟通。

在这次的选题方面，我们依旧选取了较为熟悉的评价类题目，通过赛题中提供关于 CA、AZ、NM、TX 四个洲的各项年统计数据，评价出四个州能源使用情况，预测在不改变政策的情况下，各州 2025 年和 2050 年的能源使用情况。

我们在四天的时间里，通过查阅关于能源概况、能源评价的相关资料与论文，我们对四个州的统计数据进行分类分析，选择其中六个项目作为我们评价指标体系的组成。考虑到我们必须处理的是一个时间序列，我们选择了在统计学和计量经济学中广泛应用的自回归积分移动平均（ARIMA）模型来预估各州 2025 年和 2050 年的能源使用情况。另外我们选择层次分析法（AHP），来进行对各州能源状况的评估，该过程的本质是将复杂问题分解成层次结构中的目标（目标）层次、层次和子层次的准则和子准则，以及在底层次中的决策选择。

一开始，我们对于选取模型的类型在细节方面有一定争议，最终由于时间紧迫的缘故，我们采用 ARIMA 模型，使用 SPSS 软件对各种统计数据进行了拟合和预估。选用多层 AHP 模型，自行商议权重确定总层次、层次、子层次之间的准则，并通过计算，得到各州对于“最优”这个目标的最终权重。在这次比赛中，我觉得难点是在于如何把英文论文写好，更好地符合外国裁判的评判标准。

### （三）创新体会

首先，非常感谢夏启、马赫、张集权学长，张静、张宏烨学姐，邵通、李语特学弟，他们对我在科创、数学建模竞赛上的支持和帮助，让我能够取得这些比赛成绩。

通过这些比赛，我也认识到了许多优秀的人，他们身上都有我能够学习的地方，也有我需要学习的地方。通过这些比赛，我的能力得到了充足的锻炼，信息检索、数据分析、论文撰写、软件使用的水平有了很大的提升。通过这些比赛，我也意识到参加比赛不单单是为了拿奖，更重要的是过程中所获得的能力提升和思维锻炼，拓宽了我的知识面，也是将我们所学知识、能力能够得以实践的一种方式。

在每次比赛中都会有要放弃的念头，尤其是在全国数学建模竞赛和美国大学生数学建模竞赛这种连续72(96)小时连续时间内的比赛，需要较大的精力，而且在长期的高强度思考下容易感到疲惫，不过最终还是忍着并坚持了下来，完成了比赛，这也是对自己能力的一种考验。

科创比赛对于我们的影响不在于最终奖项的大小，而在于我们能够从科创比赛中得到什么、学会什么，不论是科技创新的能力，还是我们在团队合作上的提升，都是我们在学习、生活，乃至以后进入社会所需要的。

（四）获奖情况

2016年，全国大学生数学建模竞赛本科组二等奖。

2017年，东北三省数学建模联赛一等奖。

2017年，第九届全国大学生数学竞赛（非数学类）黑龙江省级一等奖。

2018年，美国大学生数学建模竞赛（MCM/ICM）Finalist奖。

## 六、闵本志

### （一）闵本志概况

闵本志，男，2013年8月进入哈尔滨工程大学航天与建筑工程学院学习土木工程专业，2017年8月经推荐免试进入同学院同专业攻读硕士研究生。获得过美国大学生数学建模竞赛二等奖、第七届超轻复合材料天然纤维桥梁竞赛一等奖、第十届全国周培源大学生力学竞赛省一等奖、第十届全国周培源大学生力学竞赛国家三等奖、2015年全国青年科普创新实验暨作品大赛一等奖、2017年国际复合材料桥梁竞赛一等奖与三等奖，2017年科普创新大赛省一等奖，多次获得校奖学金和三好学生称号。

### （二）创新历程

本人科创经历基本是通过学校或学院提供的创新平台取得的，科创过程与所参加的创新类社团以及创新实验室密切相关。

1. 毛遂自荐

大一时主动请缨担任班级科创委员，开始逐渐了解科创的形式、内容以及重要性。后来逐渐参加院系以及校团委举办的科普性的创新活动，比如科创沙龙、导航员讲座、科创公开课等等，对学校范围内的科技创新氛围有了一定的了解。

后续参加科创活动则主要通过科协与社团两个渠道：通过科协了解校内竞赛活动，如科研立项、创新训练计划、"启航杯""五四杯"，以及各院系承办的赛事；通过社团参加校外竞赛的训练与准备。大一曾通过百团大战招新加入电子科技类社团并在其中活跃一段时间，后续发现与自身专业方向定位相差甚远，便转而回到自己所属院系内的创新类社团并参与其中的活动。

2. 点津之路

以下是几点建议与技巧。对于成果为汇报答辩类的竞赛活动，如部分科研立项，汇报过程中应当结构明确、逻辑清晰、主次分明。虽然答辩只有十分钟的时间，但是汇报内容要成为一个体系，切勿让听众听得云里雾里，否则评委有可能在汇报接近尾声时打断汇报。由于该竞赛大多是团队申报，团队成员可两三人一起上台，选择团队内口才比较好的同学做展示，提问环节队员可以一同作答。如无特殊情况，申报人切忌请人代替答辩，汇报时要凸显自己在成果完成过程中发挥的作用。

汇报的内容需详略得当，要根据成果内容有所侧重。如果成果侧重试验，要让评委看到团队的工作量。虽然成果可以仅围绕着单一问题，汇报时却可以向评委展示团队的工作量及解决问题的智慧；相反，有的成果很高大上、很全面，但怎么看都不像自主完成的，导致被评委反复发问："你们到底自己做了哪些工作？"如果成果侧重专利，要尽量展示该产品的社会效益及关注度。

在装扮上，建议女生长发梳马尾，短发不可过于随性；男生不要留长发，最好在比赛前1~2周理发。服装尽量正式，以表示对活动的重视以及对评委、观众的尊重。

对于作品制作、作品测试类的竞赛，由于本人参加的竞赛多为结构制作或力学计算类别，在此针对此类竞赛活动给出一些建议。

结构设计作品是工程师的艺术表现。设计过程中存在许多问题和困难：设计中应用工程材料，这些材料性能指标只能估算；建模分析相对于真实的结构而言只是近似分析；结构所承受的荷载不能准确获得，特别是结构承受的动力荷载。从大方向，也就是结构体系上进行修改（推倒重来）需要勇气和魄力，但往往会取得惊人的效果；一定要大胆尝试，没有做过不能说不行，一切皆有可能，不能墨守成规、拘泥于教条理论；在多个方案进行比选时，首先需要考虑结构体系的效率问题，尽可能选择传力路径清晰明确、杆件简洁明快的体系，杆件越少越好。另外，注意结构模型与实际结构的区别。

以下为一些建议：①注重基础，厚积而薄发。创新不应该是一个时时映现在头脑中的框框，一个浮在脑海中的咒语，而应该是建立在坚实的理论和实践基础上的突破，是知识积累到一定境界，水到渠成的灵感与创意。力学是在比赛中是非常有用的，所以一定要学好，做到学以致用。②保持对各种事物的好奇心。普朗克曾经说过："世界充满了问题，只要我们张开双眼，就会看到到处有问题。"我们要善于向别人学习，勤于总结，充分学习和汲取别人的优点，摒弃自己的缺点，完善自我。多看看别人的优秀作品，将他们的独到可取之处借鉴到自己的作品中。③不迷信权威，有怀疑精神、批判精神。1987 年获得诺贝尔生理或医学奖的利根川进曾经说："科学家的最重要的才能是要有怀疑的能力，还要有丰富的想象力。"对于队友甚至是指导老师提出的想法、方案要有怀疑的看法、批判性的评断，切不可迷信权威，否则就会故步自封，止步不前。自己认为正确的地方一定要坚持，要敢于向权威挑战；对于自己的弱点和缺陷不要退缩和回避，要敢于面对解决和承担责任。④注重细节，方能成功。各种竞赛都是具有挑战性的，同时也是精细活，要"在钢丝上跳舞，还要跳得精彩"，决不允许发生"千里之堤溃于蚁穴"之事，一个小的部位的小小材料损伤或是接口没有处理好都有可能造成整个结构的垮塌，结果"功败垂成"。不要忽视细节，注意关键部位的构造措施，遇到问题勤于向自己的师长提问并解决。模型制作过程中，就要仔细认真，谨之又谨，慎之又慎。⑤不惧困难，冷静解决。创新类比赛不仅仅是对学识与能力的考验，也包括精神与心理上的较量。比赛前，要把困难想多些，各种情况尽可能地想周到，并想好应对措施。比赛时间紧张，切不可手忙脚乱。一旦临场遇到意外，不要乱了方寸，能够沉着、冷静地面对，迅速采取措施解决。赛场上，气氛比较紧张，一定要保持平常心，从容比赛。⑥兄弟一心，其利断金。绝大部分竞赛是团队协作完成的，"你不是一个人在战斗"。团队合作强调的是"一个核心"和"团队意识"。所谓"一个核心"就是在参加竞赛的成员中要有一个人作为主导，一个优秀的作品源自一个理念，这个理念源于一个思路。如果队员们的思路和理念南辕北辙，那么即使想法再多，达不成一致，产生出来的作品也很有可能是个畸形。当然，核心思路的确定需要队员共同探讨。一个优秀的竞赛作品是在一个思路基础上完成的，一旦核心思路确定，所有队员的心思都应放在唯一确定的思路上，不断地去完善作品，放下"自我"，成就"大我"，这也就是所谓的"团队意识"。另外，在模型制作过程中，要分工明确，相互协调。每个人都要有担当意识，肩负起自身的责任。团队不单单是参赛学生，还包括指导老师。老师的指导不是万能的，但他往往能给学生很多提示，给学生提供更深的理论支持，更是学生坚强的后盾。只有这样一个团队才能做到齐心协力。

（三）创新体会

首先应该对提供学生创新平台的学院与学校心怀感激，同时还有无数老师的无私指导以及学校与学院的资金支持。付出的时间与回报是成正比的，没有付出就没有回报。

在创新实践中不要将得失看得太过重要，拒绝成为“精致的利己主义者”，现在年轻的我们这一代人逐渐长大，也逐渐在暴露我们的一些缺点，老一辈的先生们身上有太多我们不具有的优秀品质需要我们学习；付出的时间与回报是成正比的，没有付出就没有回报；一个人的努力是有限的，一群人朝着一个方向的努力会产生幂方的效果。

理论学习最终的目的还是为了帮助我们学习师长的经验、储备必要的技能，进而顺利地融入社会并创造社会价值。所以理论学习与社会实践绝对不是水火不容的对立关系，相反我从自身经历中体会到，在兴趣充足的条件下，可以尽可能地将时间投入到社会实践中去，而学校的很多课程也是可以借鉴社会实践活动获得的成果与经验的。但是我认为社会实践不能喧宾夺主，只有经过足够的理论学习才能满足社会实践对个人能力的需要，如比尔·盖茨之类的成功案例确实是凤毛麟角。

中国速度与国际质量依然存在一定差距。

### （四）获奖情况

2015 年，美国大学生数学建模竞赛（MCM/ICM）二等奖。

2015 年，第七届超轻复合材料天然纤维桥梁学生竞赛一等奖。

2015 年，第十届全国周培源大学生力学竞赛（黑龙江赛区）一等奖。

2015 年，第十届全国周培源大学生力学竞赛三等奖。

2015 年，全国青年科普创新实验暨作品大赛（哈尔滨赛区）一等奖。

2017 年，第二十届国际复合材料桥梁学生竞赛单项一等奖与团体三等奖。

2017 年，全国青年科普创新实验暨作品大赛获一等奖。

## 七、孟涛

### （一）孟涛概况

孟涛，中国共产党党员。曾任 20101517 班班长、校学生会外联部副部长、大学生飞行器创新工作室副主席。2013—2017 年期间任哈尔滨工程大学“科创导航员”。在担任哈尔滨工程大学“科创导航员”期间指导核学院学生参与科技创新，还开办了数十期科创讲坛以及数次大学生科技创新公开课等，并担任校科研立项评委；曾获校一等奖学金 4 次，校二等奖学金 2 次，校三等奖学金 1 次、校“优秀科创导航员”称号、校“优秀学生干部”称号、校“优秀共青团员”称号、院“三好学生”称号。曾获黑龙江省“TRIZ”杯大学生创新方法大赛一等奖、（科研类）全国航空航天模型锦标赛一等奖1项、二等奖1项、三等奖3项、全国航空模型公开赛(吉林站)个人第二名1项、三等奖1项、黑龙江省自设计飞行器大赛二、三等奖共2项等。任班长期间班级荣获院"优秀科技创新团体"称号。

(二)创新历程

1. 初相见,你好

孟涛大学时第一次与科创结缘要归功于航模。他从小就喜欢航模,但是因为不太了解其中的奥秘,且航模价格较高,孟涛只拥有过一架固定翼航模。不过这架飞机从来没飞上过蓝天,还没等他看明白使用说明书,航模的机翼就被一个朋友不小心踩断了,从此他就再也没有系统地接触航模了。

上了大学以后,他经历各种曲折,申请加入了航模组的海选队伍。通过漫长的训练以及考核程序,最后孟涛终于在2011年成功通过选拔,成为航模组的一员,实现了航模梦,也彻底改变了他接下来的大学生活。就这样,孟涛与航模的缘分就此开始了。

2. 没有梯子,爬不上造梦塔

加入航模组后,孟涛开始接受高强度的航模设计、制作学习以及飞行训练。大二的时候他的理论基础知识还比较薄弱,主要还是跟着学长们学习制作工艺以及设计经验等,包括机翼结构、机身线路布置等等。后来,由于模拟器飞行水平出色,他被选拔为电动滑翔机飞行员,平时以制作航模以及飞行训练为主。飞机制作及维修工作从3月一直持续到8月,期间部员们每天早上还会抽出时间来练习航模飞行,工作强度很大,但是每天都很有意义。10月份这群年轻人迎来了全国比赛,这是他们第一次正规参赛。然而由于各种难以预料的突发问题,他们整体比赛成绩并不理想。这些经历就是一个个梯子,一步步指引我们朝着造梦塔的方向前进。

2012年,在积累了一年的经验后,他们更加游刃有余,并且多了很多时间和基础去开展更高难度的设计工作。刚开始,孟涛着手设计了一个用于航模的齿轮变形机构。然而,虽然他的设计很巧妙,但是受限于材料和加工工艺,做出来的机构因为齿轮配合问题根本无法实现预想的效果。经过近一个月的优化,最终还是因为无法实现预期效果而放弃,转而开始准备比赛的项目。除了参加以往的常规项目外,他们还要参加一个全新的比赛项目——双机分离,这个比赛项目需要设计两架飞机,其中一架有动力,另外一架没有动力。比赛过程需要有动力机(主机)牵引无动力机(子机)飞行到一定高度后分离,子机继续留空以第一视角飞行,并且最后定时定点降落。这个项目既需要精湛的操控能力,也需要良好的飞机设计,更考验团队之间的配合。这是一个全新项目,他们需要从零开始摸索。无动力飞机需要良好的留空性能，为降低风险，孟涛一行人便在之前的滑翔机基础上进行修改，取消了动力部件，调整了飞机平衡，并且设计了飞机脱离机构。设计完成后，进行制作，紧接着便开始试飞。由于没有合适的主机，他们只能使用传统 AT40 级练习机进行测试。布置好双机位置，连接好两架飞机后开始了试飞。然而试飞并不顺利，两架飞机之间设计为柔性连接，当主机动力通过牵引线传递给子机时，由于瞬间冲击力过大，主机动力却不足，它便被子机牵制住在近乎空中停了下来。此时子机受到主机的牵引开始向前飞行，两架飞机难于控制，于是孟涛他们便停止了试飞，紧急降落。

第二次试飞时，通过总结第一次的经验，他们调整了材料、长度以及位置，然而试飞时却出现了意外情况——双机无法分离。主机和子机飞行性能不同，主机灵活，易于操控，子机留空性能好，升力大，并且两架飞机由两人控制，相互协调难度极大，因此，很快两架飞机便坠毁了。事后，他们通过检测与分析发现，分离机构由于设计缺陷，局部受力过大，第一次试飞时发生机械损坏，以至于第二次试飞时无法完成分离。之后这几人便开始修改分离机构的设计。经过 3 次重大修改与测试，最后终于完成了方案设计。紧接着便开始了子机的视频设备调试以及主机的设计工作。主机要求小巧灵活，但同时动力充沛。他们选择了大功率电机和高速螺旋桨，并根据电机尺寸和电池尺寸设计了主机头部结构，然后选择了近对称翼型，最后根据比赛规则，队友们设计了全新的主机机翼和机身结构，并且经过了几轮结构优化、动力学方面的改进。试飞后便开始与子机一起搭配飞行训练，并在训练过程中不断修改主机和子机的设计图纸。训练过程除了练习手感，还需结合比赛项目研究特殊的飞行技巧。

队员们总共参加了直升机模拟搜救、双机分离定点救援、电动滑翔机、太阳能飞机、科技创新评比等 7 个项目。在人手并不充足，每个队员身上都有多个项目的情况下，经过近 9 个月的魔鬼式备战，他们最终在全国性比赛中赢得了 1 个全国冠军、2 个全国季军、1 个全国一等奖、1 个全国二等奖、1 个全国三等奖。这些的努力也终于得到了回报。

3. 日夜鏖战，获得成功

第一次参加比赛是在 2011 年，也是他第一次与全国近 100 所高校学生同台竞争，其中有很多高校都是老牌航校。虽然他们的飞机设计得非常优秀，制造工艺是一流水平，平时训练更是刻苦异常，但是仍然免不了紧张。比赛场上意外不断，飞机却在关键时刻出现异常，无法启动，于是他们立马启用备用机。最后飞机终于成功升空，可是备用机的控制又出现问题，最后虽然赶在时间截止前完成了比赛任务，但是成绩却并不理想。终于轮到孟涛上场了，还好比赛过程中也算正常发挥，最后这组人取得了团体第四名的成绩。第一次比赛收获的更多是见识。在赛场上,他们看到了很多其他高校的优秀设计,学习了包括赛场应急、赛场配合等很多经验。

2011 年孟涛是被学长们带领着去参加比赛。2012 年则是他和老队员带领着新队员们参加比赛,除了自己的比赛项目外,还得负责团队管理、赛务安排等一系列事情,压力大了很多。几天的比赛下来,大家都很疲惫,但是却都满载着收获。2012 年比赛中,首个项目便是双机分离项目。这个项目是他们第一次参加,因此赛前准备也是最吃力的。比赛时,由于子机需要使用第一视角飞行,并且现场情况复杂,飞机控制难度很大,前面的队伍接连出现问题,给后面的比赛队伍造成很大的压力。终于轮到孟涛他们组,然而,首轮比赛,有个队员的主机由于降落过猛,飞机解体,成绩无效,而孟涛在比赛中由于临场决策失误,错过时机,成绩很不理想。首轮比赛完毕,他们的队伍近乎全军覆没。到了第二轮,首轮比赛孟涛的成绩不理想,所以第二轮中队伍的成败几乎完全取决于他。一旦他的成绩不理想,他们就将与奖项无缘,孟涛此时内心压力巨大。比赛时,他屏气凝神,生怕再次出现失误。关键时刻,他提前预判,果断决策,最终发挥正常。比赛结束了,这个项目他们获得了团体季军,虽然与银牌仅差 2 分。之后他们又陆续比完了其他项目,总体来看,都比之前更平稳一些,也赢得了不错的比赛成绩。

科创比赛并不完全决胜于比赛场上的几分钟,赛场上的比赛是对平时努力的一种不完全表达。虽说也融入了运气的成分,但更多的则是赛下的备战过程,包括科技创新、团队协作等等。在比赛过程中尽力做好,在赛前充分准备,孟涛说,这就已经达到了应有的效果,过程才是最关键的。参加比赛的经历让他非常难忘,赛前大家一起绞尽脑汁备战比赛,赛中争分夺秒,赛后享受放松与获奖的喜悦,这些都会内化为每个队员的经历,成为每个人生活中无法抹去的一部分。

### (三)创新体会

通过参加航模比赛,孟涛自己学到了终身受益的知识。

首先,在备战航模比赛的过程中,他结合自己的努力以及学长们的指导,学到了非常丰富的专业知识,内容涵盖空气动力学、机械结构、电子控制等,并且真实地将这些理论知识与生活实际结合了起来。航模虽然是模型,但是其设计、制作以及飞行与真实的飞行器具有很多相似之处。学会如何制作航模,难度相对来说还比较小,但是要将航模做得很精致,性能很好,也需要很好的手工艺水平。而学会如何进行航模的设计则非常困难。航模的设计需要综合考虑空气动力学知识、机械结构知识等,设计的航模需要具有很好的飞行性能。同时还需要有很高的结构强度，并且还要易于手工制作与维修，这是一个既简单又很复杂的系统工程。简单来说，就是航模看起来很简单，结构也相对简单；复杂地说是航模设计的本身较为烦琐。这是需要通过不断摸索才能取得一定成果的过程。学与做结合起来，才能转化为自身的能力。这就是孟涛从航模比赛中学到的经验。

其次，在大学生飞行器创新工作室的几年学习中，他还结识了一批“战友”，他们共同备战航模比赛，共同学习，期间既有愉快合作，也有矛盾纠纷，但是通过这些赛场的历练，互相都培养起了默契，友谊得到了加强，也都学会了在妥协中求合作。

最后，当他们变为学长后，也开始带领着新队员们设计航模、制作航模。在这个过程中，如何因材施教，如何管理队员等，这些都是对这些年轻人的考验，也是对个人的历练。个人创新思维能力、管理能力就在这个科技创新过程的不知不觉中得到了不断提高。

### （四）获奖情况

2011 年，黑龙江省自设计飞行器大赛第二名。

2011 年，（科研类）全国航空航天模型锦标赛团体第四名。

2012 年，（科研类）全国航空航天模型锦标赛（吉林站）银牌。

2012 年，（科研类）全国航空航天模型锦标赛一等奖、科技创新二等奖、团体金牌。

2013 年，（科研类）全国航空航天模型锦标赛（吉林站）科技创新三等奖。

## 八、王心亮

### （一）王心亮概况

王心亮，男，哈尔滨工程大学计算机科学与技术学院本科三年级，哈尔滨工程大学 ACM 集训队队长、程序设计与算法学社社长。曾获第三届 CCPC 中国大学生程序设计竞赛银奖，第四十二届 ICPC 国际大学生程序设计竞赛亚洲区域赛铜奖等国家级程序设计竞赛奖项 4 项。东北地区大学生程序设计竞赛二等奖，黑龙江省大学生程序设计竞赛一等奖等省级奖项 5 项。共获校一等奖学金 2 次，二等奖学金 1 次，三等奖学金 1 次。曾获三好学生、优秀学生干部、校学生会优秀学生干部、优秀共青团干、优秀共青团员称号。

### （二）创新历程

#### 1. 初识编程

上大学是我第一次远离家乡，第一次独立生活。那时的我不知道今后的路怎么走，虽然我是计算机专业，但我除了用它玩过游戏之外再无其他了解，曾经的想法是把专业随便学一学，毕业就好，但是后来发现，我要多多与人交流，提升自己各方面的能力。记得在大学生职业生涯选修课上老师问我们为什么上大学，我说大学是给了我们四年时间去提升自己。刚刚进入大学的我，不知道学习是什么，不知道科创是什么，不知道计算机专业是什么。

第一次接触计算机、接触编程是因为我的室友。那时他们参加了 E 唯协会的 C 语言课程，每天晚上在寝室都会讨论编程，输出字符啊，画出星星啊。我听了很不服气，觉得不能输给他们，我在网上偷偷买了一本 C 语言书籍——《C 语言入门经典》，没想到它竟然成为了带我走进计算机世界的导师。虽然买了书，但我真正翻开来看是在 2015 年的年末。程序的四个运行步骤：编辑编译链接执行，头文件，关键字……这些最最基础的知识点勾起了我学习 C 语言的兴趣，大一不让带电脑，我用手机下载了软件写代码，从 scanf，printf 输入输出开始一点点编起，每一个小程序的成功运行都能让我兴奋半天。那时我觉得，要学一门技能，就要踏踏实实一步一个脚印地学，所以那本书上每一行代码我都认认真真分析，虽然进度很慢，但每天都有成就感，没有了刚入学时的迷茫。这样一直到了寒假，假期里我已经能写一个简单的文字游戏了。

2. 机缘巧合

大一下学期，我继续看入门书，我终于掌握了指针、函数、结构体这些室友们上学期就讨论过的内容，心想要继续加油，超越他们。这学期的我买了电脑，已经能够使用电脑编程，书上的每个知识点我都要亲自编码实现，那时我的想法很简单，就是看书学，编码练。一点点知识的积累让我信心十足，每天都充满了学习的动力。

偶然间听说班里有同学参加了 ACM 培训，我不以为意，坚信自己的方向就是正确的，但也时常想着能有个机会能够证明一下自己。

4 月份的时候，我在学校电子屏上看到了 ACM 校赛的通知。热身赛在周六晚上举行，两个小时四道题，因为不知道如何提交代码，我一道都没有做出来，班上几个参加 ACM 培训的同学的表现都很好。我有一些沮丧，不喜欢比别人差的感觉。第一次正式赛比赛开始前，有当时竞赛教练王宇华老师的讲话，大体内容是前几名有奖品，成绩靠前的大一同学能够进入 ACM 校队。比赛开始了，第一道题我会做！快速写完代码提交 C 语言，评测机返回 Compile Error 编译错误，那时不知道是什么错误原因，调了几次代码无果，抱着试试看的心态改成了提交 C + + 代码，没想到居然是 Accepted 通过！喜出望外的我又做了一道题之后就收拾东西离开了（其他题一点思路没有），走的时候排名大概在 70 多，一共 120 人。

比赛之后我是有一些失望的，因为好多人都排在了我前面，感觉和校队无缘了。我买了一本算法入门书——《妙趣横生的算法》,打算好好学学算法,来年再战!几天之后,我收到了当时 ACM 校队队长袁茂洵的通知短信:恭喜您通过校赛,获得了参加省赛的机会。这也意味着我成为了 ACM 校队的一员。

为了参加省赛,我们进行了组队会议,认识了一同奋战到今天的队友徐荣琛和冯德帆,他们两个都是那次校赛的前几名,我压力还很大的,但是从来没有过退缩的想法。2016 年 4 月,我从零开始学习 ACM 竞赛,打开杭电 oj,注册账号,开始刷题,从最简单的模拟开始,一道一道的做……5 月份,我迎来了第一次 ACM 省赛,那次比赛我的贡献几乎为 0,面对题目真的是不知所措。在队友的发挥下,我们获得了二等奖的最后一名。我牢记了当时的无力感与挫败感,告诉自己,一定要努力训练,追赶他们!

3. 潜心修炼

经历了大一暑假为期一个月的集训,我对一些基础算法例如贪心、搜索、最短路有了一定的理解,我决定按照专题进行训练,从网上找来了训练题集开始一点点学习。记忆比较深刻的一道题是一个 bfs 搜索,当时那道题怎么也写不对,气急败坏的我在网上粘了别人代码交了上去。题虽然过了,但心里很不是滋味,几天后我又打开了那道题从头开始分析,原来是少考虑了特殊情况!改了之前的代码成功做出了这道题目。这次经历让我重新端正了学习的态度,不能急功近利,要踏踏实实一步一个脚印来,这才是真正地做竞赛,真正地做科创。与此同时,我开始更多地在网上找一下线上编程比赛来参加,俄罗斯的 codeforces,我国的 bestcoder,日本的 atcoder 等,希望通过这样模拟赛提高自己的编码能力、锻炼自己的思维、查漏补缺。虽然最开始只能做出最简单的那道题,我也曾一度怀疑自己的能力,到底能不能继续走下去。但我没有放弃,每天都在坚持,不断精进,编码能力有了很大提升的同时,变得越来越自信,也学会如何在高压下调整好心态,去迎接未知的挑战。

经过几个月的学习与训练,我的代码能力上有了提升。终于,在 2016 年 10 月份,我迎来了我的第一场 ACM 亚洲区域赛的现场赛。记得在前往大连参赛的火车上,我是既兴奋又担心,兴奋是因为第一次参加这么大型的比赛,担心是清楚自己的实力,很有可能拿不到奖。10 月 16 日的正式赛上,我们三个人虽然紧张但没有慌张,冷静分析,把能做的 6 道题做了出来,最终获得了铜奖。这次比赛是我第一次近距离接触算法竞赛领域的大佬,北京师范大学的 Q 神,清华大学的 yrz。回哈尔滨的火车上,我总结了这次比赛,制订了今后的训练目标:通过简单题锻炼快速思维和编码速度,在专题学习时候要更深入地去理解算法,继续保持训练强度。

4. 稳固提升

大二下学期,我打算重新学习之前绞尽脑汁也无法完全理解的算法知识,我首先在网上查阅了大量的论文资料，从原理上搞懂它，然后整理好思路编码实现算法的基本应用。之后，找了几道题目将这些算法应用到实际问题中，去分析一些细节，修正之前的思路。现在回想起那段学习的日子真的是心头一暖，那时课不多，每天 8 点到实验室，晚上 11 点多回去，每天都有满满的获得感，一道道题目的 AC 也见证着我一点点的进步。

2017 年 4 月，校赛就要开始了，我还深深记得前一年的失利，这是我第二次参加校赛，我非常希望能够证明自己。正式比赛前一晚，我仔细的整理了这一年来积累的代码模板，打开平时的做题笔记，把平时训练做过的好题又捋了一遍思路。

周日正赛时，前 2 个小时我的状态很不错，一直排在前 3 名，后面的一道题有了思路，但是有一个地方怎么也想不出来，眼看着被别人一个个超越，我心急如焚。到了第 4 个小时，我调整了心态，认真思考，原来就是一个排列组合问题！快速敲完代码过了这道题，排名升到了十几，依然有些落后。我开始思考第 6 道题。此时已经封榜（竞赛选手的排名榜不再刷新），这道题我也有了思路，但是交了几次都是 WRONG ANSWER。最后，不抱什么希望的我使用一些小技巧，加了一些特判条件，终于在最后十五分钟过了这道题！最终我排在了第八名，我告诉自己，还有提升空间，要继续努力。

校赛之后，我接任了 ACM 赛队队长和算法学社社长职务，感谢袁茂洵、赵瑞丰等学长学姐的信任，我决心不辱使命，继续推动我校 ACM 竞赛发展。之后，因为外出竞赛申请、实验室管理等事宜，我和教练、学院老师有了更多的接触，意识到一个团队的发展，不只需要几个人的团结，同样重要的是外界资源的支持。

这个学期的我，褪去了大一的稚嫩，不仅在竞赛赛场上成熟了许多，也成为团队的负责人，多了一份责任。

在训练上，我依旧保持原来的热情和强度。我修改了计划，不再去攻那些难的算法，而是转而练习搜索和动态规划，因为这是对思维训练很有帮助的算法。

（三）创新体会

The more difficult the victory, the greater happiness in winning. 做竞赛的这两年，是我大学生活最充实快乐的两年。

我结识了众多比我优秀的同龄人，在他们每个人身上我都能看到绚丽的、各异的、值得我终身学习的闪光点。在与他们的相处中，我也不断以更高的标准要求自己，去完成一个又一个新的目标。我掌握了一个又一个有趣且博大精深的算法知识，它们为我在计算机专业的未来发展上奠定了牢固的基础。

打开评测网站，近千道题的 AC 见证着我多少个日日夜夜的绞尽脑汁和冥思苦想,竞赛带给我的不仅是实实在在的编码能力的提高,更锻炼了我抽象、分析和解决问题的能力。

竞赛生涯虽然即将结束,但每当我再次回想起来时,我依然会感到热血沸腾,那一次次因为解不出题的彻夜难眠,那一次次否定自己又重新启航的坚持笃定……所有的这一切都见证着我的成长。诺贝尔奖得主姚期智先生曾经说过,现在是计算机科学的黄金时代,也是人类的黄金时代。处在这样一个时代,我会保持最初的热情,怀着一颗赤子之心,砥砺前行,希望绽放出属于自己的智慧之光。

(四)获奖情况

2016 年,国家级 ACM 国际大学生程序设计竞赛铜奖。

2017 年,国家级 ACM 国际大学生程序设计竞赛银奖。

## 九、宋超

### (一)宋超概况

宋超,1989 年出生,河北秦皇岛人,首创点触式验证码云安全平台,“点触”创始人兼 CEO。哈尔滨工程大学计算机学院网络信息安全硕士,哈尔滨工程大学学生创业千万融资第一人,获“挑战杯”全国大学生课外学术科技作品竞赛近十年全校最好成绩(一等奖),黑龙江省唯一一个中国“互联网 +”大学生创新创业比赛金奖获得者,著名的 12306 验证码开发者,杭州微触科技有限公司 CEO,其公司为国内最大的验证码云服务商。

### (二)创业历程

1. 做阿里巴巴和百度的“蓄水池”

“微触”公司的起源,要追溯到成立于 2009 年的千元软件工作室。这个第一批在创业联盟注册的子公司,主要由硕士生和博士生组成,最初靠接网站、网页制作等外包项目赚钱,年销售额 30 万元以上。

潜心技术开发的宋超全力投入到公司运营中,做产品设计、接洽客户、招募人才等,俨然一位“多面手”。宋超说,最难的还是招募人才,10 多人的团队一直在超负荷运转,急需大量技术人员和其他方面的员工,宋超还担负起了 HR(人力资源)的工作。

宋超曾承担过学生重大科研立项,参加过全国计算机博弈大赛、FIRA 世界杯机器人大赛和国际仿人机器人大赛等活动,因学习成绩优异和科研能力突出,获得个性化保研资格。

2011 年,宋超接手千元。他不满足于接项目、做开发等“低端的流水线劳动”,

把近50人的团队分成了两部分,项目组继续做外包项目赚钱,研发组专心“玩”研发,目标瞄向行业内最新的项目。通过开发校友录、移动图书馆等新产品,团队的开发经验和相关水平不断提高。“白手起家”的创业经历、“真枪实弹”的项目研发、“长年累月”的技术积累,让千元走出的学生总能在就业过程中轻松通过笔试和面试,成功签约阿里巴巴和百度等知名IT企业。

2. 传媒梦工场的百万“天使投资”

2011年11月,宋超和团队偶然想到了“点触验证码”的点子,研发组随即进行尝试性开发。2012年4月,抱着以竞赛推动产品开发进度的想法,宋超报名参加了浙报传媒主办的新媒体创业大赛,并一举获得了北方赛区第一名、决赛二等奖的好成绩。很快,包括创新工场、传媒梦工场在内的天使投资表达了投资意向,传媒梦工场CEO和两位投资总监直接飞到哈尔滨,当场与“微触”团队签订了投资意向书。

有了技术和资金保障,2012年9月,杭州微触科技有限公司正式成立,宋超任CEO。10月,点触产品版正式上线,首日网站安装量超过200次;2013年3月,点触验证码安装量超5 000次;2013年5月,“鹰眼”产品上线,与点触组合,构成点触云安全平台;2013年7月,获得浙江省大学生创业计划支持;2013年8月,点触产品提供收费增值服务,付费网站达到200个;2013年9月,点触云安全平台安装量超10 000次,作为国内最大的验证码云服务商,每日验证请求超百万次,每日拦截互联网违法信息40万条以上;2013年10月,点触正式开启商业化,开始运营广告服务,移动端战略级产品、新一代用户身份验证系统“登登”开始内测;目前,年收入近200万元……

对于毫不犹豫投资“微触”这一决定,梦工场投资总监吕子睿说:“‘微触’团队主要成员是研究生,一直在做外包,社会经验丰富;另外,在验证码安全方面,国内找不到比‘微触’更强的团队,他们在这个领域有行业第一的气质。”简言之,梦工场看上了“微触”的技术。

作为学校创业联盟孵化出来的实体公司,哈尔滨工程大学给予“微触”场地、资金等方面的支持,并积极推介“微触”参加各类科创和创业比赛。在第十三届“挑战杯”全国大学生课外学术科技作品竞赛中,“微触”不负众望,获得一等奖。尽管所在的展位很偏僻,评委们几乎是最后才看到“微触”的作品,但还是对这个项目给予了很高的评价。“第一,我们的产品是自主研发和运营的;第二,很多参赛项目尚在尝试阶段,而我们的项目已经产业化,得到了资本和市场的认可。如果不是由于条件限制,无法现场演示我们的产品,我们有信心冲击特等奖。”

3. 建立国内最大的点触式验证码云安全平台

2011年,正在哈尔滨工程大学进行研究生学习的宋超发现了验证码的"BUG",这才有了杭州微触科技有限公司的诞生。同年底,宋超与其他几名学技术的同伴设计出了一套完全不同的验证码程序。宋超解释了其中的概念:一般的人工智能对媒体信息实际意义的识别较为困难,而方便应用到验证码上的,就是图片意义的识别,所以他们的验证码就是让用户在特殊处理过的组合图片中识别特定区域的意义,比如在几张图片中识别出水果,让用户用点击、拖拽、触摸的方式,完成验证码的输入。

点触验证体系是创新开发过程中诞生的一个互联网信息安全基础服务应用,针对验证码十几年来形同虚设的现状,创新性地提出了新一代互联网验证码的标准。宋超与他的团队将行为数据技术和基于自学习的大规模图像识别技术结合,针对目前唯一机器无法"战胜"人类的大规模图像精准识别的特性,开发产品。

浙江在线、金山快盘等国内很多网站和论坛目前都在免费使用"点触云安全系统";机锋网等用户看中了"点触"点击、拖动等面向触屏时代用户的特色,纷纷主动与"微触"联系;四川雅安地震期间,点触验证码上线了抗震主题验证,包含跳转到实时新闻的按钮以及快速捐款的按钮,跳转率达到35%,25%的用户进入了捐款通道……

一年的时间中,"微触"团队逐渐壮大,产品得到越来越多的关注。一年后,"微触"公司成为国内最大的第三方安全验证码服务提供商;在第十三届"挑战杯"全国大学生课外学术科技作品竞赛中,"微触"团队以绝对的优势夺得一等奖。"微触"公司建立起国内外第一家,也是国内最大的点触式验证码云安全平台,接待过各部委、省、市领导50余次,参与高规格互联网大会十余次,获得风险投资约谈数十次。

如今,他们首创的点触式验证码云安全平台已经积聚了三万多家网站用户,你在大小网站上看到的点触式验证码,多半出自他们之手。"有几家非常权威的网站也有合作意向,有望今年年底就用上我们的点触式验证码。"宋超很淡定地说,他们把这套验证码发展成了云服务的模式,普通网站只要注册成为会员就可以下载安装包,使用这套验证码。

(三)创业体会

对于创业,宋超不急于快速盈利,"我们没必要现在就开发出点触验证码的广告市场,现在还是得稳稳当当走下去,将来自然会有广告市场和为企业做的增值安全服务来盈利。"宋超也不掩饰自己创业的野心,他希望,随着应用的推广,能将点触的技术与更多网站共享，革新验证码技术，还能以此为切入点，在网络信息安全这个领域做深做广，重新定义网络安全。

宋超不畏惧创业的艰难，“起步阶段可谓艰难，我们需要克服各种各样的技术难题，那段时间，三个合伙人吃睡都在公司，白天埋首在电脑前，晚上就在角落打地铺，或是直接睡在桌子上。”

“现在，大学生创业的环境越来越好，教育部又出台了允许大学生休学创业的政策，我为接下来走上创业道路的学弟学妹们感到高兴，因为他们面对学业和创业时，不会再犯难。”宋超在他研究生毕业那年说到，今年他将完成研究生学业，全身心地投入到创业中去，带着他的微触团队继续向前。

在能力上，他认为要管理自我，要努力去弥补自己的不足之处，趁着青春，放手去做自己喜欢、别人不敢做的事；在科研上，他主张厚积薄发，积极去参加科研活动，积累科创经验，找到适合自己的科研方向。面对创业问题，他认为，并不是每个人都适合创业，要因势利导，顺其自然，创业也并不是一定要开一家自己的公司，在他看来，创新应该是常态，而创业却是个例。

### （四）获奖情况

2012 年，中国新媒体创业大赛北方赛区冠军。

2012 年，中国新媒体大赛决赛二等奖。

2012 年，中国新媒体创业大赛北方赛区冠军。

2015 年，首届“互联网 +”创新创业大赛一等奖。

## 十、于欣龙

### （一）于欣龙概况

于欣龙，男，1986 年出生，毕业于哈尔滨工程大学机械设计制造及自动化专业，硕士学位。现任哈尔滨奥松机器人科技股份有限公司董事长。被誉为“机器人爸爸”，中国新生代 85 后机器人创业达人，中国第一批将 Arduino 引入中国的资深创客。曾参加过全国大学生电子设计竞赛、中国机器人大赛暨 RoboCup 公开赛、“挑战杯”全国大学生课外学术科技作品竞赛、亚太机器人大赛等多项赛事，取得优异成绩。在校期间获国家、省级、校级奖励与表彰共 36 项，申请发明专利 2 项，实用新型与外观专利 6 项。2007 年研制出“仿蜘蛛爬行机器人”“多功能六自由度机械臂”等高自动化的机器人作品。

（二）创业历程

1. 前奏：网络销售机器人控制器第一人

在旁人眼里，于欣龙是一个执着于爱好与梦想的人。在研究机器人之前，他曾狂热地迷恋文艺表演，练双节棍、学武术、玩吉他……那时的他，是名副其实的校园原创歌手，是“非常6+1”的备选人才，是全省大学生才艺大赛“最佳媒体印象奖”的获奖者……

原本想在音乐领域有所发展的于欣龙，后来对机器人产生了浓厚的兴趣。2007年，于欣龙代表学校参加了中国机器人大赛暨RoboCup中国公开赛，并荣获空中机器人组固定翼15公斤级冠军、5公斤级亚军的好成绩。通过比赛，于欣龙看到了机器人行业的潜在市场，对研发机器人充满了兴趣。

2007年的冬天，当人们陶醉在银装素裹的雪景中时，于欣龙却几乎每天泡在工程训练中心的实验室里，与廉价的电路板和普通的电烙铁打交道，专注地研究各种功能的机器人的机电控制原理。一旦遇到不懂的问题就向老师、学长请教，遇到难题就一点一点地去抠，反复地调试研究。在逐渐的摸索中，“多功能六自由度机械手”“仿蜘蛛爬行机器人”等一件又一件鲜活的机器人作品也应运而生。

艰辛付出终于得到了回报。2008年年初，于欣龙将自己制作的机器人录制成视频，上传到优酷网，不到一个月，点击已经过万。很多机器人爱好者向于欣龙咨询控制器如何制作，是否出售。

2008年5月，于欣龙的第一件产品——机器人控制器出炉。做成之后，把产品挂到淘宝网上销售，不久他以几百元的价格售出了第一件控制器。在别人看来，一个大学生利用课余时间做出产品，卖出这个价钱挺不错的了，但他觉得，从研发、选元件到焊接电路板，再到后期功能调试，每一个细小的部分都是心血之作，实际的辛苦和这个价格比起来要沉重得多。但是，因为有兴趣的支撑，于欣龙并不觉得辛苦。

据淘宝网数据反馈，于欣龙是销售机器人控制器的第一人。随着网络销量越来越大，到2008年冬天，仅靠自己业余时间制作的控制器已经供不应求。于欣龙萌发了自己开公司的念头。

2. 渐强音：由爱好机器人到职业

2009年5月，于欣龙带着作品“仿蜘蛛爬行机器人”参加学校组织的一次科技成果转化会。科技园觉得于欣龙的项目存在很大的发展空间，为其提供了办公场所。此时，于欣龙创办了“机器人基地”创新工作室，顺利入驻刚刚成立的大学生创业联盟，成为了哈工程大学生创业联盟第一批子公司。

2009 年 10 月 28 日，哈尔滨奥松机器人科技有限公司正式成立，不仅成为哈工程科技园大学生创业实践基地的重点孵化企业，也是哈尔滨工程大学第一个在校大学生正式注册、实体经营的公司。对于欣龙而言，制作机器人已经从最初的爱好，变成了他的职业。

公司采取多元化的经营模式，集研发、生产、销售于一体，建立了多个网络平台进行产品推广。公司旗下不仅具有独立电子商务购物网，还具有奥松机器人基地淘宝商城、阿里巴巴全球出口通、速卖通等网站，经营产品涉及机械、电子、通信、传感器、机器人配件及其周边产品，还可根据客户要求，提供客制化定做与定购服务。他的公司还为参加机器人比赛的学生提供各种移动机器人平台、控制器、驱动器、传感器等产品。目前，许多中学开设的简易机器人制作课程中用到的机器人，就是他的公司为其定做的产品。

3. 高潮：为我国航天事业做贡献

公司成立初期，于欣龙没有能力承担发货所需的包装盒费用，就带领大家去居民区或大街上捡被丢弃的盒子。在捡盒子的过程中，于欣龙发现，废弃的产品盒可以传递企业文化，便把公司的 Logo 和联系方式印刷在包装盒上，达到宣传的目的。

随着客户需求不断增大，如何能保质保量及时完成产品？于欣龙决定自己出设计，把生产外包出去。他主动联系大工厂，却一次次地碰钉子。无奈之中，于欣龙想出了“弱弱联合”的发展模式，通过网络寻找合作对象，解决了批量生产的难题。

2010 年 1 月，于欣龙承接航天部哈尔滨工业大学生物医学工程研究中心《小型动物离心机》项目，此仪器是为我国航天员研究抗晕药必备的实验仪器。45 天的时间里，于欣龙带领团队昼夜赶工，于 2010 年 2 月 27 日顺利通过验收，为我国航天事业做出了贡献。

4. 延长音：饮其流者怀其源，学其成时念吾师

不久前，于欣龙带领公司团队“荣归母校”，参加了在哈工程举办的东北五校大型招聘会，并收到了数百份简历。这些学弟学妹们，很多都是于欣龙的粉丝。

创业 4 年来，于欣龙义务为各大高校做讲座 40 余场。公司参加了哈尔滨市人才局举办的 50 多场招聘会，并为 100 余人提供了实习机会，带领一大批有创业梦想的年轻大学生走向了创业之路。

2013 年 7 月，于欣龙拿到硕士毕业证的第一天，为感谢恩师和所有帮助过他的人，向母校创业教育学院无偿捐款 10 万元，成立“欣龙科技创业基金”。不仅开启了校友捐赠科技创业教育基金的先河，而且创下母校捐赠校友年纪最轻、毕业时间最短的先例，对于扶持优秀学生创业，提高学生的综合素质，培养学生的团队创业

精神起到了积极作用。

5. 尾音:Innovate with China

作为一家集科、产、销于一身的创业型实体公司,奥松机器人在研究探索国外先进技术的基础之上,始终积极主动研发具有自主知识产权的产品。

如今公司经营产品广泛涉及机械、电子、通信、传感器、机器人配件及其周边产品。可根据客户的要求提供客制化定做与定购服务。为全球客户提供超过600种机器人产品,远销全球近30个国家,代理美国Sparkfun、Pololu、Pcduino、意大利Arduino、加拿大Robotshop、韩国Robotis、日本Tamiya等知名品牌的机器人与电子产品。

在奥松机器人公司的墙上,有两幅地图。于欣龙告诉我们:公司每将产品卖到一个地方,他们就在地图上钉一枚图钉。他希望有一天,不仅把中国的机器人技术做到世界领先地位,还要让全世界的人们都能用上中国制造的机器人产品。他想让全世界的人知道,奥松不只是产品Made in China,他们的技术是Innovate with China!

### (三)创业体会

于欣龙习惯谦和的笑,习惯直来直去的说话方式,还有一种习惯的自信,他也有着平凡人所具备的一切标签,但他依旧保持着自我的那份特殊,那份多想一步的心,那份坚持下去的信念。他信奉马云的一句经典语录"今天很残酷,明天更残酷,后天很美好,但绝大部分人死在明天晚上,看不到后天的太阳。"他以自己的历程演绎着青春的激情。

每个人都是逐梦路上的一位旅者,我们用梦想编制翅膀,在现实中展翅翱翔。于欣龙也不例外。"我对音乐是比较痴迷的,本想在音乐领域有所发展,后来参加中国机器人大赛,才让我对机器人研究产生了浓厚的兴趣。"于欣龙这样谈起他的思想转变。

"创业初期的困难是不可避免的,面对困难,我必须坚持下来。"他坚定地说道。在他看来,创业初期,最重要的就是把自己的产品推出去,在市场竞争中占据一席之地。他发现每个行业内的大公司对产品和包装的设计都非常重视,通过产品的包装设计传达企业文化理念。

"只要是自己喜欢的事,认定了便永不言弃,直到把它做出一定成绩。"于欣龙认为,大学生创业者要做到用户至上、体验为王、商业模式超牛和颠覆式创新这四点才能办好企业。而要想把企业做大做强,更离不开颠覆式创新。

### (四)获奖情况

2006年,黑龙江省第二届"秀出我自己"风采大赛"总决赛最佳媒体印象奖"。

2006 年,哈尔滨工程大学第三届“鸡蛋撞地球”结构设计大赛一等奖。

2007 年,哈尔滨工程大学“麦博杯”金点子设计与制作大赛亚军。

2007 年,哈尔滨工程大学首届“点金术”电子焊接大赛二等奖。

2007 年,中国机器人大赛暨 RoboCup 中国公开赛空中机器人组固定翼 15 公斤级冠军、5 公斤级亚军。

2008 年,哈工程第二届“庆懋杯”机械专业作品设计大赛特等奖。

2010 年,获“黑龙江省优秀大学生”称号。

2010 年,阿里巴巴黑龙江省“最具潜力网商奖”。

2012 年,阿里巴巴东北地区“最具创新精神网商奖”。

2014 年,第三届“黑龙江省十大杰出青年创业奖”。

2017 年,入围第九届“中国青年创业奖”。

2017 年,“中国青年创业奖”创业先锋奖。

## 十一、唐滨

### (一)唐滨概况

唐滨,男,汉族,1985 年 7 月生,中共党员,2015 年 6 月毕业于哈尔滨工程大学计算机科学与技术专业,获工学博士学位, 2015 年 8 月进入哈工程船舶与海洋工程专业博士后流动站。研究生期间组建了自己的创业团队千元软件工作室。2015 年,唐滨注册哈尔滨千帆科技有限公司,任公司董事长、总经理。曾获“黑龙江省优秀大学生”、第一届移动 MM 百万青年创业计划大赛黑龙江省学生创业先锋、ACM - ICPC 全球总决赛优秀志愿者等荣誉称号;他先后获得全国挑战杯国家三等奖、微软全球大学生嵌入式大赛全球 200 强,全国大学生博创杯国家三等奖、全国 Cisco 网络大赛二等奖以及黑龙江省计算机应用作品大赛二等奖;曾获校奖学金 6 次,国家励志奖学金 1 次。

### (二)创业历程

1. 千元软件——梦想开始的地方

“明明可以靠脸吃饭,却偏要拼才华”,唐滨就是其中之一,31 岁的唐滨和电影明星段奕宏有几分相似,但他的身份却是哈工程博士后,哈尔滨千帆科技有限公司 CEO。

2004 年,唐滨考进哈工程计算机科学与技术学院。开学之际,唐滨与大多数人一样迷惘,但他很快看清了努力方向。大一,他参加思科网络技术学习,以 1 000 分满分获得 CCNA 认证。大二,参加思科理事会的教师培训,并获得“CCAI 教师资格认证”。2006年至2009年，他一直担任哈工大思科网络技术学院网络技术培训讲师，为大学生讲授思科CCNA课程及华为HCNE网络课程。那时，他已无须再向家里要钱，每月收入足够负担自己学费、生活费。这才只是他学习、生活的一部分，多数情形下，他边挣钱边当学霸，光奖学金就得了5次。

2009年，读研一的唐滨组建学校千元软件工作室，为客户定制开发软件。最鼎盛时，工作室有三十多名成员，他们来自不同年级和院系。他将大家分成组分配任务，根据各自在项目组里承担的角色、贡献大小及付出精力多少给大家发工资。工作室就像大学生的实战平台，在那里经过历练的人，就业中都有明显优势，有些直接走上了自主创业的道路。业务不断扩大，工作室已不能满足需要，唐滨注册成立了哈尔滨千帆科技有限公司。2015年，公司得到政府支持——拿到了首批10万元创业贴息贷款。

2. 千帆科技——不鸣则已，一鸣惊人

唐滨这份敢想敢做敢拼的劲儿让他与计算机软件结下不解之缘。读大一时，唐滨因为喜欢计算机，便报考了计算机类的专业考试，没想到拿到了满分。当时负责考试复习工作的老师看中了唐滨出色的计算机天赋，让唐滨当起了自己的“助手”。在经过了两年的准备和考核后，唐滨走上了计算机辅导老师的“岗位”，一干就是几年。唐滨说，这几年的社会实践不但让自己的专业知识得到了提高，技术方面也进步神速。一路走来，开发软件是他的兴趣所在，后来成立公司，通过低成本、定制性软件开发等优势，在大中企业认为无利可赚的中小型企业客户群体中，打造出了一个别具特色的软件公司。“做自己喜欢的事顺便还能赚钱。”唐滨说这让他充满了成就感。

大一时，唐滨学习计算机网络认证“思科认证”，大二时他开始给别人做培训，大三时参加大学生科技创新比赛。在研究生期间，唐滨创办了千元软件工作室，研发人员都是在校的研究生和本科生。“在学业和工作的双重压力下有放弃的念头是难免的。“唐滨回忆道，有一年，他们接了瑞典一家公司的项目，为对方开发软件。那是一款调查问卷，最后要以5种语言的形态呈现出来。当地和哈尔滨有5小时时差，每天凌晨1点多，他都要守在电话前与瑞典方面的工作人员交流，把对方的要求翻译给大家，然后再带着大家去修改。但是大家花在项目上的时间都是课余时间，人手少、任务急、压力大，所以他一连三个星期的作息时间都是颠倒的。唐滨突然感觉天空都变得灰暗了，生活失去了原有的色彩和意义。后来项目顺利结题，唐滨获得了对方的高度赞誉，并且一点一点走出了令人窒息的状态。那种高强高压的日子对唐滨产生了深远影响，这让他变得成熟的同时也让他更加懂得调剂的意义。

经过了高强度工作的历练后，唐滨团队依托大学生创业联盟，以“虚拟注册，实体运营”的方式推动发展，千元软件工作室开始正式对外提供软件开发服务，客户由校内扩展到社会，由个人客户升级至企业客户，业务涵盖管理系统、科学计算软件、互联网平台、移动 APP 软件开发等十余项服务。这个工作室的成立为之后唐滨的千帆科技有限公司的成立奠定了良好的基础。

能用众力，则无敌于天下矣；能用众智，则无畏于圣人矣。唐滨的团队完美地诠释了这句话。唐滨团队最让人惊叹的是公司成员的学历。目前，公司已有成员13 人，其中硕士以上学历 7 人，其余为本科学历。唐滨说，由于软件公司要求的技术性很高，所以公司在考虑人员时必须考虑到所学的专业和熟练程度，并按此来分配每个人的工作，从而达到最高的效率。

3. 困难重重——守得云开见月明

路漫漫其修远兮，吾将上下而求索。唐滨说，这句话是支撑他在软件开发这条路上走下去的精神支柱。开发、维护、运营的日子并不都像待在“微软”“谷歌”里那么美好，无处不在的压力和煎熬只有程序员自己知道。软件程序员一天中的大部分时间都在使用另一种语言与电脑沟通，所以通常大家会认为他们和普通大众的思维不在一个层面上，尤其是那些不懂电脑而又想要某个程序的人。

偏巧，唐滨就时常要与这样的人打交道。“碰到这种情况，只有两种选择，要么不接，要么以各种应用让他明白他到底需要什么。”唐滨说。为了满足客户不同需求，每次他们都先做两三个模版，让客户选择一个，等他们确认后再开发。他们偶尔也能碰到客户要赖，软件交付时不结尾款。“好在这样的人并不多，这种经历也提醒我，后续合同及开发方式上进行改进，先确定原型，签字后再开发。”

赞助哈尔滨工程大学虚拟现实设计大赛

唐滨介绍,目前公司正在做的一项课题是"科学计算可视化",把科学计算用三维动画形式表现出来,也就是用算法模拟现实。比如,轮船在大海上的抗风测试,轮船耐磨性操纵性的检验,再比如核反应堆的爆炸,这些数据不可能到现实场景中去测量,只能通过科学仿真手段完成。在重大科研、教育教学及生产实践中仿真模拟有广泛应用,但目前这类软件大都依赖于国外的技术,这让计算机科学与技术专业毕业的他很不甘心。

他最大的梦想就是,有一天实验室里的科研成果能转化为市场化运作的产品。他说自己公司的产品,哪怕只是一个小小的应用,如果能解决别人的问题,他也会由衷高兴。他希望做公司能更多地改变生活。从骨子里说,他是个充满情怀的技术派。

(三)创业体会

在"什么样的创新才有市场"这个问题上,唐滨说,那一定是适合大部分人需求的创新。在这一点上,大公司大团队有着绝对的优势,因为他们有调研能力。创客偶尔也会成功,但那并不是常态,生活中并不是所有有梦想、有技术、有激情的创新者都能成功。与一夜成名相比,唐滨更看重踏踏实实的积累,就像水滴石穿,经年累月,总会有收获。

唐滨认为,在创业联盟里,重要的是过程,而不是结果,他们不看重大学生在创业中取得显著的成就,而在乎学生在创业过程当中学到了什么。唐滨说:"大学生创业的第一桶金是创业意识和创业能力。"在学校内营造出创业氛围,以创业带动大学生就业,同学们在这里可以大展拳脚,既可以干得好也可以跌得起,无论结果如何,从创业联盟走出的同学的综合素质都将得以提高,在这里都将获得受益终生的"财富",提升自己的创业、就业能力。

"在现阶段的中国,大学生创新和创业都是挺难的。"他说,这主要是教育体制导致的。我们的学习目的性太强、功利性太强,学生学习就是为了考试,这与培养学生发散性创新思维完全背道而驰,同时,一些成绩不错也有思路的学生却缺乏驱动力,创新想法难以前行。基于这样的原因,他愿意打造一个空间,让创客们一起"做梦"一起飞,共谱一曲青春拼搏的乐章。

(四)获奖情况

2007 年,微软全球大学生嵌入式大赛获全球 200 强。

2007 年,全国 Cisco 网络大赛获二等奖。

2007 年,全国挑战杯获国家三等奖。

2007 年,全国大学生博创杯比赛获国家三等奖。

## 十二、王天

### (一)王天概况

王天,男,出生于1985年4月15日,中共党员,毕业于哈尔滨工程大学模式识别与智能系统专业,博士学历,工学博士,加拿大Carlton大学博士后,个人参与各类创新创业大赛获奖50余项,累计在国际国内期刊发表论文16篇,发明专利5项、实用新型专利3项、转件著作权13项;曾获得黑龙江省科学技术发明二等奖,黑龙江省高校科技进步一等奖,"黑龙江省首届'守望梦想·奋斗青春'大学生创业之星"荣誉称号,哈尔滨市大学生创新创业先进个人荣誉称号。

### (二)创业历程

1. 程天科技——创业路上的第一步

王天自学生时代起,就一直遨游在科学的海洋之中,而科技创新也不断地引领着他的成长。走入哈尔滨工程大学校园以后,王天利用大一一年的时间,学习了自动化学科的主要基础专业课程,技术水平很快在同学中脱颖而出。他充分利用学校丰富的教学与研究资源,先后获得国内外多个科技竞赛奖项,顺利获得了保送直博的资格。从2009年到2014年,团队成员共获得全国性比赛一等奖4个,二等奖3个,三等奖4个。在参加科创比赛的艰苦岁月中,几颗年轻的心渐渐聚拢起来,他们各有所长,配合默契,现在回看当时的照片,程天科技的核心团队在那时便已经建立起来。

2013年3月,王天创建了哈尔滨程天科技发展有限公司,带领团队成员们正式开启了创业之路。在进行了深入的市场调研之后,结合自身专业特点,王天选择了智能制造领域作为公司的主营业务。公司接手的第一个项目就是省内某铅笔厂自动化改造项目,针对现有人工操作的弊端,利用机械手和专用工具,结合高速控制器以及工业算法优化,提高产品质量和生产效率。这第一个项目,王天带领着技术团队封闭研发一个多月,在接连克服了控制柜密封、笔芯抓取等技术难题后,有着程天科技Logo的第一条自动化生产线顺利运转起来。

面对第一条自动化生产线的成功,王天没有沉浸在胜利的喜悦之中,他看到的是技术团队对于智能制造行业的理解不够深刻的不足。为了弥补这个不足,为了承接更复杂的项目,王天带领技术骨干先后拜访了清华大学、上海交通大学、哈尔滨工业大学、华南理工大学等在智能制造领域有深入研究的高等学府,深入学习前沿理论;同时积极派遣技术骨干参加发那科、库卡、ABB、西门子、NI等行业第一梯队的培训课程,提升员工对于智能制造的理解。有了这段时间的潜心钻研,王天和他的团队信心更足了。

2. 专心研发——巩固基础，提升实力

随着创新设计能力的提升，王天的团队在不断壮大，项目的复杂程度也在成倍的增长，现有办公环境已经不能满足需求。但是市场上“办公+厂房”的物业租金也难以承受。正在他感受到了创业的困境时，他的母校——哈尔滨工程大学伸出了援手，根据学校扶持大学生创新创业的相关政策，王天的程天科技是省政府评定的高新技术企业，可以享受学校下属科技园区提供的免费办公场所和办公家具，用水、用电、用网都是免费的。学校还协调出一部分厂房，供调试组装使用。技术水平资金保障条件都具备了，王天期待着公司的发展乘着“东风”能够“更上一层楼”。

摩拳擦掌，准备大干一场的王天和他的团队，在接下来面临了一次重大考验。某集团作为甲方对一个特定设备自动化装配生产线进行招标，并且送来一个参考样品。特定设备外观呈圆柱体，只有10厘米的直径，但是内部结构复杂、零件繁多，应用了多种超常规的工艺。现有人工装配，熟练工人每天只能装配一个，生产效率偏低。甲方希望能够通过自动化装配，提高生产效率。此外对于自动化装配生产，甲方还提出了多达四方面、十二项的技术功能要求。甲方的技术代表同时表示，在向多家国际、国内厂商进行方案征集，最终将选择最优方案进行设计实施。

这是王天和团队创业以来面对的最复杂的项目，甲方的特定设备装配技术难度高，功能需求又处处都是直戳智能制造的前沿应用。王天带领骨干员工，分析设备结构、装配工艺和最优顺序，创造性地将设备分解为五个单元模块，互不影响。这样的分解有助于进行分解独立设计，提高设计速度，也能更快暴露设计难点。用了一周的时间，五个单元模块的设计方案分别拿了出来，王天逐个与单元模块的设计人员进行开会分析，一个零件一个零件的讨论。一连十天，他都没有离开公司，困了就在沙发上眯一会，饿了就叫份外卖顶一下。集中全公司的思考与智慧，提炼出了四个工艺难点，分别是高温点胶、预应力焊接、柔性绕线和扎带穿孔，并且提出设计专用机械设备解决的思路。经过整整四十五个日夜的奋战，程天科技的设计方案如期提交给了甲方，等待甲方的开标评审。

3. 项目升级——新的阶段与新的机遇

等待开标结果的十五天里，时间好似凝固住了一样，而中标喜讯传来的时候，四十五天的努力和十五天的煎熬仿佛又像是一种褒奖。甲方的总工程师给出的设计评语是：“程天科技的方案采用了分单元模块设计和实施的思路，降低了设计与实施的风险，在保证技术指标的同时，经济指标能做到最优投入。对工艺难点的分析与我方预判完全一致，专用机械设备解决工艺难点，并在投标阶段就给出了原理图,是所有投标方案中唯一的一份。提出的视觉识别方案拥有自主知识产权,在识别精度方面有技术优势。”就这样,王天和他的团队用创新与真诚征服了甲方的严苛评审,中标整条生产线设计。因为方案分析详细,设计实施阶段进行得比较顺利,截至目前已经完成了第一个单元模块的调试运行,第二个单元模块进入到采购与加工阶段,第三个单元模块的设计工作已经启动,进入到平稳有序的项目运维阶段。

公司发展进入到新阶段,除了工程项目的承接,王天和程天科技团队瞄准了一个新的市场——人体外骨骼。人体外骨骼是一种能够对人体提供额外力量与保护的外部结构。是机器和人类完美的结合,是弥补人们日渐下降的身体机能的最好装备,是满足人类对自身更高更快更远的最佳工具。

经过市场调研,程天科技的团队制定了两个产品研制的方向,分别是助跳人体外骨骼和助行人体外骨骼。

助跳人体外骨骼是为人体弹跳运动提供额外附加力的踝关节助力装置。在不影响用户正常动作及舒适度的前提下,为参与篮球、足球、跑步等活动的用户以提供更强的运动能力。

助行人体外骨骼是通过模拟人体下肢生理结构,基于人体工程学配备辅助动力的助力装置。旨在帮助行动不便的人群达到自如直立行走,同时利用嵌入式康复软件,反向提供动力可进行康复治疗。

在项目启动评审中,确定了研发人体外骨骼中需要突破三个主要的技术难点:①仿生设计、能量回收:基于人体工程学理论,进行仿生学设计,贴合人体结构,可回收人体运动中的能量,实现每次助力的能量均来自本身,增强续航能力。②机器学习:通过脚底压力、惯性传感器,运用机器学习算法,分析穿戴者的步态,检测穿戴者的意图,预测穿戴者的行为,最终实现“人机合一”。③用户社群:0APP 建立用户社群系统,通过云端进行数据采集,进一步优化产品和提高用户体验,拓展应用,拓宽市场,获取大数据。

在国家提出“大众创业 万众创新”的口号之后,程天科技的每个人都更加觉得这条创业创新之路选对了,大家要一直走下去。如今,程天科技创新团队,已经在自动化生产线改造领域有了较为丰富的技术积累,承接了长三角地区多个企、事业单位的生产线升级改造项目。同时投入人体外骨骼的研发,力争用两年时间,定型第一个产品,开拓出一个全新的行业。在创新创业的路上,虽然有荆棘坎坷,但是相信王天和程天科技团队,能够攻坚克难,勇往直前,踏遍坎坷是坦途。

智慧社区系统路演

## （三）创业体会

创业是王天从小的梦想。“说起创业，我从小学就爱折腾，一折腾就是这么多年。小学的时候我拥有了一台属于自己的山地自行车。自行车到手后我就开始各种‘鼓捣’。变速器、刹车闸、轴承，每个零件基本上都被改装过。”王天说，自己的动手能力比较强可能和父亲从小的影响有关，小时候，父亲就带着他一起做冰尕、冰爬犁，父子俩共同享受着一起动手的快乐。读初中时，家里买了一台品牌电脑，那时他开始接触电脑、电子产品，给电脑‘超频’，优化性能，成为电脑发烧友，后来很多朋友、亲属买电脑我都帮着组装。

王天在回顾自己的创业历程时说：“我的创业，是在大学起步的。创业初期，学校为我们提供经费、场地、仪器和技术指导，支持我们去搞科技创新，还引导同学们参加创新和创业比赛开阔眼界。创业有了起色后，我们先是在校团委下设的创业联盟建立子公司——程天科技，后来，在学校大学生科技园注册实体公司。程天科技的‘程’，就是取哈工程之程。我永远不会忘记母校对我的培养和支持”

“我们研发的机器人，未来不仅是机器与人身体的结合，更是思想的结合，通过在人脑中植入式电机，完成反写……”王天说，作为一个高科技企业，我们一直在追求最前沿的东西。“机器会让人得到永生，不是肉体的，而是思想，即使当我们死去，我们的思想也会在网络世界里得以保存、延续。”

## （四）获奖情况

1. 国际级奖励

2007 年，国际大学生数学建模竞赛二等奖。（“2007 Interdisciplinary Contest in Modeling”“Honorable Mention”奖）。

2007 年,微软“创新杯”全球学生大赛(Imagine Cup 2007)嵌入式开发竞赛入围第二轮奖(进入全球二百强)。

2011 年,第十四届国际水下机器人竞赛赛会 12 名。

2012 年,第十五届国际水下机器人竞赛赛会 4 名。

2013 年,第十六届国际水下机器人竞赛赛会 5 名。

2. 国家级奖励

2006 年,全国大学生数学建模竞赛黑龙江赛区一等奖。

2007 年,第十届“挑战杯”全国大学生课外学术科技作品竞赛三等奖。

2008 年,“RoboCup 中国区空中机器人大赛”冠军。

2008 年,指导“RoboCup 中国区水下机器人大赛”冠军。

2008 年,指导团队获得“RoboCup 中国区水下机器人大赛”亚军。

2009 年,指导团队获得“RoboCup 中国区公开赛 RoboCup 救援仿真”三等奖。

2009 年,指导团队获得“RoboCup 中国区公开赛机器人越障游中国”三等奖。

2009 年,指导团队获得“RoboCup 中国区公开赛机器人巡探游中国”三等奖。

2010 年,指导团队获得“RoboCup 中国区公开赛机器人巡探游中国”二等奖。

2010 年,指导团队获得“RoboCup 中国区公开赛机器人巡探游中国”二等奖。

2011 年,中国青年科技创新青少年奖提名。

2014 年,指导团队获得 2014 年微软“创新杯”中国区学生大赛(Imagine Cup 2014)全国第四名。

2014 年,指导团队获得第十届“博创杯”全国的大学生嵌入式物联网设计大赛分赛区比赛本科组一等奖。

2014 年,指导团队获得“2014 中国机器人大赛暨 RoboCup 公开赛”水下对抗项目二等奖。

2014 年,指导团队获得“2014 中国机器人大赛暨 RoboCup 公开赛”水下对抗项目三等奖。

2014 年,指导团队获得“2014 中国机器人大赛暨 RoboCup 公开赛”水下作业项目一等奖。

2014 年,指导团队获得“2014 中国机器人大赛暨 RoboCup 公开赛”Ⅰ型机器人寻宝游项目一等奖。

2014 年,指导团队获得“2014 中国机器人大赛暨 RoboCup 公开赛”Ⅲ型机器人寻宝游项目一等奖。

3. 省级奖励

2007 年,中国大学生课外科技作品挑战杯黑龙江赛区特等奖。

2007 年,黑龙江省航空航天模型科技实践锦标赛科技创新一等奖。

2007 年,黑龙江省航空航天模型科技实践锦标赛科技创新一等奖。

2007 年,黑龙江省航空、航天模型科技实践锦标赛优秀运动员奖。

2011 年,指导学生参加全国大学生电子设计竞赛获得省一等奖 2 项,省三等奖 3 项(共 5 项)。

2011 年,中国青少年科技创新奖 。

2012 年,《低电压驱动水中多功能微型仿生机器人系统》黑龙江科技发明二等奖。

2012 年,国家“863”项目:《低电压驱动水中多功能微型仿生机器人系统》,黑龙江省高校科技进步一等奖。

2013 年,黑龙江省优秀毕业生 。

2016 年,“黑龙江省首届’守望梦想·奋斗青春’大学生创业之星”荣誉称号。

2016 年,“大学生创新创业先进个人”。

4. 校级奖励

2006 年,哈尔滨工程大学第十二届“五四杯”大学生课外学术科技作品大赛二等奖。

2007 年,哈尔滨工程大学第十三届五四杯大赛优秀奖。

2007 年,哈尔滨工程大学第十三届“五四杯”大学生课外学术科技作品竞赛三等奖。

2007 年,哈尔滨工程大学金点子设计与制作大赛中获得亚军。

2008 年,哈尔滨工程大学第十四届“五四杯”大学生课外学术科技作品竞赛一等奖。

## 十三、郭泽卿

### (一)郭泽卿概况

郭泽卿,男,出生于 1993 年 5 月 11 日,毕业于哈尔滨工程大学产品设计专业,本科学历。2016 年创办智酷科技发展有限公司。公司定位以工业设计服务为主,三年时间精准定位服务了 8 家科技型企业 21 家农业企业。为企业提供最有竞争力的产品。

### (二)创业历程

1. 创业,从兴趣开始

2016 年 6 月 15 日,作为“哈洽会”创新创业系列活动之一,14 日,题为“2016

众创时代·共享机遇”的首场高峰论坛在哈尔滨国际会议中心举办启幕。分论坛——“大学创客工场助推传统产业转型升级”在哈尔滨工程大学召开。

在现场，我省创业团队倾力推介创业项目，能模仿个人笔迹的手写机器人、军工技术民用化的船舶导航、可以帮人挂号检车的“替身”……各个项目纷纷亮相。

“只要你把写完的东西扫描进电脑，我们的手写机器人就能自动生成一个专属于你的字体库，之后就可以模仿各位的笔迹进行书写了。”哈尔滨工程大学机电学院工业设计专业大三学生郭泽卿正在讲解“手写机器人”项目，他说：“它可以解放人们的双手，比如，很多新人们都会给亲朋好友发请柬，如果是打印的显得没诚意，手写的话工作量大，这样就可以把书写的工作交给手写机器人。”此外，他们还致力于打造一种“哈尔滨字体”。“我们将把手写机器人投放在哈尔滨的各大景区，外地游客可以将照片和用‘哈尔滨字体’书写的祝福语制成明信片，这样就有了专属的哈尔滨记忆。”

每一个努力改变中国的机会，就有可能改变世界。

当成千上万被称作“创一代”的年轻人，从天南海北涌入这个冬季北京最大的创新创业舞台——2017 国际创新创业博览会。很长一段时间以来，苹果创始人乔布斯的那句“活着就是为了改变世界”在无数创业者心中被奉为圭臬。身为创业者的郭泽卿，初心也不例外。

这位毕业于哈尔滨工程大学的 90 后，上高中时就尝试过珠宝销售的生意，后来他渐渐发现“做生意”和“创业”不一样，“做珠宝生意能看到自己 5 年后的样子”，他想要“改变人的生活，体现自己的价值”。

后来，郭泽卿发现小浆果的营养和市场价值，只是有一点，这种果子的种植面积并不大，他决定从产业入手，并创立了哈尔滨“郭小果”农业科技发展有限公司，后者在哈尔滨工程大学创客工场已经孵化两年，这次他跟创客工场其他孵化公司“抱团”来到创博会参展。

郭泽卿年轻的脸上透着自信，“现在中国发展得比外国好，我都叫朋友赶快回国”。这位曾在国外待过一年半的年轻人，还不时和国外的朋友聊起“国际风云”：“美国经济已经发展平稳了，想把水搅动起来很难，但中国近 10 年来没有停止过发展，可以大胆判断，未来 10 年，中国绿卡是最难弄到的”。

他甚至喊出一个自己的创业口号：“每个人都有改变世界的机会”。和乔布斯那句话所蕴藏的含义不同，包括郭泽卿在内的这一代，有了一种更为新颖的直观认识：每一个努力改变中国的机会，就有可能改变世界。

2. 冰雪设计中的智酷

哈尔滨分会场是以冰雪主题为舞台背景。最大亮点就是，冰雪舞台是哈尔滨工程大学,智库科技,设计制作完成的。仅用了三天时间设计制作完成,体现了智酷效率。智库科技是以大学生为主体的创业型公司,主营范围设计服务,智库科技是以“艺术设计 +”为核心理念,“艺术设计 + 科技”“艺术设计 + 农业”“设计 + 冰雪设”为设计方向,智酷科技以扎根龙江,服务龙江,发展龙江,振兴龙江,为智酷的宏伟目标。

哈工程机电学院《雪雕设计与制作》选修课程教师张宇带领机电学生 2013 级本科生郭泽卿、司涵、史天齐为大家现场表演了速雕,在 30 分钟内挥舞雪雕铲、锉雪刷雕刻出一块生动逼真的“贝壳”,引起观众赞叹。郭泽卿说:“与学校船海特色相联系,我们根据‘维纳斯在贝壳中诞生’这一背景选择‘贝壳’作为我们速雕的主题,将雪雕文化展示给学校同学们。”

实际上,雪雕比赛一方面可以构筑校园冰雪文化,塑造特色校园景观,帮助学校融入、传播、提升哈尔滨这座北方名城的地域特色文化,另一方面,可以发挥大学校园文化涵育功能,为大学生打造特色活动赛事平台,丰富校园文化,提升审美情趣,培养地域情怀,激发创造潜能。可以说,智酷在传承文化发扬文化这方面起领导带头作用,为项目、公司、学校、城市都做了宣传和推广。

3. 创新创业,艰苦卓绝

确立好目标,必须在不耽误学习的情况下锻炼自己,是郭泽卿一直坚守的原则。大学是进入社会的摇篮,和以前的学习环境相比较,大学有很多锻炼自己的机会。大学不仅是文化的起源地也是自我谋生的聚集地。

拥有良好的心态,尤其是对创业风险具有清醒的认识,并充分拥有应对风险的心理准备,是创业成功的必要条件。但是由于受年龄及阅历等方面的限制,未必对创业风险具有清醒的认识,缺乏对可能遭遇到风险的必要准备。在缺乏良好心态的情况下,创业前景也会受到相应不利影响。

受年龄及相应学识的限制,很难拥有关于创业的直接经验与间接经验,创业知识一般也限于“纸上谈兵”,在这种情况下大学生创业及在公司运营中肯定会遇到各种不可预见的问题,以致创业困难。另外,创业需要企业注册、管理、市场营销与资金融通等多方面的丰富知识,在缺乏相应知识储备的情况下,仓促创业不仅难以融到必需的资金,而且在残酷的市场竞争中也将处于劣势。

4. 昂扬斗志,破资金技术难题

大学生很难有足够的创业资金,从社会上融资或获取无息平台是必然选择。但是大学生创业由于风险较大,较难获得必需的资金。而且一般在获取资金方面也存在两种问题,一是急于获得资金而不惜贱卖技术,二是过于珍惜技术而不肯做出适当的让步。这些问题都决定了在资金方面难以获得相应的资助。

理工类大学生受学识的限制，拥有可创业的技术的大学生只可能是少数。而对于那些文科类大学生来讲，很难拥有可以创业的技术。技术的缺乏，使大学生创业在激烈的市场竞争中大学生创业将遭遇较多的困难。面对资金和技术种种难题，郭泽卿带领他的团队一一克服，成绩卓著。

（三）创业体会

回想创业的经历，郭泽卿认为收获最大的就是从一开始对创业不了解，只是有了创业的想法，想做什么就去做，创业后更重视了市场，找到了更适合他们发展的方向。他用一句话总结自己的创业年：刚开始觉得创业很简单，加入其中感受到创业的艰辛和困难，但是创业这条路还是他所喜欢的，克服困难后的惊喜，想坚持下去。

在 2017 年中，郭泽卿更加确定自己的发展方向，主做艺术设计 + 科技、农业、冰雪等，做包装、做设计的任务。他表示，创业就要一直拼搏奋斗，并且要谋图新发展。

郭泽卿表示创业是一条很好的出路，是当今社会发展的大趋势。鼓励创业，不仅有利于拓宽劳动者的就业门路，为社会创造更多的就业岗位，而且有利于实现劳动者的个人价值，在全社会形成创新、创业的氛围，推动社会经济的持续、快速、健康发展。大学生在这样一个大环境中，有更多的优势，但也面临着很大的挑战。优势：我们有热情，有活力，有知识，有胆识和挑战精神。劣势：在社会这个大染缸中，我们的经验不足，没有很好的是非辨别能力，也没有很大的交际圈，这就造成了我的创业中可能有盲目性和随意性。

公司现运营良好，服务客户包括哈尔滨工程大学船舶装备机器人实验室、哈尔滨智地科技有限公司，央视春晚道具组、哈尔滨共享绿植科技有限公司、黑龙江禾乐田园农业科技发展有限公司、哈尔滨龙海集团、哈尔滨医科大学创业孵化园、红博商业、优谷优米米业、路同创投集团、独角兽幼儿培训机构等。

科预包装食品（不含冷藏冷冻食品）销售由哈尔滨市南岗区市场监督管理局食药餐饮审批成功，颁发食品销售经营者许可证。商标注册申请部分成功，部分在批准中。

（四）获奖情况

2014 年，哈尔滨工程大学大学生创业联盟优秀干事奖。

2015 年，哈尔滨工程大学大学生创业联盟标兵副部奖。

2015 年，第六届哈尔滨大学生创业大赛百强创业项目奖。

2016 年，全国青年科普创新实验暨作品大赛晋级。

2016 年,工信创新创业奖学金一等奖。

2016 年,智酷科技荣获 2016CIFC 中国创新创业大赛哈尔滨站一等奖。

2017 年,哈尔滨工程大学 2017 年毕业金榜创业之星荣誉称号。

2018 年,第三届中国创翼大赛优胜奖。

2018 年,哈尔滨创新创业大赛优秀奖。

2018 年,第四届黑龙江省"互联网 +"大学生创业大赛二等奖。

2018 年,第十一届"挑战杯"黑龙江省大学生创业大赛铜奖。

## 十四、郭方欣

### (一)郭方欣概况

郭方欣,男,汉族 ,哈尔滨工程大学自动化学院,控制科学与工程专业博士。曾获得工信部二等创业奖学金,挑战杯黑龙江省银奖,第八届哈尔滨创新创业大赛一等奖,中国创新创业大赛哈尔滨地区一等奖,并发表过 4 篇 EI。

创办了哈尔滨哈程电气科技发展有限公司,该公司是一家完全由在校大学生创办的新能源创业公司,专注于新能源及其相关领域产品的研发及制造,主营产品包括智能分布式光伏发电、充电桩及智能车位锁管理系统、不间断电源供电系统、风光一体式电池养护系统的研发及制造。公司在阿里平台的 1688 和淘宝网站上建立直销网销渠道,公司目前完成了在加格达奇、齐齐哈尔 11 户智能分布式光伏发电系统的建立,营业额 60 万元。公司完成了哈尔滨检验检疫局的智能 UPS 供电系统的加工,营业额近百万。公司投入研发近一年的充电桩、智能车位锁项目已经上线销售,公司将承接一定规模的充电桩及车位管理系统的安装等项目、并已提交充电桩及智能车位锁相关的多项专利,公司在 2017 年 11 月参加了第八届哈尔滨市大学生创业大赛并获得一等奖。

### (二)创业历程

1. 横空出世——智能分布式光伏

2015 年创业初期那年的冬天,当人们陶醉在银装素裹的雪景中时,王斌却每天泡在工程训练中心的实验室里,与廉价的电路板和普通的电烙铁打交道,专注地研究电力控制系统。一旦遇到不懂的问题就向老师、学长请教,遇到难题就一点一点地去抠,反复地调试研究。

杜春燕是通信工程的研究生,曾经是全国大学生电子设计大赛一等奖,本科生期间获得三次一等奖学金,两次二等奖学金,研究生期间获得两次二等奖学金,技术研发能力十分优秀。在她的帮助下,王斌的智能分布光伏系统完成了电路的设计和调试。

就这样，在最初的团队合作下，第一件产品横空出世，虽然此前团队在设计、论证等方面都面临着不小的挑战，但在大量调研国际主流资料的基础上，他们综合团队实力，团队成员之间相互协作，通过与导师多次讨论交流，以及团队成员的相互沟通，在团队成员相互配合下，他们克服了一个个难题，在逐渐的摸索中，终于完成了第一件产品——智能分布式光伏系统，大家都很高兴，仿佛看到了曙光。

2. 偶然机遇——充电桩的开发

2016 年初公司参加了学校组织的讲座，讲座上说新能源电动汽车出行是近两年来的热点，为适应当前中国电动汽车和充电设施的产业发展形势需要，国家充电桩补贴上调，刺激了充电桩基础建设。在政府和上下游厂商的共同努力下，目前市场规模在逐步扩大中。随着国网供电公司不断推动电动汽车配套设施建设，充电设施建设出现了前所未有的良好局面。据国内权威市场调研机构智研咨询预测，到 2020 年，充电设备和基础运营市场将分别达到 848 亿元和 1 283 亿元。

受到讲座的启发，创业团队决定投入充电桩的研发。但是研发历程并不顺利，团队面临着两个重要问题：①团队的技术力量和研发实力的匮乏。团队的技术力量和研发实力是制约产品质量的重要因素，如果技术力量比较薄弱，那么团队研究开发新产品的能力不强，产品生产工艺落后，最终导致团队产品质量低下，市场竞争力弱，利润率低。②技术创新能力不足。创新是一个团队不断进步、永葆青春、永驻活力的重要条件，由于团队技术创新能力还不够强，公司中装备水平比较低、科技力量比较薄弱、研发手段不够，导致自主创新开发能力和技术创新能力受到很多限制，这影响了产品的质量，包括产品的创新。虽然困难重重，但大家因为兴趣爱好而不懈努力，夜以继日地研究，靠着创意想法不断向前行，终于在 2017 年9 月，充电桩正式上市。

3. 潜心钻研——脚踏实地办创业

创业初期，公司租了一个 20 多平方米的写字间，那是产品研发的初级阶段，经费严重不足，人员不足，经常讨论到半夜，大家回不去寝室，三个人每天都是起身就工作，凌晨 3 点左右睡觉，非常辛苦。后来虽然条件好了些，但大家都保持着不到半夜 12 点绝不回家的“良好习惯”。

2016 年底，随着营业规模的加大，公司在永源镇租了加工场地，并引进了加工设备，雇佣工人，开始试生产，并初具规模。与此同时，学校领导为了鼓励学生创业，自动化学院团委潘强老师给了他们很多建议，并且一直鼓励他们不要放弃，继续做下去，在不久的将来必将迎来曙光。

2017 年 6 月，公司正式成立。2017 年 9 月，随着团队的扩大，办公室不够用，对于初创团队来说，资金比较珍贵，学校老师为了支持学生创业，鼓励学生参加创业街区的竞标，团队最终获得了街区122和124办公室一年的使用权，这极大地缓解了团队办公室紧张的问题。

随着项目的成熟，以及扩大推广的需要，公司团队参加了第八届哈尔滨创业大赛，大赛期间面对来自全国各地的数百支队伍，经过大家团结一致的努力，最终取得大赛一等奖的好成绩。

4. 公司大事记

2015年7月，由郭方欣、王斌、杜春燕组成了最初的研发团队，也是公司最初的创业组合。

2015年9月，公司在盟科租用20平方米办公室，用于研发和生产使用。

2017年3月，公司入驻哈尔滨工程大学创业苗圃区。

2017年6月，创业苗圃迎接教育部检验。

2017年9月，公司入驻哈尔滨工程大学创业街区。

2017年12月，公司负责人接受黑龙江日报专访。

（三）创业体会

大学是进入社会的摇篮，和以前的学习环境相比较，大学有很多锻炼自己的机会，大学不仅是文化的起源地，也是自我谋生的聚集地。因此，大学生有很多接触社会的机会。创业，也就是创立属于自己的业务，不要看现在社会上拥有自己公司的人很多，其实创业的路并不是平坦的，而是历经坎坷的，每失败一次，就等于走向成功一次。很多人创业都是非常困难的，没有一个人能随随便便地成功。想成为一名成功的创业者，需要具备很多的条件，自己还在摸索当中成长，这与是否相信自己可以在激烈的挑战和竞争中胜出有着直接的关系。实践创业是通过发现和识别商业的机会，组织各种资源提供产品和服务，以创造价值的过程。实践创业活动的主体是个人，客户是商业机会和各种为达到目的而需要且可以得到的资源。“在市场经济的大潮里畅游一番”，可以将理论知识运用到实际中去，提高个人业务能力。在工作中的确能学习到在学校学不到的知识，同样也能学习到对社会的认知性，做每件事，学会多站在别人角度去考虑问题，更重要的是自己做完每件事都要有小小的总结与分析，哪点做得不够好，下次马上改善回来，尽量叮嘱自己认真地把要做的事情做得更加完美，向自己所定的目标追求而去。把工作当做享受生活，那样才不会感到辛苦，相反会给自己生活增添更多的色彩。

创业前要认真慎思，反复评估我们具备了哪些资源。在这个充满诱惑的世界里，然而它们的竞争又是那么的残酷，怎样才能跨出社会的第一步，这一步的选择相对于每个人都是至关重要的。

创业者在创业时，一定要有明确的创业方向，保持一个良好的心态，对自己所做的工作要拥有激情、勇气和信心。带着自己的使命感、责任感吹响号角，踏着坚定的步伐，奋斗在自己的工作岗位上，迎着新世纪的曙光。迎接人生的将是一次又一次的转变！伴你走向美好的未来！相信自己，你是最棒的！

（四）获奖情况

2017 年，第八届哈尔滨市大学生创业大赛一等奖。

## 十五、干琳

### （一）干琳概况

干琳，国家保密学院 2013 级本科生，信息安全（保密技术）专业。任哈尔滨智能未来机器人创新有限公司总经理，兼任哈尔滨工程大学机器人仿真协会主席。

在学校投入大量精力进行科技创新，带领团队自主制作仿人机器人一款，蛇形机器人一款，四足机器人一款，六足机器人一款以及多项嵌入式产品。作为领队带领团队参加各项国际以及国内科技创新大赛，并多次取得优异成绩。

利用自主研发的科技产品大胆创业，在学校大学生创业联盟旗下成立创业公司，并任总经理，并在冰城大学生创业大赛中获得优秀奖。受学校委托参加哈尔滨青年创业博览会，自主研发的六足机器人吸引了数个风险投资的关注。

### （二）创业历程

场上积木玩具很多，有没有那种搭建了一个模型，通过编程后发布一些指令就能执行的。哈尔滨工程大学信息安全专业大三学生干琳与她的哈创未来智能科技团队（成员：干琳，江宜橙，王奕丹，雷顶飞）在这方面很有想法，通过简单的模型搭建、编程指令操作，将机器人这样听起来就很“高大上”的产品，深入浅出地介绍给孩子。

1. 机器人教育——最初的曙光

2016 年在哈工程大学生创业联盟旗下，干琳成立了创业虚拟公司智能未来机器人有限公司，并担任总经理。由于公司经营良好，在学校的帮助扶持下，2017 年 4 月在青岛正式注册实体公司，并从那时开始干琳与她的哈创未来智能科技团队踏上真正的创业征程。

2016 年那个不喜欢走寻常路的女孩凭着自己新奇的想法与果敢组建了哈创未来智能科技团队。干琳，哈尔滨工程大学国家保密学院 2013 级信息安全（保密技术）专业学生，曾任哈尔滨工程大学机器人仿真协会主席，校科技协会活动中心主任,校科创导航员,校挑战自我-平衡车协会主席,校大学生创业联盟会员,院系学生会办公室副部长。在担任校科技协会活动中心主任期间,负责校公益活动-启航行动,定期代表学校向全市各中小学普及科技创新知识。这也为她日后的创业打下了一定的基础。

那时学校推出了很多有关创业、创新的政策,机器人领域又是比较新的,干琳与有着相同想法的小伙伴,一拍即合。因为之前接到过一次机器人表演的演出,价格还挺高,所以最初定的方向是机器人表演,他们给机器人做编程,机器人灵巧地跳动舞蹈。看起来不错,现实却很残酷。她当时主动联系了商场、婚庆等场所,但都被拒绝了。因为机器人表演太高大上,不够吸引人。

“高大上的做不了,那就从简单的做起。”干琳咨询了很多有经验的学长学姐,2017年4月份,她将目光放在了机器人教育上。对于教育领域,家长更愿意投资。她把重点放在动手能力上,通过各种零件像搭积木一样组建各种形状的机器人,并通过编程让机器人执行简单指令,培养孩子的动手能力,还让孩子接触了简单的编程操作。

果然,皇天不负有心人,机器人教育让她们尝到了成功的喜悦。

2. 坦途——光明的未来

“相比于市场上其他同类产品,我们的优势是价格低、安全、功能上可以拼成人形机器人。”干琳说,他们人力成本低,有技术优势,价格上同类产品是他们产品的4倍左右。为了保证质量,她也曾找多个厂家,寻求质量等各方面都有保证的厂家。最重要的是造型多,除可以拼成坦克、越野车等常规外形,还可以拼成小的人形机器人,一套产品可以做出45种不同功能的机器人。

干琳说,现在他们主要做的是教孩子动手操作,团队成员是主要讲解老师。同时,她也从学校招聘相关专业的学生,进行培训后加入到助教中,为每两名学生配备一名助教,让每个孩子都体验动手带来的快乐。目前来固定上课的孩子有20多名。

3. 现在的方向——更完善的机器人教育体系

干琳的微信朋友圈里加了很多投资人,有的询问过她的项目,有的还在关注中。但她并没有心浮气躁起来,她明白越是在这个时候越要让自己沉下来。现在这个时期,对他们来说更重要的还是产品和市场,将产品做得更好,打开市场,站稳脚跟。

4. 未来的理想——青少年儿童素质教育基地

提起“素质”,提起“教育”,这或许是最令中国人头疼的事了,但干琳却不这样想。“我是不安于现状的人,希望每天都过得不一样,每天都很精彩。”相比于同龄人，干琳的很多想法有些不同，她不喜欢拘泥一格，遵守条条框框，也正是因为这一份不羁与洒脱让她有信心有胆量去这样做。

关于未来的青少年儿童素质教育基地她有着自己独特的想法，“想做青少年儿童素质教育基地，不仅有机器人编程，还有 3D 打印技术、航模教学等科技类课程。”她说，团队中有成员已经在做 3D 打印方面的相关研究，日后发展壮大了，就考虑丰富教学课程。

5. 路漫漫其修远兮，吾将上下而求索

市场上积木玩具很多。有没有那种搭建了一个模型，通过编程后发布一些指令，就能执行的？这是干琳开始学习编程时脑海中挥之不去的想法。那么有没有什么简单的方法能够让孩子们初步了解这种高科技。

正巧那时学校推出了很多有关创业、创新的政策，而机器人领域现在还没有完全成熟，发展空间很大，于是几个有着相同想法的小伙伴，一拍即合。但与此同时问题也接踵而来，资金哪里来？

在机器人研究期间他们都知道机器人未来的发展前景广阔，但同时机器人的研究也需要大量资金，而对于大学生来说只是因为一个想法就四处筹钱显然是不可能的，那有没有成本小的有关机器人的项目呢？一行人陷入了沉默。

但他们不想放弃，不想没有尝试就失败，这时有人突然想起了机器人表演。他们曾经接到过机器人表演的邀请，经过一番深思熟路他们最终选定的方向是机器人表演。因为机器人表演新奇，高大上，表演价格又高而且成本不大。所以，他们给机器人做编程，让机器人站在舞台上翩翩起舞，在舞台上肆意翻腾，甚至做出各种搞怪的动作。这些听起来不错，但现实却很残酷。“我当时主动联系了商场、婚庆等场所，但都被拒绝了。”这让几个小伙伴感到了前所未有的失落。

“高大上的做不了，那就从简单的做起。”在咨询了很多有经验的学长学姐后，他们将目光转向了机器人教育上。在现今的中国对于教育人们有极大的热情，也更愿意投资。他们把重点放在动手能力上，让孩子们与老师一起用各种零件拼接成不同的机器人，并给他们一些简单的指令，让他们做出一些简单的动作。这种实地化教学让孩子们有了更多的热情去学习，同时也让孩子们简单的了解了什么是机器人，什么是编程。

（三）创业体会

创业，是一个美好又残酷的词汇。对于当代大学生来说创业成为一股浪潮，但在这股浪潮中有人成了时代的弄潮儿，事业有成。有人却百般失意，一事无成。

团队核心成员合影

创业说起来容易做起来难，你随时都可以说你是在创业，但你不可以说你创业成功了。不少大学生对创业有错误的认识，认为创业就是赚到钱就行，于是信心勃勃的去创业，但当真正考虑要做什么的时候脑海中则是一片空白。所以创业的第一要务便是找准方向。首先要考虑自身因素，自己喜欢什么？"做自己喜欢的事，永远都充满斗志"。正如干琳所说只有自己喜欢才能充满斗志，才能坚持下去。其次要考虑社会因素，这个方向在社会上前景如何，资金需求量，自己有没有能力筹集资金。

而创业的第二要务便是要有自觉性、坚毅性、自制力和勇敢果断。在面对诱惑时不沉沦，"通过多次活动后，我的微信朋友圈里加了很多投资人。有的询问过我的项目，有的还在关注中。但在目前这个时期，更要让自己沉下来。对我们来说现在更重要的还是产品和市场，将产品做得更好，打开市场，站稳脚跟，才是我们当前要做的。"干琳如是说。

同时也要做到坚忍不拔，面对困难不退缩，即使一而再再而三的受挫都应该坚持下去，找到自己的不足，想办法去弥补。

第三点，要想成功创业，适当的创业伙伴是必不可少的。"不怕神一般的对手，就怕猪一般的队友"干琳笑着说。创业伙伴是创业的核心，无论是在最初的选定创业方向，还是后来的企业运行过程中都发挥着至关重要的作用，千里之堤溃于蚁穴，更何况创业伙伴还不是蚁呢？

### （四）获奖情况

2014 年，19th FIRA ROBOWORLD CUP&CONGRESS（第十九届 FIRA 国际机器人足球赛世界杯）亚军（一等奖）。

2014 年,中国机器人大赛暨 RoboCup 公开赛一等奖。

2015 年,国际仿人机器人奥林匹克大赛一等奖、三等奖。

2015 年,第三届全国智力运动会暨 2015 年全国大学生计算机博弈大赛季军。

2016 年,全国“TRIZ 杯”大学生创新方法大赛二等奖。

2016 年,全国大学生机器人大赛机器人创业赛二等奖。

2017 年,第四届全国机器人创意设计大赛一等奖。

## 十六、刘博

### (一)刘博概况

刘博,男,出生于 1995 年 8 月 25 日,中共党员,毕业于哈尔滨工程大学船舶与海洋结构物设计制作专业,硕士学历。个人累积参加创新创业大赛二十余项,发明专利 1 项,发表学术论文 5 篇,曾获第三届中国“互联网 +”大学生创新创业大赛银奖,第十一届“挑战杯”黑龙江省大学生创业大赛银奖,第八届全国大学生电子商务“创新、创意及创业”挑战赛二等奖等奖项十余项。曾获国际雪雕大赛优秀志愿者,中俄国际青年大会优秀志愿者,校三好学生,优秀学生干部等荣誉称号。曾获国家奖学金,工信创新创业奖学金,校陈赓创新人才奖学金等。

### (二)创业经历

1. 闪现的创意

本科时,刘博所学习的船舶与海洋工程专业是哈尔滨工程大学最好的专业之一。面对这样的成绩,他并不满足,而是选择报考了更加优秀但是学业繁忙的陈赓实验班。后来保研时,他依旧选择了船舶工程学院。研一时,他的纯学习成绩专业排名第一,并且在读研期间保持了优异的学习成绩。2016 年,在一次创业宣讲会上,农业科技的兴起让刘博认识到了传统行业与新兴行业结合的光明未来。在那次宣讲会过后,刘博产生了这样的想法:“创立一家经营销售业务的农业科技公司。”

尽管还是研一,但是刘博已获第三届中国“互联网 +”大学生创新创业大赛银奖、第三届全国“TRIZ”杯大学生创新方法大赛二等奖、“国家大学生创新创业训练计划”优秀结题等国家级、省级、校级奖项与表彰共 19 项,同时申请过一项发明专利,发表过四篇学术论文。但是简单的比赛不足以满足刘博的雄心,他觉得真正成立并运营一家公司比参加比赛更能使他感到满足。他决定独自一人白手起家,成立自己的公司。

2. 积蓄力量,勇往直前

准备初期,刘博对于公司销售类型犹豫了起来。市面上的农产品多种多样,究竟哪一种才能满足刘博呢? 期间,刘博通过网络了解了许多相关方面的知识,考察了许多不同类型农产品的销售和运营。经过深思熟虑,刘博决定创办一家经营大米的公司。作为黑龙江五常的孩子,将家乡的大米推广到全国,让更多人享受好吃绿色的大米,是他梦想的事情。于是,刘博果断成立了哈尔滨市沁怡农业科技发展有限公司,用行动来达成梦想。

创业初期,公司只有刘博一人,所有事务也由他自己承担,堆积成山的工作几乎将刘博压倒。有一段时间,公司事务特别繁忙,刘博甚至产生了放弃的想法。然而,心中想要推广家乡大米的梦想帮助他坚持了下来,帮助他度过艰难的时期。后来,又有志同道合的三个人加入了公司。虽然工作仍旧令人喘不过气来,但大家因兴趣爱好而不懈努力,靠着创意想法使公司逐渐走上了正轨。如今,不懈的努力终于产生了回报:这几个月中,公司月平均营业额已达到了 4 万元。对于刚成立 6 个月的年轻公司,这个成就已经不小了。

3. 克服困难,破茧成蝶

刘博的公司是农业科技公司,按照要求,他要办理许多证明以确保公司的正常运行,他为此了解了许多相关知识,跑遍了大大小小的无数地方,最终,所有证件终于办理完成,刘博的腿也快要跑断了。

然而,正当刘博以为可以松一口气的时候,各种事务接踵而来,刘博又投入公司的经营。创业初期的公司往往事务最繁忙:寻找销售渠道、运营线上平台、保证产品质量、寻找客户……为了公司正常运行,刘博一人包揽了全部的工作,常常忙得焦头烂额,没有休息的时间,甚至连家也回不了,每天睡在办公室的沙发上,休息一会就又要起来工作。这样的生活持续了好几个月。

2017 年中,刘博找到了三位志同道合的朋友,并且邀请他们加入了公司。有了朋友的帮助,刘博的压力大大下降,工作效率也提高了不少。四人相互扶持,相互鼓励,怀着相同的目标努力奋斗。终于,公司走上了正轨。

公司至今已成立半年有余,拥有自己的生产线,合作的生产厂家和物流公司,线上线下都能让人享受到正宗五常米的味道。凭借他们自己的战略,配合着科学的管理和先进的营销策略,公司的营业额正稳步攀升,努力成为一个集健康、品质、文化于一体的黑龙江现代农业品牌。刘博从未离自己的梦想这么近过。

说到最难忘的事,刘博思考了一会告诉我们,他最难忘的事就是和朋友们拼搏的那段时光。虽然事务繁忙,但是为了梦想,即使是疲惫也令人开心,那时的生活十分的充实。不过对于刘博来说,更加难忘的回忆在以后会越来越多,公司的未来也将越来越光明。

（三）创业体会

当我们问到创业的感悟时，刘博谦虚地说，首先要找到合伙人，推动创业事半功倍。公司最重要的是团队，其次才是产品，有好的团队才有可能做出好产品。要搭建一个精良的团队，首先要做的就是“找人”，而这一点，在创业之初更显得尤为重要。有了志同道合的人的帮助，创业将更加轻松。

其次，要摆脱学生气，尽快学习如何管理。我们只有不断地疯狂学习，向身边的人学习、向对手学习，才能发展处自己独特的优势，不断地充实自己，才能不断地创新，才能跟上互联网发展的步伐。

当然，最重要的还是不懈的努力。只有全身心投入到自己的事业中，才能使自己获得成长，达成自己的梦想。

公司现拥有自主研发团队，丰富的产品线，完善的合作生产厂家、水稻种植合作社及物流配送团队。公司由在校大学生自主管理，拥有先进的经营销售理念，基于现代农业电商战略，努力打造一个集健康、品质、文化于一体的龙江现代农业品牌。

（四）获奖情况

2014 年，第三届全国“TRIZ”杯大学生创新方法大赛二等奖。

2017 年，第三届中国“互联网 +”大学生创新创业大赛银奖。

2017 年，第三届黑龙江省“互联网 +”大学生创新创业大赛金奖。

2018 年，第四届黑龙江省“互联网 +”大学生创新创业大赛二等奖。

2018 年，第十一届“挑战杯”黑龙江省大学生创业大赛银奖。

2018 年，第八届全国大学生电子商务“创新、创意及创业”挑战赛二等奖。

2018 年，第八届全国大学生电子商务“创新、创意及创业”挑战赛黑龙江省赛金奖。

## 十七、任雪美

（一）任雪美概况

任雪美，女，汉族，1994 年 10 月生，中共党员。现就读于哈尔滨工程大学动力与能源工程学院，研二学生。于 2017 年 3 月注册哈尔滨半物理仿真科技有限公司，任公司董事长、总经理。曾参加“互联网 +”、挑战杯等创新创业比赛，共获奖 7 项；发表会议论文 2 篇、软件著作权 4 项；获国家奖学金 1 次、国家励志奖学金1 次、校奖学金多次。

## (二)创业历程

### 1. 柴油机测控系统——最初的灵感

本着对动力装置测控系统的研发的热爱,本团队由任雪美和她的师兄——李玉在 2016 年 3 月一手创建,当时在李玉的带领下,团队逐渐掌握了有关动力装置测控系统设计的知识,并着手开始研发一些小型的测控系统。当时的任雪美团队因为刚刚接触到测控的相关知识,能力并不是很强。但通过与刘友老师以及工程师高原老师等的频繁沟通,她的团队逐渐感受到了与测控相关的学习的魅力,并觉得“能够自己做出一件创新型的有价值的产品,并能得到许多人认可”这件事是非常有意义、非常有成就感的一件事。因此在 2016 年 9 月任雪美团队申请入驻到哈尔滨工程大学的“五区一厅”中的产品研发区,进行他们的项目产品孵化。怀揣着梦想与激情的他们,在经过几个月左右的训练之后,在 2016 年 10 月份左右,研发成功了属于他们自己的第一件产品:柴油机测试系统。

该团队在深入调研了解通用硬件技术现状的基础上,开发功能完善的可重构的软件,实现定制系统的一键集成。根据特定类别的需求,开发典型功能的软件模块,并实现典型功能的重构、组合及扩展。结合工程项目的开发积累,逐步形成完善的软件工具库,实现基于软件重构的定制系统快速开发。

柴油机测控系统设计思路:

(1)建设硬件系统数据库,进行硬件功能及驱动数据分类,形成设备选型数据库及指导规范。

(2)开发以一键配置功能为技术特征的硬件管理软件,实现主流货架产品硬件的智能识别、智能驱动与定制化的分度函数配置,实现一键式的系统集成与管理。

(3)开发与市场需求相对应的功能性软件模块,实现功能软件的快速部署。

(4)开发具有专业知识支撑的专用数据处理模块,实现专用工具库的系统化,实现定制仪器功能的专业化。

(5)形成测控系统的定制研发规范,实现具有定制化功能需求的测控系统的快速开发。

总的来说,该团队利用市场上的流通的货架产品搭建他们的硬件设备,然后将精力投入到软件开发当中,最后进行软硬件联调,形成他们自己的产品。他们立志将他们的产品实现系列化,最后能真正在市场上占据一定的份额。团队的主要业务是“可重构柴油机模块化测控”实用型软硬件开发及其运营,该公司通过此产品,向各高校实验室、研究所、工厂提供简洁高效、不易造成资源浪费的柴油机测控系统。

2. 努力奋进——新产品接连而出

任雪美团队是一个专注于为高校实验室、各研究所、工厂针对柴油机数据采集、实验服务的团队，通过运用 NI 公司的系列软件（包括 LabVIEW、LabVIEW RT 模块、LabVIEW FPGA 模块、Multisim 等），同时结合其他的一些软件如 Matlab、CAD 等进行软件程序的开发及处理，随后结合单片机或者是 NI 公司的硬件产品进行软硬件联调，实现对柴油机各项参数的测试与控制的功能。也根据用户的需要，进行了其他产品的研发。

当时他们完成柴油机测控系统的调试与检测之后，恰好赶上了 2016 年的"工信创新创业奖学金"的评比，于是他们带着他们自己的第一件产品去参加了比赛，并获得了 2016 年度工信创新创业奖学金二等奖，同时参加了哈尔滨工程大学的第十七届"五四杯"大学生创业计划竞赛，获得金奖。

这些成绩肯定了他们的努力与付出，说明他们的理念、他们的产品获得了大家的认可。随后在校团委与老师的支持下，他们继续在启航的产品研发区完善他们的柴油机测试系统，并着手开始设计他们的下一个产品：燃烧分析仪。

在燃烧分析仪的研发过程中，他们突然有了想要建立属于他们自己公司的念头，于是在他们向刘友老师、校团委的于云亮老师等咨询过后，在 2017 年 3 月份决定成立公司，即哈尔滨半物理仿真科技有限公司。他们在 3 月份与哈尔滨能源机电技术有限公司签订了公司的第一份合同，售出了第一套产品：柴油机试验台状态监测系统，实现了 8.58 万元的销售。

2017 年 4 月份左右，任雪美的燃烧分析仪已经基本成型，然后他们将柴油机测试系统与燃烧分析仪结合在一起，形成了通用测控系统。随后任雪美团队带着他们的作品参加了第十五届"挑战杯"黑龙江省大学生课外学术科技作品竞赛，并通过了校赛取到了省三等奖。

挑战杯比赛告一段落之后，下一个产品生产设备状态监测仪的研发便开始着手准备。该产品是为满足应急机组事件采集与记录而设计的多通道数据采集与记录系统，它的市场应用前景非常好。然而在设计过程中他们不可避免地遇到了研发中的技术难题。通过向工程师、老师等寻求帮助，到网上寻找资料，团队内部成员积极讨论等方式，在 2017 年 6 月份，他们成功地解决了难题，完成了该系统的研发。该系统主要由实时监测设备、上位机数据服务器两部分组成。实时监测设备包含开关信号数据采集、数据判断、数据记录与上传等功能，系统采用数据服务器作为上位机，主要用于数据库存储和数据回放显示，高可靠的数据库建设，保证数据的安全，并方便长时间大数据量的存储。

随后的 2017 年 8 月，任雪美团队参加了第三届黑龙江省"互联网 +"大学生创新创业大赛,并取得了省三等奖。

3. 顽强拼搏——坎坷曲折的前进道路

就像世界上所有的事情一样,任雪美团队的创业之路也不是一帆风顺的,甚至可以说是困难重重。

参加节能减排比赛的前一天,仪器出现了故障,无法进行数据的读取。任雪美团队队员袁志强打开机箱,足足调试了一整晚,才把仪器修理好。当她结束的时候已经是凌晨三点,浑身酸痛地躺在床上,仅仅睡了三个小时,她便顶着充满血丝的双眼起来准备参赛。

参加挑战杯的时候,在比赛现场,任雪美团队的软件运行出现了问题,调不出作品好的运行状态,幸好当天验收作品的评委来得比较慢,因此给了他们一些时间可以去进行调试,任雪美和几个同学在现场调试了很久,急得满头大汗,在评委来临前才勉强调好,但最终的成绩也不甚满意。

设计软件是产品开发中的巨大瓶颈。任雪美团队的产品系列的主题思想就是基于通用硬件,然后研发专用软件。所以他们的难点就在软件研发上,牵涉到软件的问题,一般出现的问题都是瓶颈问题,解决的办法就是不断改进,不断调试,需要花人力、时间,而人力正是他们所缺乏的,于是研发时间便格外漫长。

4. 公司大事记

2016 年 3 月—2016 年 9 月 成立兴趣小组,研制出柴油机测试系统雏形。

2016 年 9 月—2017 年 3 月在学校 3 000 元的资助下,完善了动力装置运行监测系统。

2017 年 3 月 10 日注册成立了哈尔滨半物理仿真科技有限公司。

2017 年 3 月 20 日签订了公司的第一份 8. 58 万销售合同。

2017 年 5 月公司针对项目产品(电控系统便携式标定仪)签订了一份 18. 5 万的销售合同。

2017 年 9 月公司针对项目产品(柴油机油耗仪)签订了一份 48 万的销售合同;并针对生产设备状态监测仪与一工厂达成合作意向。

2017 年 12 月公司完成了项目产品:柴油机监测系统的交付,实现了 8. 58 万元的销售收入。

(三)创业体会

任雪美同学认为:她在每一次比赛中都学到了许多,特别是那些失利的经历,没有达到预期的比赛,更是让她受益匪浅。她强调:结果不重要,过程才重要;

并不是每一分努力都会得到回报,并不是每一次坚持都有人看到,并不是每一点付出都能得到公正待遇，……这就是人生。也正是每一次的不如意，让她和她的队友更加团结，更加密切地合作。同时她认为，创业的最大好处在于能提高自己的能力、增长经验，以及学以致用，有效地消化和运用了我们所学的理论知识，让我们学的东西更深刻，打下的基础更牢固。最大的诱人之处是通过成功创业，可以实现自己的理想，证明自己的价值。

她认为她的公司与她的团队是分不开的，与每个人的努力是分不开的，正如一箭易断，十箭难折。公司最重要的是团队，其次才是产品，有好的团队才有可能做出好产品。她认为多人分工合作，就会有很大的优势，能够把团队的整体目标分割成许多小目标，然后再分配给团队的成员去一齐完成，以便够缩短完成大目标的时间并提高效率，也正是因为她的团队能够分工合作，才取得了今天的成就。对于她今天取得的成就，她认为，虽然取得了一点成绩，但这只是刚刚开始，只是实现人生理想的一小步，她并不会因此而骄傲，也不会因此而止步不前，她会和她的团队继续努力，更加勤奋，使公司业绩蒸蒸日上。

（四）获奖情况

2016 年，第十七届“五四杯”大学生创业计划竞赛金奖。

2017 年，第三届黑龙江省“互联网 +”大学生创新创业大赛二等奖。

2017 年，第十五届“挑战杯”黑龙江省大学生课外学术科技作品竞赛三等奖。

2017 年，校第十八届“五四杯”大学生创业竞赛银奖。

2018 年，第十一届“挑战杯”黑龙江省大学生创业大赛银奖。

2018 年，第四届黑龙江省“互联网 +”大学生创新创业大赛三等奖。

2018 年，“创客中国”黑龙江省创新创业大赛军民融合专项赛三等奖。